ACRO
POLIS
衛城
出版

ACRO
POLIS
衛城
出版

ACRO
POLIS
衛城
出版

ACRO
POLIS
衛城
出版

反對死刑

Contre
la peine de mort

法國前法務部長
與死刑的直球對決

Robert Badinter

侯貝·巴丹岱爾——著

謝歆哲——譯

各界好評推薦

◆**吳豪人／輔仁大學法律系教授：**

千古艱難唯廢死？

從大文豪雨果以來，近代法國的知識份子，就注意到法國人民對於死刑的狂熱支持。一九二一年諾貝爾文學獎得主安納托爾．法郎士，則透過小說〈克拉格比〉，解釋法國國民「熱愛」死刑的現象，是因為「不幸的人生，使人心充滿惡意」。這個觀點影響了魯迅，因而有知名的、嘲諷中國人愛看行刑的「血饅頭文化」論；但也同樣影響了賴和，寫下了更悲憫、直追法郎士精神的〈一桿秤仔〉。無論中國或臺灣，但凡不幸的國家與民族，通常都很難擺脫這個無間地獄的輪迴。他們對於死刑的狂熱支持，是一大群乞丐欺負一個乞丐，一大群落水狗欺負一只落水狗。他們同樣地不幸，同樣地不知道自己為何不幸，因此同樣地充滿惡意。

文學家發現問題，但是誰來解決問題呢？

法國律師侯貝．巴丹岱爾回應他的前輩諸賢們的方法，除了以無窮盡的雄辯倡議廢除死刑之外，最「法國式」、最啟蒙主義式的行動，就是電影葉問中的名台詞——「切他的中路」。他接受法務部長一職，進入體制，成功說服了民選政治家密特朗總統，做出職業政客最感艱難的道德抉擇，並心甘情願地承受政治風險。本書，正是一段法國人如何力抗人性中悲涼荒蕪惡意的偉大歷史，也是法國共和價值真正的護國神山。

◆**吳坤墉／法國藝術與文學騎士、臺法文化獎得主：**

關於死刑存廢的書寫，巴丹岱爾的重要性，和雨果及卡繆兩大文豪鼎足而立。而這本文集收錄的文字，多半寫於法國廢除死刑前夕，多數民眾高喊死刑絕不可廢、甚至是許多法國人高喊必須要犯人血債血償的幾個重大刑案當下，這些論述因此對今日臺灣的讀者格外具有參考價值。〈審判的焦慮〉一文尤其精彩：著名精神分析師拉普朗許（Jean Laplanche）試著分析支持死刑的社會意義，批評廢死論述的不足之處，哲學家傅科（Michel Faucault）與巴丹岱爾分別從不同角度辯論。對於一般大眾支持死刑的心理因素、死刑對於法治國家帶來的問題等討論格外具啟發性。

◆朱家安／哲學作家：

現在多數臺灣人依然支持死刑，但我相信死刑在臺灣遲早會被廢除。想想黑奴、纏足和體罰，發現既有做法既不合理也不道德，進而改變，是人類社會進展的常態。這本文集刻畫了法國在死刑上的改變歷程，複習法國的過去，可以預習臺灣的未來。

◆林欣怡／臺灣廢除死刑推動聯盟執行長：

廢除死刑推動聯盟在二〇〇三年成立，除了因為害怕無辜的人被國家錯殺之外，更希望從制度上避免政府繼續使用死刑這個暴力的手段來治理國家。死刑真實的樣貌在當時並不清晰，社會大眾都認為死刑是個有用的制度，所以我們決定開始讀書、裝備自己。巴丹岱爾的傳記《為廢除死刑而戰》在當時還只有簡體中文版，但我們讀得熱血沸騰。

二〇〇七年第三屆世界反死刑大會在巴黎舉行，會外我們在參議院中拜會當時已經七十九歲的他；二〇一六年在臺灣舉辦臺歐人權法制交流活動，八十八歲的他為臺灣錄製了一段影片，娓娓道來他對臺灣廢除死刑的期待；《反對死刑》這本在法國廢除死刑三十年時所出的文集，二〇二二年由衛城在臺灣出版，已經九十四歲的巴丹岱爾依然堅持行動，我敬佩景仰他。期待開始有些臺灣的政治人物會和巴丹岱爾一樣，有勇氣為價值奮戰，而臺灣成為一個沒有死刑的國家，那天終會到來。

◆**邱毓斌／屏東大學社會發展學系副教授：**

臺灣人討論死刑存廢，如果從日治時期《臺灣新民報》一九三二年那篇〈死刑廢止論〉起算，最少已經九十年。本書呈現了巴丹岱爾的誠懇與勇氣，從律師到出任法務部長，他一路帶領法國——西歐最後一個廢除死刑的國家，自媒體煽動、政客投機、人民恐懼的社會難題中走出來。四十年來的法國經驗，值得現在的臺灣做為參考。

◆詹順貴／律師：

血債血償真能填補死者家屬傷痛？死刑有助降低犯罪率？司法永遠不會犯錯？政府選擇執行死刑是為藉儆效尤？填補傷痛？滿足社會大眾噬血心理？或其他政治考量？以上問題涉及哲學思辨、價值取捨，乃至實證研究。此書以死刑執行機關首長的廢死奮鬥歷程嘗試回答以上問題，不管原本是支持或反對死刑，此書都非常值得閱讀，讓大家可以進一步思索、取捨。

◆李明哲／人權工作者：

「死刑存廢」是一個國家如何面對生命的態度。我們要學習歐洲國家面對生命的態度？還是封建時代「殺人者死」的思維？這是號稱把「人權」當成自豪的臺灣無可迴避的價值選擇。

◆**龐維德／法國外交官、前歐盟駐臺代表：**

侯貝．巴丹岱爾先生是當代法國值得被載入史冊的指標性人物和道德典範。作為律師，後來成為司法部長，他於一九八一年成功說服法國議會廢除了死刑。他的文章提醒我們人道主義只有透過意志力與韌性才能得到具體進展。他也強調，若要建立一個真正尊重人權的社會，廢除死刑是必要的步驟。

目次

1981年，巴丹岱爾受總統密特朗任命，出任法務部長。
圖為巴丹岱爾在法務部長辦公室。

出任法務部長後的巴丹岱爾向國會提交廢死法案。
1981年9月17日，國會開始審理法案。

導讀：「明天，法國的司法將不再是殺人的司法」
——死刑終結者巴丹岱爾的廢死之路

謝歆哲／中研院近史所助研究員

這本書見證前法國法務部長侯貝．巴丹岱爾（Robert Badinter）橫跨三十多年、迄今仍未停止的廢死之路。

二〇〇一年，正值法國紀念廢除死刑第二十周年之際，一部關於巴丹岱爾的自傳性紀錄片在電視頻道上首度播映。這部影片的法文原名就叫做《巴丹岱爾——一個廢死主義者》（*Un abolitionniste : Robert Badinter*），十分平鋪直述，大概是為了呼應電影裡那種靜默、沉思的色調。反倒是它的中文片名更加貼切地總結了巴丹岱爾的歷史定位，也是他最為人熟知的身分，那就是死刑的終結者[1]。一九八一年九月十七日，此時的巴丹岱爾投身於推動法國廢除死刑的運動之中，已有十年餘。這一天，他以新科法務部長的身分，站上國會講台，對著台下各黨派的議員，進行那場不僅是他個人生命中最具影響力，更是寫下法國歷史新頁的著名演說。這是近四分之三個世紀以來[2]，第一次由政府正式向國會提出廢除死刑的修法法案，並在政府官員說明法案的精神、宗旨與內容後，交付議員們投票表決。即便巴丹岱爾的演講明顯引起在場幾位反廢死議員的強烈不滿，因而屢次遭到打斷，隔天國會表決的結果仍以壓倒性的票數（三百六十九票贊成票對一百一十三票反對票；贊成票中有三十七票來自在野黨議員）表決通過廢除死刑。幾天後，上議院同樣表決通過。於是法國在一九八一年十月九日正式廢除死刑，成為世界上第三十六個將死刑掃進歷史灰燼的國家。

法蘭西兩百年的廢死歷史

對法國這樣一個自十八世紀末大革命以來，便以崇尚人權作為共和國立國精神的自由國度來說，成為世上第三十六個廢死的國家實在不是件光彩的事。的確，法國的廢死道路走得漫長又艱辛。一九八一年，巴丹岱爾終結的不只是死刑而已，他也等於替長達近兩世紀的法國反對死刑運動畫上一個圓滿的句點。

一七六四年，義大利思想家貝加利亞（Cesare Beccaria, 1738-1794）發表其名著《論犯罪與刑罰》（*Dei delitti e delle pene*），率先提出批判死刑制度的哲學性論證，直指死刑不僅不符合人道主義的精神，而且完全缺乏合法性，在預防犯罪的實務上，更是毫無實際效用。貝加利亞的刑罰哲學必須放置在啟蒙主義思潮這個更大的脈絡下去理解：十八世紀啟蒙主義批判絕對君權，而死刑正是統治者權力的最極致表現，因為它具體地展現君主凌駕於臣民之上的無限權力，大到擁有支配臣民性命的生殺大權。因此，貝加利亞的理論很快地傳播至法國，也迅速地與法國啟蒙運動的部分代表學者產生共鳴，連帶使深受啟蒙思想洗禮的革命支持者將貝氏刑罰哲學奉為建立司法新制的指引。在此一背景下，將廢除死刑和大革命精神畫上等號應不為過。的確，一七九一年，

1 二〇〇七年，該紀錄片曾在台灣廢除死刑推動聯盟舉辦的第二屆殺人影展中放映。

2 上一次國會表決廢死法案，已是一九〇八年的事，當時表決並未通過。

法國首部刑法的起草人勒培勒提爾・德・聖法爾久（Louis-Michel Le Peletier de Saint Fargeau, 1760-1793）即提議廢除死刑。此提議獲得一些大革命領導人物的支持，但隨後在第一屆國民制憲會議中遭到否決。箇中原因，多半與情勢有關：大革命後的法國社會深陷政局動盪的不安之中。革命運動必須同時面臨國內無論是革命派與保皇人士間的衝突，還是革命派內部的矛盾，以及來自境外的反革命勢力威脅。這大概是革命時期的立法者在擁抱貝加利亞刑罰人道主義精神的同時，仍無法割捨死刑的主要緣故。

換言之，一方面在原則上認可廢死的精神，另一方面卻主張由於種種外在因素，有暫時維持死刑之必要。這樣的態度或多或少可以用來概括，在整整兩百年法國廢死運動中，那些政黨屬性延續大革命精神的政治人物在死刑問題上的立場，無論人們習慣對他們的稱呼如何隨著政局結構的變動而多樣化——從革命派、共和派到社會主義者或左派。大革命後的法國，在接下來的將近一百年內，歷經了至少十次的政權更迭，在寡頭、威權、國會政治等不同的治理模式，以及帝國、舊王朝、共和國等體制間屢次擺盪迂迴。這段政變此起彼伏的歲月，斷頭台也沒有缺席。無論是掌權者將它視為彰顯實權的表徵，還是來自保皇守舊派的掣肘，抑或基於與溫和共和派人士的妥協，這些因素都構成了激進共和派或者左派全面實現廢死理念的障礙，而暫時只能滿足於一些局部的進展，諸如一八四八年二月革命後建立的第二共和（1848-1852），為彰顯其對大革命精神的承襲，便於成立初始，在實施男性公民普選制與廢除殖民地奴隸制度的同時，亦宣告針對政治案件廢止死刑；又或者如一九〇一年，法國修法禁止將殺害自己子女的母親判處死刑。

相形之下，無條件廢止死刑的這項訴求可說是毫無進展。經常光是為了討論是否將廢死提案排入國會議程，便足以引起政府及各黨派議員的爭論不休，因此提案或新法案總是得面臨重重阻礙，甚至最後連進入議會討論的機會也沒有。十九、二十世紀交際之時，廢死運動的道路上曾經出現過一道曙光。當時，政局相對較為穩定的第三共和已安然挺進第三十個週年，並持續推動深化法國民主體制的改革，例如立法保障媒體自由（1888）、工會與人民結社的合法化（1884、1901），以及意義最重大的政教分離法（1905），奠基了現代法蘭西共和國的核心價值。

一九〇六年的議員改選產生了第三共和時期最左派的國會。此時在任的總統法利埃爾（Armand Fallières, 1841-1931）對死刑深惡痛絕，一律給予死刑犯特赦；另一方面，新上任的總理克萊蒙梭（Georges Clemenceau, 1841-1929）也是眾所皆知的廢死主義者，於是他的內閣便著手起草廢除死刑的法案。這是有史以來第一次政府如此積極地主導廢死法案的制定。此時，在許多廢死運動人士的眼裡，斷頭台的終結可說是進入倒數階段。

不過，世紀交會的法國社會，其犯罪生態正經歷一些細微的改變。若僅就統計資料而言，二十世紀的第一個十年內，非命案的犯罪率的確在上升中，尤其是青少年犯罪。但此一現象其實並非單純地反映犯罪人口比例的增加，而是與城市治理以及警察系統的現代化有關，這促使了被害者報案率的提升。這樣的改變即便不是導致社會不安全感暴增的起因，至少突顯了另一個更潛層的變化，那就是人們對不安全的容忍度下降；此一心態的轉變和犯罪發生率的曲線互為因果、互相催化。再加上當時都會小報紛紛開始大篇幅報導犯罪事件，用誇大的文字搭配聳動的插圖描述犯案經過的每個細節，深受各階層讀者的喜愛，也使人們對於治安敗壞的普遍印象更加發酵。這些種種制度、心態與文化上的轉變共同產出了一個恐懼的社會氛圍。一九〇七年九月二十七日，《小共和國》（*La Petite République*）日報的一篇文章便直指「不安全感正流行」（l'insécurité est à la mode）。而犯罪問題也愈來愈成為一個政治問題。

這樣的大環境因素自然不利於廢死計劃的進展。即便如上文所說，當時統計資料顯示正在成長的，是非命案的犯罪。此種案件本來便不適用死刑，理應與死刑存廢爭議無關。但對人們的集體心理而言、在社會瀰漫著不安、焦慮的氣氛下，斷頭台的存在有如一劑強心針，被當作人民安全的一種保證。因此，正當政府與國會如火如荼地為廢死法案做準備時，社會普遍對廢死計畫的敵意水漲船高。就在此時，發生了索雷雍案。索雷雍（Albert Soleilland, 1881-1920）是一名普通的巴黎家具工匠。一九〇七年一月，他性侵了一個朋友的十一歲女兒，隨而將她殺害，再藏屍於巴黎東站的行李寄放處。這起幼童命案引起輿論激憤。與其說是索雷雍的殘忍行徑本身震驚了全社會，不如說是鋪天蓋地的媒體報導餵養著群眾的激憤。一時之間，關於索雷雍，人人皆曰可殺，而重罪法庭也讓人民如願，判處索雷雍死刑。但在判決出爐的兩個月後，總統法利埃爾照慣例給予索雷雍特赦，由死刑改成於海外苦役營終身監禁[3]。法利埃爾的決定引起輿論強烈抨擊。報刊媒體於是將對索雷雍案的討論提升至死刑存廢問題的層次，鼓勵讀者投書籲請政府維持死刑[4]。社會輿論的反彈讓不少原本支持廢死法案的溫和共和派議員臨陣退縮。一九〇八年十二月八日，國會以三三〇票反對票對二〇一

3 索雷雍在法屬圭亞那（Guyane）服了十二年勞役後，因染肺結核去世。

4 此即巴丹岱爾在本書第十及二十五章提到，關於《小巴黎人報》發起類似死刑公投、民調的背景。

票贊成票，否決廢除死刑的法案。

這一種兇案、媒體、輿論與廢死理念之間的辯證關係，有如一種魔咒，在超過半世紀後，再次左右著廢死運動的推展。一九六〇年代末期的法國，除了總算走出自一戰、二戰再到阿爾及利亞戰爭[5]的一連串衝突與紊亂以外，在經歷了一九六八年工潮、學運，以及具有濃厚軍事強人特質的戴高樂（Charles de Gaulle, 1890-1970）總統辭職後，此時相對平和、開放的社會風氣曾經使廢死運動人士燃起一線希望。尤其戴高樂的繼任者——龐畢度（Georges Pompidou, 1911-1974）總統，外界通常認為他比較具文人氣質，個性也較溫和，而且一上任便給予死刑犯特赦。由於第五共和的憲政體制強化總統權力、削弱國會地位，因此，龐畢度的人格特質與作風的確會是廢死理念是否能再次進入政策性討論的關鍵因素，而當時的種種跡象皆使廢死主義者感到樂觀。不僅如此，一九六〇年代後，實際執行的死刑已少之又少。此一事實等於促使人們思考，死刑是否真如其擁護者所言，具有嚇阻作用。無論如何，就事實面而言，正是因為死刑的執行在此時近乎於絕跡，這至少能夠證明，法國人民的安危並非維繫在死刑被宣稱擁有的嚇阻作用上。的確，法國民意似乎愈來愈向廢死的一邊傾斜。一九六〇年代末期的一次民意調查結果顯示，支持廢除死刑者佔受訪者中的百分之五十八，達到有史以來的最高點。廢除死刑的時機似乎成熟了。

然而，正當廢死議員們努力將相關提案排進國會議程的同時，歷史像是重演一般。一起獄囚先挾持後殺害人質的事件震驚了全法國，打破六〇年代的平靜。這起案件也是本書作者巴丹岱爾登上廢死舞台的契機。

「我沒有辦法繼續做這個殺人司法的宣道師了」

——克萊爾佛慘案與巴丹岱爾

一九七一年九月二十一日，位於法國東部的克萊爾佛（Clairvaux）監獄，發生一起獄囚挾持人質事件。這天早上，兩名受刑人克勞德．布菲（Claude Buffet）與侯傑．邦頓（Roger Bontems）佯稱肚痛，於是在法警的戒護下被送進醫護室。一進入醫護室，布菲旋即將三名法警推倒在門外地上，將自己和邦頓，同一名護士及一名法警反鎖在房內。他們要求法務部提供槍械、彈藥、兩台轎車以及收音機，並揚言會帶著人質一

5 阿爾及利亞於一九六二年七月五日正式獨立。

起逃獄。此時，大批警力已部署在克萊爾佛監獄外。電視新聞、廣播電台也分秒即時報導現場狀況，全法國民眾在電視機、收音機前屏息以待，心急如焚。司法當局遲遲不肯答應布菲與邦頓二人的要求，於是兩名人犯與警方僵持了一整天。最後，二十二日，接近凌晨四點，法務部長下令攻堅。很快地，警方順利制伏布菲、邦頓，然而，兩名人質此時已倒在血泊中，慘遭割喉。

這起克萊爾佛慘案，在媒體密切報導的發酵下，激起全民公憤。這或多或少與案件發生地的特殊空間屬性有關。六〇年代的克萊爾佛監獄專門關押重犯；案發當時有近五百名重囚在此服刑。布菲自己就是因犯下殺人案而獲判無期徒刑，而邦頓則是因持械行搶而遭判二十年徒刑。也就是說，輿論的激烈反應一方面可能來自於，眼看著監獄所象徵的司法公權力遭到踐踏、藐視，於是民眾的心裡油然升起一股混雜著憤恨與不安的情緒；另一方面也有可能是出於一種心態，認為像布菲這樣的重罪罪犯，在多數大眾的眼裡有如人渣、敗類，原本便理應為了前一次的殺人案償命，竟然如此地不知悔改，服刑尚未滿一年就再度犯案，而且手段更加殘暴，足見他生性兇殘，不配活在世上。

本書所收錄的文章便以此案為開端。巴丹岱爾就在這個人人喊殺的氣氛中，與菲利浦．勒梅爾（Phippe Lemaire）共同擔任邦頓的辯護律師。這是巴丹岱爾執業以來，第一次參與死刑案件的辯護。

一九二八年出生在巴黎的一個猶太移民家庭，此時四十出頭的巴丹岱爾已累積了二十年的律師從業經驗。不過在克萊爾佛慘案之前，他主要處理的是商事法案件，尤其是商業侵權糾紛，以及藝人合約的訴訟等等。他的客戶之中不乏國際巨星、知名人士，包括卓別林（Charlie Chaplin）、碧姬芭杜（Brigitte Bardot）、可可・香奈兒（Coco Chanel）等人，也和義大利大導演狄西嘉（Vittorio De Sica）、羅賽里尼（Roberto Rossellini）等人交好，可以說是在巴黎名流交際圈中如魚得水。

原本過著風光愜意的生活、一派優雅貴公子模樣的巴丹岱爾，因為邦頓案被改變了命運。原本邦頓只有勒梅爾一位辯護律師。後來，勒梅爾顧慮到死刑案件的辯護攸關人命存亡，為防止自己因一時疲倦而稍有閃神、失誤，所以希望有人幫忙，於是尋求巴丹岱爾的協助。巴丹岱爾答應了。雖然在死刑辯護上缺乏經驗，但這並未妨礙巴丹岱爾清楚地體認到，自己所肩負責任的意義為何：一場與死神拔河的肉搏戰。這一種體認，非單出於智性上的理解，而是來自於一種近乎身體知覺的深刻感受，感受到死亡氣息瀰漫在法庭裡，空氣中充滿著殺戮的威脅。對於初任死亡案件辯護律師的巴丹岱爾而言，能有這種感觸，也許是受到他父親死於納粹集中營的影響，讓他對於國家權力有計畫性地剝奪一個人生命的行為，特別地敏銳。

相較於布菲渴望藉由死亡得到解脫，邦頓仍期待能夠獲判無期徒刑。巴丹岱爾對此原先感到樂觀，因為根據第一份鑑識報告，兩名被害者身上的傷痕與邦頓所持的小牛排刀，尺寸不合，但與布菲所持大刀相符，因此兩名死者皆為布菲所殺。然而，這一份報告由於具有格式上的瑕疵，遭到法院取消。修正後的第二份報告，雖由同一位專家作出，卻得出相反的結論，斷言無法排除邦頓殺人的可能性。依照刑事訴訟法，經法院取消的專家報告，律師不得在法庭上引用，否則將會面臨紀律懲處。這對於當時身兼法律系教授、教誨學生日後執業必須合乎程序、倫理的巴丹岱爾來說，可能形成了一個兩難的局面。但巴丹岱爾沒有猶豫，他告訴自己，當被告把自己的生死完全託付給你，這個時候，在紀律處分與一顆人頭之間該如何選擇，完全是個道德問題，而兩者之間，孰輕孰重，根本無法相比。於是，他決定違反刑訴法，籲請陪審團審酌第一份報告的結論。

最後，法院的確認定邦頓沒有殺人，但出乎巴丹岱爾意料的是，雖然如此，法院認為邦頓在布菲的行凶過程中給予積極協助，因此判處死刑。一九七二年十一月二十七日晚間，律師們接獲來電，被告知龐畢度總統拒絕給予特赦。隔天清晨四時，邦頓與布菲兩人步上斷頭台。此時，國會議員選舉即將在三個月後上演，競選活動已熱烈展開。

邦頓最後命喪斷頭台，巴丹岱爾對此感到強烈的罪惡感，不僅僅因為自己的辯詞無法成功在法庭上保住人頭，更是因為身為辯護律師的他，必須陪同邦頓走上人生的最後一段路程。這是巴丹岱爾生平第一次看著他的當事人被斷頭台切成兩截：天未破曉，寂靜的監獄裡，一小組人馬一聲不響地忙進忙出，將死囚和刑具準備就緒，即刻執行。作為這一小組人馬中的一員，巴丹岱爾覺得除了神父以外的所有人都像是殺人兇手一般，包括他自己在內。也就是說，他更深層的罪惡感來源於自己參與了這整個從審判到處決的死亡程序。這份強烈的罪惡感也許至今仍存在於他的內心深處；即便半世紀過去了，在二〇二〇年的一次電台訪談中，他仍用他那充滿愧疚的語氣承認：「我當時很年輕，我什麼都沒有搞懂……」

邦頓案辯護失利的意義不在於一個律師執業生涯中的一次失敗，而是讓巴丹岱爾認清法國司法是一個殺人的司法，而他再也無法「做這個殺人司法的宣道師了」[6]，於

6 見本書第四章。

是下定決心投身於廢除死刑的倡議運動，從此成為人們熟知的死刑案件辯護律師，甚至從極右派那裏「贏得」了「殺人犯律師」的封號。

巴丹岱爾為法國廢死運動奉獻的十年時間涵蓋幾乎整個七〇年代，大部分的時間正值龐畢度的繼任者季斯卡（Valéry Giscard d'Estaing, 1926-2020）的七年執政期間。一九七四年總統的選舉，季斯卡與密特朗（François Mitterrand, 1916-1996）在第二輪投票中對決。當被問及各自關於死刑存廢議題的立場時，密特朗毫無保留地表明自己是個廢死主義者，而季斯卡則沒有直接回應，僅表示做為一個個人，他對死刑有一種極深的厭惡感，並且承諾當選之後，他一定會用極度謹慎的態度，審視每個死刑犯的案件。選舉結果揭曉，右派的季斯卡以些微差距勝出。

季斯卡任內，法國死刑存廢問題似乎回到了一九〇六年以前的那種等待主義，亦即，一方面，包括總統在內的許多核心政治人物皆表達了他們個人對於死刑的反對或保留態度，但另一方面，這些人也總是宣稱，必須等待一個成熟的時機，讓法國社會上上下下能夠好好地就此問題進行論辯，但對於何謂時機成熟，卻缺乏明確的說法。不過，季斯卡於一九七六年七月二十八日的一場記者會上表示，讓立法者在國會討論死刑存廢問題的時機未到，他認為，在重大犯罪事件——例如綁架幼童或殺害老人——

容易挑起民眾敏感神經的當代社會裡，尚不適合進行死刑存廢的辯論。

「如果您們選擇死亡，他就會被切成兩半」

——派翠克．亨利案

不過，弔詭的是，之所以召開這場記者會，是因為當天清晨，法國監獄執行了季斯卡任內的第一件死刑執行案件；被送上斷頭台的死囚名為拉努其（Christian Ranucci, 1954-1976），因兩年前犯下的一樁幼童綁架撕票案遭判處死刑。然而，姑且不論拉努其案至今仍存在著許多疑點，拉努其案開審的前夕，發生在另一個城市的幼童綁架案，肉票遺體被尋獲，確定已遭歹徒毒手[7]。也就是說，拉努其是在社會瀰漫著強烈憤怒情緒的氛圍下遭判死刑的。

犯下這另一起幼童撕票案的兇手是一名二十三歲的年輕男子，叫做派翠克．亨利（Patrick Henry, 1953-2017）。這起案件和二十世紀初的索雷雍案，以及幾年前的克萊爾

7 見本書第十、十五、二十章。

佛監獄慘案一樣，引發全國民眾義憤難遏。這不僅是因為犯罪本身的野蠻殘酷，也是因為，在第一次被警方偵訊完畢請回後，面對記者詢問，亨利宣稱自己絕非綁匪，並且希望兇手最後能夠被繩之以法、遭受最嚴厲的極刑處罰。數天後，警方在亨利以化名租賃的旅館房間中，尋獲小男孩的遺體，亨利不得不坦承犯案。一時之間，社會輿論對他的仇視甚劇，連包括法務部長在內的幾位政府高官皆紛紛公開籲請陪審團判以極刑，甚至幾乎沒有律師願意替亨利辯護。

一九七七年一月二十日，派翠克・亨利案正式開庭。法院外擠滿了憤怒的人群，高喊著「死刑！死刑！」在這種眾怒、激情的氛圍中，社會各方人士大多預測亨利終將人頭落地。然而，出乎意料地，此案的判決結果是無期徒刑，甚至，此案將在接下來的幾年中成為促使法國廢除死刑的決定性案件。而這當中的關鍵人物就是巴丹岱爾。巴丹岱爾和另一名律師共同替亨利辯護。此消息一出，咒罵、羞辱兩位律師的信件、恐嚇電話蜂擁而至，巴丹岱爾公寓外的樓梯間甚至被人引爆炸彈，可見當時民眾氣憤的激烈程度。

自替邦頓辯護失利以來，巴丹岱爾不斷思索自己到底走錯了哪一步，以至於無法挽救邦頓的性命。透過參與一場一場廢死團體與反廢死人士之間的交流、討論，他明白了一件事情，那就是，人們對於血債血還的偏執來自於面對死亡暴力時所產生的極度恐慌；這種強烈的不安觸動了人類原始的死亡本能，也就是用另一個、新的死亡暴力來回應前一個死亡暴力的衝動，唯有如此才能夠壓下內心深層的焦慮。換句話說，巴丹岱爾自省，認為自己在替邦頓辯護時所犯的錯誤，在於過分天真地相信，單單憑藉著理性證據、論證便能說服陪審團：一個沒有殺人的人不應該被判死刑，巴丹岱爾以為這是再簡單明瞭不過的理由、他誤以為這樣就足夠了。有了這份體悟後，巴丹岱爾決定，他的辯詞不會是替亨利辯護的辯詞，而是一次對死刑的沉痛控訴；他打算從深層、非理性的情緒面下手，想把死刑的一切制度性、儀式性的外衣全部剝去，赤裸裸地擺在陪審員面前，迫使陪審團的每個成員以作為一個人的角度出發，挖掘、正視自己與死刑的關係：

> 我不認為總統會特赦派翠克．亨利。因此，您們現在手握著的，而且唯有您們手握著的，是決定一個人該活還是該死的權力。您們可以殺他，或者不殺他……如果您們投票選擇死亡，那麼要知道，他就會被切成兩半……然後日子會繼續下去，而正如過去的歲月中，慘無人道的兇案一直都存在著，以後還是會繼續發生

其他慘無人道的兇案。然後，突然有一天，也許是十年以後、十五年以後，法國廢除了死刑，就像目前在世界上大多數地方一樣。到那時候，您們將會是孤伶伶地，獨自承受您們今天做下的這個決定。到那時候，您們若向自己的孩子們說起曾經將一個殺童兇手判處死刑，看看他們會有什麼樣的眼神[8]！

巴丹岱爾的感性喊話顯然奏效。在不少陪審員的姓名、住址於開庭前便遭小報揭露的情況下，大多數陪審員無畏懼地投下死刑的反對票，判處亨利無期徒刑。

這一場被譽為「死刑被判有罪」的大審一度讓廢死運動者為之鼓舞，因為如果連亨利這樣受到輿論強烈忿恨的殺童兇手都能不被判死，那麼以後還有還有誰會被判死？還有哪個陪審員敢判處死刑呢？然而，事情並非如廢死運動者預料：很快地，有如替因亨利未被判死的失落感與報復心理找到出口一般，另外兩起殺人案的主嫌就在隔月接連遭處死刑。

從邦頓沒有殺人，卻因為案件屬性特殊——亦即，在重罪監獄裡犯案——，於是遭到判處死刑，接著又有拉努其，只因為開庭的時間點正好碰上全國人民的情緒隨著亨利撕票案的偵辦進度起伏焦躁之時，於是遭到速審速決的待遇，再到亨利因為有巴丹岱爾那史無前例的、對死刑的控訴，而獲免死，但旋即又接連出現兩次死刑定讞，而這兩次判決皆與宣洩對亨利逃死的不滿情緒脫不了干係。這一切種種，讓死刑的相對性與偶然性昭然若揭：死刑判決有如血腥的司法大樂透；和一個人的行為毫無關聯的外在偶發因素竟然能夠左右他的生死！如此不正義、踐踏生命權的司法實踐竟然在自詡為民主人權大國的法蘭西上演！於是，七〇年代末期的幾起死刑案件使得死刑問題必須在立法、制度層面有所了結的迫切性浮上檯面。

此外，一九七八年一月，法國天主教會首次以官方名義表達反對死刑的立場；四月，剛脫離佛朗哥獨裁政權、正一步步實現民主化的西班牙正式廢除死刑。法國從此敬陪末座，成為唯一仍保有死刑的歐洲民主國家。這些來自各方的道德壓力也使不少政治人物開始籲請政府正視死刑存廢問題，而且其中不乏右派多數黨的國會議員。幾個月後，右翼的共和國聯盟黨（RPR）議員皮埃爾・巴（Pierre Bas, 1925-2015）與另十位多數黨議員聯名正式向國會提出廢死議案。此時，在恐怖分子犯罪日漸高漲的背景

8 引自《費加洛報》（*Le Figaro*），二〇一一年十月九日報導〈死刑：派翠克・亨利如何在死刑廢除的五年前逃過死刑〉（Peine de mort : comment Patrick Henry y a échappé cinq ans seulement avant son abolition）。

下，季斯卡的執政方向明顯呈現更趨保守的轉向，其政府也正著手規劃更加嚴峻的刑罰制度改革。在這種情況下，加上畏於輿論，執政當局自然不認為此時會是國會辯論死刑存廢問題的適當時機，於是一方面繼續宣稱原則上不反對討論廢死，但檯面下卻主導，以使國會的程序委員會拒絕將皮埃爾・巴的提案排進議程。於是皮埃爾・巴另闢蹊徑，效法一九〇二年一位國會議員透過提案刪除劊子手經費以達實質廢死的作法，另外提出一項財政法修法議案，其目的便在於製造機會，讓死刑問題能夠在國會裡被討論。在經過法務部長屢次阻撓未果後，此財政法議案順利被排進議程，皮埃爾・巴也如願看到死刑問題進入議場，成為討論的焦點，這是七十年來的第一次。不過，雖然如此，政府最終祭出了手中的最後一張王牌——整案表決（vote bloqué），亦即，議員們只能包裹式地對整部財政法修法草案進行投票，不得逐條表決，也就是變相地要求多數黨議員「歸隊」，和政府站在同一陣線。於是，表決未獲通過，連帶地，死刑之執行相關的經費也未能得到刪除[9]。

不過，廢死主義者並未將此次表決結果視為挫敗，因為政府在最後一刻使出整案表決此一極端手段，這反而戳破了此前政府意欲兩面討好的虛偽遊戲；針對死刑是否應進行國會辯論此一問題，政府無法再繼續佯裝超然。隔年，季斯卡總統終於坦言反對國會辯論死刑，法務部長也持續以人民不安全感未有消滅為由，主張廢死的時機尚未成熟。不過，與此同時，自亨利案審結後，巴丹岱爾陸陸續續成功救援共五名死刑犯。這五起案件都是在重罪法庭判決死刑定讞後，遭到最高法院因程序瑕疵之故而發回重審。巴丹岱爾便是在重審時擔任被告的辯護律師。每一次辯護，巴丹岱爾都重施替亨利辯護時的策略，那就是，重點並不擺在替被告辯護，而是對死刑提出一次又一次的嚴正控訴。而每一次，都獲得陪審團的認同。

「關於死刑這個問題，我不會隱藏我真實的想法。」

——密特朗當選總統

因此，此時的法國處在一個弔詭的境況：一方面，實際面對生死選擇此一道德難題的陪審員，他們的良知無不被反對死刑的論述說動；另一方面，掌權者持續以抽象的輿論、人民不安全感作為擋箭牌，不停延後死刑進入國會討論的時機。法蘭西是否

9 此段所述，大致上為本書第十二章，巴丹岱爾與當時法務部長亞蘭·貝赫菲特間筆戰的前情背景。

繼續擁抱死刑？如此關係到國家根本精神的重大議題，卻遭到擱置。在這種狀況下，以後見之明，看來只剩下一九八一年的總統大選有機會打破此一僵局。確實，自亨利案以來，死刑存廢問題開始佔據新聞媒體重要版面，引發民眾熱烈討論。相同的熱度也延燒至總統大選。與前幾次大選很明顯的差異，就是此次競選期間，候選人對廢除死刑的立場成為萬眾矚目的焦點。首輪投票的一個月前，三名主要政黨的候選人分別表示各自立場：中間偏右的席哈克（Jacques René Chirac, 1932-）在一場造勢中，終於承認自己贊成廢除死刑；尋求連任的季斯卡總統則維持一貫風格，在電視台訪問中說明，由於社會仍極度充滿不安全感，因此廢除死刑的適當時機尚未來臨；左派社會黨候選人密特朗則在一次電視節目中回答主持人提問時，用堅定的眼神，但帶著一絲溫柔的笑意，看著電視機前的觀眾說出這段話：

關於死刑這個問題，就如同在其他議題上一樣，我不會隱藏我真實的想法。在這場選戰中、當著全國人民的面，我無意將自己偽裝成一個不是真實自己的我。我內心深處的良知與所有的教會，包括天主教會、新教各教派和猶太宗教，以及所有海內外主要的人道組織團體一樣，在我的心中，在我最深層的意識之中，我反對死刑。我不需要去讀那些結論恰好相反的民調結果。大部分的民意支持死刑，而我呢，我是共和國總統選舉的候選人，我正在尋求大部分法國民眾的選票支持，但在這麼做的同時，對於我的所思所想，我不會選擇秘而不宣；所有我相信的、我的精神理念所堅持的，以及我對於文明的重視與擔憂，我都會坦誠布公。我不支持死刑[10]。

一個月後，季斯卡和密特朗在首輪投票中出線；兩周後，五月十日，第二輪投票結果出爐，密特朗勝選。

後面的事，便如本文開頭所述，密特朗總統任命巴丹岱爾為法務部長，在上任後的幾個月內便成功促成國會表決通過全面廢除死刑。存在將近兩百年的刑法第十二條，它那讀來令人觸目驚心的短短幾個字：「死刑犯一律砍頭」，自此失效。取而代之的，是一九八一年十月九日頒布的新法，開宗明義第一條便說：「死刑已廢除」。

10 這段已成為經典的電視談話，其影像可見https://fresques.ina.fr/mitterrand/fiche-media/Mitter00030/francois-mitterrand-se-prononce-contre-la-peine-de-mort.html

◆

四十年過去了，隨著新世代人口的增加，有越來越多的法國民眾從來不曾在那個有死刑執行的年代生活過。二〇二一年，法國紀念廢除死刑四十周年。已屆九十三歲高齡的巴丹岱爾受邀於巴黎先賢祠進行演說。此時此景，不禁令人想起，早在近半世紀前，巴丹岱爾就曾預見，如果自己有幸在有身之年看到死刑廢除，並且在很多年後向年輕人敘述起這個曾經有死刑的年代，他在這些年輕人眼裡大概會像是一個從非常非常古老的時空走出來的人吧[11]！當時的話，如今一語成真！不僅僅是法國民眾已習慣於生活在一個沒有死刑的社會，更甚者，二〇〇七年，「對任何人不得處以死刑」成為憲法條文，廢死的精神已是法蘭西難以動搖的國本。近幾年，法國社會的確由於面臨多重危機，因而看到極右派民粹勢力竄起，極右派政治人物時不時地跳出來提倡恢復極刑，而在重大恐怖攻擊事件後的民調有時也顯示，在是否恢復死刑的此一問題上，民意呈現明顯的五五波趨勢，但即便如此，在法國歷史中，死刑的這一頁可說是徹底地被翻過了。假使真的恢復死刑，那麼也絕對是在同時捨棄其他許多共和國基本價值信念的情況下，才有辦法達成。

的確，在兩百年的法國廢死長征裡，政治人物的政治勇氣在最後一哩路上扮演了決定性的角色；死刑是一個政治的道德問題，而政治人物的責任便在於審視，並且向人民指出，死刑的道德後果是否與其他共和國的基本價值牴觸；如果這些基本價值仍為人民之共同想望的話，那麼便必須捨棄死刑。透過巴丹岱爾等廢死主義者的剖陳、國內外人權團體的研究調查，以及宗教界的呼籲，一九七〇年代末期至一九八一年間的部分政治人物，無論左派右派，開始意識到，一個在死刑判決過程中會受到諸多偶發外在因素左右的司法、一個僅為了平息眾怒、舒緩集體恐慌就得要殺人的司法、一個明知任何犯罪行為在本質上皆有其相對性，卻仍用具絕對性的死亡予以回應的司法，必然不會是正義的；最後，更重要的，一個允許一小批人決斷他人生死的司法，不會是民主國家該有的。如果意識到這些，卻又畏於觸怒民意而無所作為，這樣的政治人物無疑是失格的。一九八一年競選期間的密特朗，以及數月後在國會表決廢死議案的議員們，為民主代議政治如何得以超越褊狹的客戶主義，樹立了成功的典範。

11 見本書第十章。

在今天我們身處的這個世界，廢死已成為多數。而法國，或說整個歐盟，依然積極不懈地致力於將廢死理念推及世界的各個角落。不過，或許是由於廢死的精神早已成為歐洲人公民教育、公民意識的核心，也就是說，他們已經許久不需要針對死刑存廢的問題進行辯論了，因此，他們在向全世界宣揚廢死理念時，經常省略論證過程，直接呈現結論，譴責死刑的野蠻。這不僅錯失了理性思辨的良機，甚至在非西方傳統的國家人民眼裡，似乎亦難免和西方霸權的形象產生連結。巴丹岱爾橫跨三十多年的文字記錄則帶領讀者回到廢死前夕、法國輿論激烈反對廢死的現場，從中我們不僅能夠發現，當時的法國民情其實與東亞傳統文化中素樸的正義觀，沒有什麼不同，也可以對當時廢死倡議者拋出的理性論證有一完整的認識：從死刑與民主、人權精神為何必然無法相容，到行為之相對性對比死刑之絕對性，這兩者間的嚴重失衡，以及此一失衡為何是不正義的，再到更深一層，去探問為何人類的原始本能自然地會將死亡與正義畫上等號等等，這些最基本的廢死理論論述，本書收錄的文字中皆有談及。而細心的讀者應不難發現，在三十多年那麼長的歲月中，甚至直到今天，巴丹岱爾在不同情境、以不同形式宣揚廢死的理念時，他所憑恃、闡發的論據其實都未曾有所改變。這並非玩不出新把戲，而是反而向我們展現了信念的堅定，也就是，信念之所以為信念的所在：一旦理性被說服，便不需推諉迂迴，立場也不需做任何的調整，更沒有折衷的必要。

二〇二二年七月三十一日，於南港

反對死刑

獻給我的女兒——茱蒂

「死刑是野蠻行為特有且永恆的標幟。」

——雨果

序

當前的各種理念抗爭皆為未來而戰。正當放眼未來之際，這本書選擇舊事重提、回顧過往，是為了什麼？當然，是為了緬懷過去，為了回味那些在法國反死刑運動[1]的歲月中，我所強烈經歷、對我至關重要的事情；更是因為，這本書集結的文章橫亙三十餘年，見證了一個持續且不可撼動的絕對信念，那就是：死刑是人類的失敗。死刑不僅無法保護自由人類的社會，反而使我們蒙羞。在奪走殺人兇手性命的同時，死刑所奉行的，正是與殺人者如出一轍的手段，同時也墜入了犯罪所設下的不明圈套，錯把殺戮當作制裁。透過行刑，兇手的行徑反倒成了司法的舉措。我們都知道，人是殺戮的動物。殺戮的動機並非為了確保自身的生存，而是因為在某些人身上、在某些時刻，意識與自制力不足以抑止死亡的衝動。如果想減緩這股死亡的衝動，那就千萬不要讓它成為公共社會的律則、文明世界的綱常。

死刑不僅僅是一種對生命的輕蔑，它甚至一點用處都沒有。它沒有嚇阻作用，而只是對暴力犯罪的一種反射行為。而且死刑從來沒有在世界上的任何一個地方成功減少血腥犯罪的發生。死刑充其量不過只是死亡本能的合法化表現；它無法保護我們，反而貶低我們。它是報復，不是正義。

是故，無論在何處，死刑將永遠是極權暴行的標幟。奴隸主操控著奴隸的身體，正如獨裁者恣意擺布著臣民的性命。「死亡萬歲！」（¡Viva la muerte !）在托雷多（Tolède）的廢墟中，那位法西斯將軍這麼高喊著[2]。「死亡萬歲！」，這句褻瀆生命的口號如咒語般，迴盪在整部獨裁政權的歷史之中。

而受到自由精神洗禮的孩子如我們，與這樣的褻瀆又有何相干呢？

當然，在那些尚未淘汰死刑的民主國家裡，人們或許會說，施行死刑是為了正義、是為了判決的「公正性」。對此，我一笑置之。當一個人的生死交關，在法庭裡

1 詳見巴丹岱爾（Robert Badinter）著，*L'Exécution*（行刑），Grasset 出版社，Paris，1973；Fayard 出版社，二〇〇〇年再版，以及 *L'Abolition*（廢除死刑），Fayard 出版社，二〇〇〇。

2 譯註：「死亡萬歲！」（¡Viva la muerte!）是一句西班牙佛朗哥（Francisco Franco）獨裁政權的著名口號。作者所稱的「法西斯將軍」即荷西・米蘭・艾斯特瑞（José Millán-Astray, 1879-1954）。一九三六年，他在西班牙哲學家烏納穆諾（Miguel de Unamuno, 1864-1936）生平的最後一場演說中，喊出這個口號。

成為爭辯的話題，那些相信形式上的程序足以確保公平公正的人，肯定從來不曾瞭解「殺頭」案件審理的真實情況。司法儀式所包裹的，是死亡的本能。控方尋求的，是讓這個本能得以宣洩；而辯方則努力地抵抗它。我還記得在這些無數次可怕的審判庭上，當犯案過程重新被描述，當被害者的痛苦再次被提起，我感受到死亡。雖然看不見，但真真切切地存在於審判室中，像隻紅了眼的鬣狗，直視著被告，等待他的大限來臨。司法殺人，這樣的事，我經歷過。即便三十年過去了，以往這些我必須疾言厲色面對一臉錯愕的陪審團、試圖搶回一條性命的時刻，至今仍令我不寒而慄。是的，性命，一個可憐人的性命。當檢察官在法庭上索討他的項上人頭的時候，這個可憐的人就在我身後，我可以聽見他急促又紊亂的呼吸。而此時，我必須用言詞來挽救這條生命。這些話語從自我的最深處濺出、從那原本深不可測卻在頃刻間微開的深淵中一湧而出，將籠罩著審判廳的死亡妖氣驅趕殆盡，使我如此強烈地感受到言語的灼熱與力量。

有的時候，人到了一定年紀，開始思索過去一生的所作所為，我時常想起一些不可思議的時刻。在我死時、當終於輪到我面對最後審判的時候，希望這些曾被我拯救過的生命，即便是最可悲的罪犯，都能為我作證，正如我曾經為他們辯護那樣。而那個明明沒有殺人，卻只因我在特華（Troyes）重罪法庭上的發言無力拯救他，以至於最後在刑場上被斷頭台活生生斬成兩截的那個人，他的死至今仍是我肩上沉重的負荷，在我接受最後審判時，且讓這個重擔能夠卸下吧！

過去這些激烈的奮戰透過本書所集結的文章，歷歷在目。這些文字記錄的，不是法庭上的辯護辭；當年尚未對審判進行錄音，辯護辭在被說出的那一瞬間即被時間吞沒。我保存下來的筆記，只不過是些必要性的事前準備，為了能夠捕捉那稍縱即逝、卻唯一能夠真正撼動人心的靈光乍現。在這樣的情況下，言語的文學品質並不是很重要；有時，句子甚至是不完整的，或者經常是七零八落的。這個時候，唯一重要的，就是信念的力量。這股熱情讓我投向陪審員，試圖阻止他們犯下不可彌補的錯誤，試圖防堵死亡的判決，並且，最重要的是，試圖讓人性、讓寬憫之心，還有生命，重新被拾獲，重新歸位。

或許，看在今日為了各種公義公益奔走的年輕律師眼裡，講述當年法庭裡的生死纏鬥會讓他們感到生不逢時，好像自己來遲了，才發現這個司法世界已經平和許多了。我不這麼認為。競技場中人獸相鬥的刀光劍影，不會掩蓋這件事本身的野蠻。不再需要判人生死的法官和陪審員們，真是幸福啊！而現在的律師也同樣地幸福：他們再也不用看著那個他們無力挽救的人蹲在牢房裡，焦慮地等待不知那操生殺大權的總統是否即將下達特赦令；他們再也不需要陪伴那個可憐人前往監獄的中庭，走向那在黑幕下令人望而膽顫的斷頭台。斷頭台在那裏，高舉著手臂、懸吊著刀刃，等著開鍘。

這本書收錄的文章經歷了幾十年累積而成。它們講述在這段逝去的時光裡，我們是如何不停地奮鬥，是如何想方設法地藉由說服大眾來試圖改變陪審團。希望這些文章能夠見證一個我從來不曾捨棄的信念，那就是，一個有權力殺人的法律不可能是人間的正義。「該隱！放開你的手！」(*Hands off, Caïn !*)[3] 美國廢死運動的正義之師如此高喊著。「該隱！退開！」然而，在我們居住的世界上，人類的司法繼續殺人！

一九八一年後，廢死在法國取得了勝利。但對我來說，這場戰役始終沒有結束，而且還差得遠呢！就像人權一樣，拒絕一套殺人的司法制度，這是放諸四海皆準的原則。廢除死刑的基本原則，是人權的邏輯必然結果。人類與生俱來首要的權利，就是生命的權利。在任何一個民主國家，這是不可跨越的底線，國家權力必須在它面前止步。對於一個犯法的人，只要公平審判的精神與原則皆嚴格落實，司法可以支配他的自由、他的財產和他的名譽，唯獨不能支配他的生命，因為任何權利都不可能合法地奪走一個人之所以為人的首要因素，那就是他的生命。而這個最基本的要求適用於全人類，也就是說，廢除死刑的訴求是普遍的通則。

這個訴求不會因為國家、地區的不同而有所退讓，廢死的抗爭要等到連最後一個執行死刑的國家都放棄了這個制度，才能告終。「太過理想主義了！」懷疑論者，還有那些雙手一攤、消極保守的人，會跟著他們的劊子手同聲如此喊道。但，如果烏托邦式的理想的確乘載著進步和希望，那他們說什麼又有何干呢？

過去的四分之一個世紀充滿著承諾，廢死的浪潮在全世界風起雲湧，勢無法擋。一九八一年，法國是史上第三十五個正式廢除死刑的國家。二〇〇五年，聯合國一百九十九個成員國當中，已廢除死刑的國家有一百四十個。在這個世上，廢死已然多數。在歐洲大陸上，廢死是主流，僅剩白俄羅斯這個最後的史達林式國家仍維持死刑。美洲大陸，從北至南，除了包含美國、古巴等在內的幾個國家外，廢死也已是國際間共同的守則。在非洲及亞洲，廢死運動不斷地取得進展。廢死運動的進步也透過各種國際簽署的公約展現。

3 譯註：該隱，《聖經》人物，係亞當、夏娃的長子，因忌妒殺害親弟弟亞伯（Abel）。以《聖經》敘事的角度來看，該隱被視為人類歷史中的首位殺人犯。

二十五年來不間斷的各項協議、條約與宣言預告著死刑的全面廢除。而其中最有實質效力的公約，非歐洲委員會內部所簽署的莫屬：所有成員國一律禁用死刑，即使戰爭時期亦然。

其中最引人注目的，就是一九九八年的《羅馬規約》，其內文所議定的措施促成了國際刑事法院的建立。國際刑事法院負責審判犯有極重罪行的個人，包括種族屠殺、集中關押、集體強暴，以及在世界上肆虐、所有危害人類的罪行。面對這些極重罪犯，根據由一百二十個國家簽署，且其中已有八十三個國家議會批准的《羅馬規約》規定，國際刑事法院可處之最重刑為終身監禁。連在審理如此罪大惡極的暴行之時，死刑都遭到了否決，這是廢死運動贏得的一次重大的道德勝利：人類禁止將殘害人類的劊子手交到同為劊子手的人手上。

這本書收錄的文章與這些進步相互呼應。它們述說的是對死亡與殺戮的拒絕，它們標誌著這個正義訴求的一步步進展，但也記錄了這個運動所遭遇到的逆境與延遲。這些文章強調廢死精神與民主、人權之間永恆的鏈結。這些舊文同時也見證了美國在廢死運動中的重要角色。美國是近代第一個民主國家，在今天，它不僅是全球第一強權，也是主流的文化範式。然而，弔詭的是，在這樣的一個國家，對爭取死刑全面廢除的抗爭來說，正上演著一場關鍵決戰。

這並不是因為死刑在美國肆虐得非常嚴重。中國每年處決以千計的罪犯，更何況，這個數字僅統計被公開行刑的人數。這些死囚在體育場裡被處決，像是上演了一齣戲。猶如古時候，殘暴的酷刑總是如慶典般地吸引歡欣鼓舞的群眾圍觀。而在這個數字之外，又有多少人在獄中秘密地被做掉呢？沒有人清楚。中國人經常宣稱他們自有一套理解人權的特殊概念。但任何國家，只要訴諸集體處決或秘密行刑的手段，就不能再號稱自己是個人權國家。民主在中國開花結果、政治自由在中國勝利的時刻近了！到那時，無用又野蠻的死刑，就會永遠地消失在廣大的中華帝國上。

二〇〇四年，我在北京大學做了一場關於全面廢除死刑的演講。北大師生們給予的迴響不僅是正面，甚至可用熱情二字形容。當時，我曾與中華人民共和國最高法院主席交換意見。他對我說，死刑終將有一天會在中國消失，只是現階段中國人民的心智尚未成熟，仍無法實現這個革命。我聽著他這麼說，便想：「多麼耳熟能詳的一番話呀！」在今天的中國，我們已能窺見一些公理進步的徵兆。法律程序的保障更加完善，最高法院的唯一職權，在於檢視死刑的判決是否遵守合法程序。二〇〇八年的奧運將在北京舉行，若能趁這個時機，大張旗鼓地提出全面暫緩執行死刑的訴求，則不啻為一良機。如果能讓中國的體育場永遠只為舉辦賽事而存在，如果能讓瞄準死刑犯後頸的槍響永遠禁止，那麼奧運便替全體人類之公益做出了重大貢獻。奧林匹克憲章明訂賽事不得違背人權精神。希望身為運動大國的中國，能在得到全世界注目的同時，牢記著這一點。奧運火炬也是生命的象徵。

以中國為榜樣，毒品猖獗的越南同樣經常地執行死刑，以此彰顯國家對於打擊毒品販運的決心。然而，公開行刑的作法不但沒有減少由幫派網絡把持的毒品走私活動，反而使越南政府失去公信力；死刑淪為政治宣示的手段，毫無實際的效果。其實，如果司法單位落實追查，只需判處長期徒刑，便足以達到打擊、遏阻毒品犯罪的效果。

伊斯蘭國家對廢死論者提出的質問，則大相逕庭。伊朗是僅次於中國，執行死刑最頻繁的國家。沙烏地阿拉伯和阿拉伯聯合大公國這兩個國家，同樣援引伊斯蘭教法合理化死刑的存在[4]；絞刑、斬首或石刑，無論殘忍處刑的方式多麼不同，它們有著共同的靈感來源，那就是，用死亡逼迫人們遵守神的律法。由此我們才恍然大悟，原來神的愛竟是藉由驚悚的酷刑而表現的啊！

這個矛盾是如此地顯而易見，於是我詢問過不少伊斯蘭宗教領袖的意見。他們的答案與猶太教及基督宗教神職人員，如出一轍。神愛世人。任何人都不能把神當作殺人的藉口。生命是神聖的，人類的未來全繫於對生命的尊重。取人性命，乃對神最不敬的褻瀆，因此，又怎能以神之名褻瀆神祇呢？於是，無論神學、道德，還是哲學或政治的諸種論證，皆指向同一個結論，那就是應當拒絕死刑。對有信仰的人而言，這是因為，生命由神賜予，只有祂才是生命的主宰。對沒有宗教信仰的人而言，拒絕死刑，是因為任何一個自由的社會皆建立在每個個人的基本權利上，而當中最首要的就是生命權，任何國家體制都必須尊重。

這一點讓我們再度回到美國。在這個古老又廣大的共和國上，死刑仍是進行式。一九七二年，死刑幾乎就要滅絕了蹤跡。最高法院以死刑不僅是個無用的刑罰，而且宣判及執行的方式過於殘酷為由，裁決死刑違憲。當時的人可能以為，長期的訴求終於被聽見，死刑的廢除勢在必得。其實不然。犯罪率的提高，還有對法律、秩序的崇拜，使得立法機關做出了一些修訂，設置新的行刑方式，尤其是藥劑注射。而最高法院最終也修改了它的裁決。

4 二〇〇五年當中，伊朗處決了至少九十四名罪犯；沙烏地阿拉伯則至少處決了八十六名死刑犯。

一九七七年，死刑的判決與執行死灰復燃，以美國南方州尤甚，特別是德州、維吉尼亞州及佛羅里達州。二〇〇一年，死刑的狂流達到顛峰，當年度共有一百一十二件死刑判決，七十七名死刑犯遭到處決。德州居排行之冠。小布希當時是州長，手握特赦之權。從此，美國成為世界上所有死刑擁護者的神主牌。如果連美國都對執行死刑顯得如此熱衷，那麼如何說服亞非國家，包含如日本這樣的民主國家在內，廢除死刑呢？

不過，和所有的民主國家一樣，美國注定要廢除死刑，而且這一天的到來，會比一般人想像的都早。不要忘了，在美國，死刑的存廢問題並沒有取得共識。在五十個州當中，十二個已廢除了死刑。再者，越來越多人意識到，訴諸死刑使美國的司法體制嚴重變質，而且事實上，死刑沒有讓美國人民免於犯罪的威脅。在司法的實踐中，死刑作為一種工具，是一面照妖鏡，映照出公理蕩然無存的殘酷社會景象。美國監獄中的死囚區，總是住著來自社會最底層、孤立在社會最邊緣的人，這反映了社會的不平等。在美國的司法體系中，只有富人與黑幫成員有足夠的資源，請得起各有專精的律師，由私家的調查小組及各路鑑定專家輔佐，才有辦法和擁有龐大警力的檢察機關相抗衡。這是財力上的不平等。而當那些人神共憤的罪行，激起民眾和陪審團的忿恨與報復衝動時，這往往是平日壓抑的種族情結總算能夠一併釋放的好時機。這是死刑制度在種族上的不平等。在監獄的死囚區裡，非裔、拉美裔受刑人的人數，遠遠超過此二族群在全美人口占的比例。這並非偶然。檢視法國在整個二十世紀所有遭決人犯的卷宗，我發現法國的黑人與北非移民，也有相同的情形。司法亦受種族主義的踐踏而蒙塵。無論法官與陪審團再怎麼努力地避免自己受到種族情結的影響，就算從來不曾有人明說，死刑制度仍舊是個種族偏見的溫床。

最後一個問題點，且與上述諸項皆有關聯的，就是冤假錯案的發生。冤獄是對司法正義的絕對否定，它侵蝕著美國的法律制度：有時是在死刑定讞後出現的新證詞或新的科學分析，才證明了被告的清白；有時是事後才意識到審案的程序充滿了瑕疵，其中包括逼供、偽造證據，甚或是對被告有利的證據或證詞刻意被排除，乃至被告的辯護權遭到侵害。也因為如此，如果公平審判原則有真正地受到尊重，那麼本不應該判決的死刑，其比例是非常驚人的[5]。

5 哥倫比亞大學針對一九七七至一九九五年間，初等法院所判處的總計五千六百九十七件死刑案件進行全面調查，發現其中審判過程不完全合乎程序者占了三分之二。

幸好，現在的美國司法界更加清楚地意識到，這些種種不公平的現象違背了美國一直以來標榜的公義理念。聯邦法庭與州立最高法院以越來越謹慎的態度，審視初等法院所宣讀的死刑判決。過去幾年來，美國的最高法院也逐步地限縮死刑適用的範圍；其中，按照國際公約及國際普遍作法的標準看來堪稱為美國國恥、司法醜事的一項制度，終於被畫上了句點，那就是，禁止對精神病患、智能不足者[6]，以及作案時未成年之被告處以極刑[7]。美國政府也強化了若干被告應享的程序保障。法官的功能僅止於主持法庭辯論。只有陪審團在宣佈被告有罪後，才可以執行它判處死刑的權力。公設辯護人制度亦有所改善；現在這些對美國刑事程序非常熟悉的公設辯護人，使貧困被告的法律權益更受保障。

如果說，美國最高法院展現的司法嚴謹精神，在現階段並非以廢除死刑為目標，但至少意在限制死刑的適用範圍，且讓司法界及一般大眾意識到死刑導致的不公平，是不可逆的。這個錯殺無辜的潛在危險，並不是主張廢死者為了伸張訴求，才憑空幻想出來、故意使人害怕的空言空語。歷經數十年的偵訊、調查、審問，最後才得以沉冤昭雪，甚至千鈞一髮逃過死劫。這樣的案例在美國數量十分驚人，自一九七三年以來，已累積至一百二十二件之多！況且，這個數字僅包含那些在行刑前得以獲救的幸運兒。在這之外，多少人已遭處決！

假設司法單位同意重啟調查，尤其若運用DNA鑑識技術，也許能夠還這些人清白。

最終必須為冤殺無辜負責的，是擁有特赦權力的各州州長。如果州長拒絕給予特赦，死囚便會遭到處決。二〇〇三年一月，時任伊利諾州州長的喬治萊恩（George Ryan）在讓四名蒙冤的死囚重獲自由後，做了一個前所未有的集體特赦決定，將一百六十七位死刑犯的判刑轉為終生監禁。喬治・萊恩並且下令所有死刑必須暫緩執行，使得在這個犯罪其實十分猖狂的州內，死刑等於在實質上廢止。其他州也紛紛跟進，下令暫緩或延後死刑的執行，特別是北卡羅萊納及新澤西州（2006）。受到這些措施的影響，死刑的判決與執行數量皆大幅下降[8]。就像法籍人士穆薩維（Zacarias Moussaoui）的案子一樣，每一個向死刑說不的判決，都代表死刑廢止運動的成功。而

6 二〇〇二年六月二十日Atkins v. Virginia判決。

7 二〇〇五年三月一日Roper v. Simmons判決。

8 一九九九年，二百七十六名被告被判處死刑，九十八位遭處決。二〇〇四年，一百二十五位被告死刑定讞，五十九位遭處決。

每一次的特赦，都是生命的勝利。

然而，只要死刑仍存在在美國的任何一個角落，就算這些進步再怎麼樣地令人振奮，都無法充分展現它們最完整的意義。美國的司法制度十分複雜、嚴謹，儼然是法治文化的化身。美國人也引以為豪，賦予它特殊的道德意義。所以美國人不應該與這個叫做死刑的血腥樂透彩繼續和平共處。總有一天，看著槍下的無辜亡魂有如司法的殉道者，美國輿論將會高呼著廢除死刑的口號。輿論的影響不會只限於死刑判決發生的那一州，而是會蔓延至其他州，乃至聯邦政府。除非最高法院在面對著死刑所帶來的司法災難時，能夠清楚地認知到，按照美國的司法精神，任何不平等的現象、種族歧視以及冤案的不可逆性皆不被允許存在，進而譴責死刑這項殘酷、違反人性且令人蒙羞的制度，並且直接宣布死刑違憲，否則的話，也許必須像英國和加拿大一樣，以漸進的方式進行改革，先訂出一段試驗期，在這期間當中，禁止判處死刑。試驗期過後，人們會發現，跟在任何地方一樣，死刑的廢止並沒有造成殺人案的犯罪率上升。然後，死刑就得以在美國光榮地被廢止。

僅剩的問題，是恐怖主義。自從二〇〇一年的九一一事件後，恐怖攻擊的陰影籠罩著全美。恐怖分子也殘暴地對西班牙、英國出手。無論恐怖攻擊的動機是宗教或是民族狂熱，近東、小亞細亞、印度、非洲等地區，無一不倖免。國際恐怖主義組織在今日已是世界和平面臨的最嚴重的威脅之一。以至於許多國家紛紛在立法上針對恐怖主義制定出非常手段，有時甚至到了藐視基本自由權的地步。

其中與死刑相關的部分，經驗證明了死刑不旦無法遏止或削弱恐怖主義，反而使問題更加嚴重。這些劫機後駕駛著飛機直撞大樓、引爆炸彈將受害者炸的全身粉碎的恐怖份子，怎麼能相信死亡的恫嚇能讓他們望而卻步呢？怎麼會沒有想到，對一個恐怖分子而言，法庭對他來說永遠都只會是一個最佳的演講台。在他的支持者眼裡，死刑將讓被處決的恐怖分子昇華成英雄，因為他為了自己的理念犧牲了生命。行刑的隔天，又會有多少年輕人受到他的感召，滿腔熱血地加入同一個恐怖組織呢？最後，在道德上，如果民主國家採取死刑來處罰恐怖分子，那麼就是受到相同死亡暴力的衝動驅使。因此，一些民主大國即便在面對恐怖主義犯罪時，從來不曾打算恢復死刑，例如英國之於愛爾蘭共和軍、西班牙之於埃塔（ETA）組織，這是非常具有意義的。在這場打擊恐怖主義的抗爭中，死刑的廢除凸顯了民主精神所包含的一個重要的倫理面向。恐怖分子以意識形態為名，殘害無辜的被害者。而民主制度捍衛自由，任何人的生命都是神聖的。對抗恐怖主義的這場奮戰，等同於一場價值的衝突。在這起衝突中，只要民主堅守著她的建立原則，她終將勝利。

犯下九一一攻擊事件的穆薩維效忠於蓋達組織，並且揚言，希望恐怖攻擊能夠再度血染美國。即便如此，陪審員依然拒絕將穆薩維判處死刑。比起小布希總統和他的智囊團，這些陪審員們才是真正為美國精神服務的人。面對著暴虐的罪行與莫大的侮辱，一個民主國家的司法應該拒絕用死亡復仇。她應該在打擊犯罪的同時，重申她堅定的立場與價值。她讓恐怖分子無法再犯罪，但同時尊重他的生命。她懲罰，但不殺人。在拒絕判處恐怖分子死刑的同時，法官保全了被告在犯罪時所否定的人性。「喔！死亡啊！你的勝利在哪裡？」懲罰罪犯但饒他一命的法官這麼說著，如同《聖經》的詩歌作者一樣[9]。

此刻，我所經歷的人生道路已算漫長。一邊回首過去那段滿腔熱血的奮戰，我一邊丈量著那條為了邁向死刑的全面廢除而走的苦路。然而，只要在這世上有人被槍決、被注射毒藥、被斬首、被投以亂石、被吊死的一天，對於相信生命是全體人類最崇高價值、司法正義不應殺人的人們而言，就永無懈怠的一天。總有一天，在地球上，不再有犯人以司法之名遭到處決。我是看不到這一天了，但我的信念是絕對的：死刑終將消逝在這個世上，而這一天的來臨會比懷疑論者、緬懷過去者以及酷刑愛好者想像的都早。死刑野蠻社會就快要和酷刑一樣，被塵封在被淘汰的野蠻社會倉庫裡。到了那一天，當人們看著斷頭台、夾腿刑具、絞刑架、分屍架、綑綁待槍決囚犯的柱樁，以及纏繞在牢房牆上的鎖鏈，會感受到一樣的恐懼、相同程度的震驚。

沒錯，儘管犯罪事件、種族屠殺、集中關押等暴行依舊上演著，人類文明仍不停地向前。人類的黑暗面，我們都知道它長什麼樣子，也總是可以發現它隱藏於民族主義、部族主義與狂熱主義的掩飾之下。我們也可以在那些遭死亡暴力驅使的人身上，看見它的痕跡；這些人不敵死亡衝動的誘使，良心的最後一道防線潰堤，放棄了對他人、對自己的身體、生命的尊重。這一長條刻劃在人類悲劇史上的血腥足跡，我們知之甚詳。因此，我們不可能答應讓死亡在正義口號的掩護下成為治理人類社會的法律。只有在智慧女神米娜瓦（Minerve）平靜祥和的面容上，才能看到真正的正義。

「生命萬歲！」和平的人類用這句話來回應法西斯份子喊出的「死亡萬歲！」「讓

9 出自《哥林多前書》。

生命永存吧！」謹以這句話總結廢死精神的核心意義，它將是人類戰勝自己的最終勝利。

侯貝・巴丹岱爾

只有病態的社會才會維持死刑

這篇寫於一九七〇年一月的文章，是我為反對死刑發表的第一篇文章。文章刊出的幾個月前，龐畢度[1]先生當選總統。我當時堅信，死刑廢除的時機來了……

如果法國人民真如一般公認地那樣對文學特別敏銳，那麼死刑早就在法國消失許久了吧！難道不是恰好在法國，從文豪雨果到卡謬，即使他們倡論反對極刑，言詞是那樣地令人動容，但卻總是無疾而終？同樣地，如果法國人民的確像他們自詡的那樣理性，那麼法國也應該早就廢除了死刑。因為在重大辯論中提出的事實證據已證明了一切。已廢死國家的經驗證明了，在廢除死刑之後，犯罪率不僅沒有上升，反而有下

1 譯註：龐畢度（Georges Pompidou, 1911-1974），法國第五共和時期的第二任總統，任期為一九六九至一九七四年間。

降的趨勢[2]。至於我們經常聽到的，本應處死的殺人犯一旦有機會獲得釋放，出獄後會再犯的憂慮，事實上，證據也駁斥了此一假設[3]。事實擺在眼前，死刑的嚇阻效用實際上是零。然而，它卻依然存在。

弔詭的現狀

當然，在今天的法國，死刑的存在，其象徵意義大於實質意義。一九六六年，行刑了一次；一九六七年，一次；一九六八年，零次；一九六九年，僅一次。然而，在這個死刑看似已退流行的表象背後，其實充滿了矛盾。因為，若非人們繼續相信死刑有殺雞儆猴的作用——如此一來，便須像在十九世紀時那樣地確實執行，才能發揮作用——，否則唯一的解釋就是，現代犯罪學讓人們體認到，死刑對於遏止殺人命案，根本一點用處都沒有。然而，既然如此，又為何要保留死刑呢？

因此，目前在法國的情形十分弔詭：一方面，死刑無用論已被證實；死刑甚至幾乎已不被執行。然而，在這同時，法國的立法者卻還沒有廢止死刑的決心。更甚者，就在死刑執行數量逐漸減少之際，立法者將更多種犯罪行為，加入原本便極為冗長的死刑適用罪種清單，即便在這些新法案進行表決時，人人皆已心知肚明，法官極不可能針對這些罪行宣判死刑，或者至少，因此類案件而判處的死刑絕對不會被執行。這些犯罪種類包括妨害國家物資動員罪、綁架孩童致死罪、盜匪罪、父母以外人士殺害孩童罪、縱火致死或致永久殘廢罪等，皆為戰後以來，被立法者蓋上死刑黑印的犯罪類型。

因此矛盾非常明顯：一方面，死刑繼續存在，甚至在法律條文裡開疆拓土。另一方面，在實務上，死刑的勢力卻是那麼地卑微，淪為一個偶爾出場一下的龍套角色。不過，這種弔詭的局面，其實也暴露了一個真相：我們遲遲未能廢除死刑，難道不是因為，相對於目前公認死刑無法滿足的嚇阻犯罪作用，現今僅具象徵意義的死刑在我們的社會中，其實發揮了一個更加隱晦、甚至沒有人願意承認的作用嗎？

法國這樣的社會為何保留死刑？關於此一核心問題，死刑廢止的浪潮在歐洲各國

2　在戰後的奧地利、芬蘭與德意志聯邦共和國，尤為如此。德國自一九四九年廢除死刑以來，命案件數由一九四八年的五二四件降至一九五〇年的三〇一件，以及一九六〇年的三五五件，實為顯著的下降。

3　例如瑞士、比利時、丹麥、荷蘭、西德與瑞典等國家的例子。從來沒有或者幾乎沒有任何被判無期徒刑者，於刑滿前獲釋後再度犯下殺人案。

的歷史與地理分布，實在發人深省。

二次世界大戰以前的歐洲，除了葡萄牙的政治菁英早在一八六七年受到法國人道主義思潮影響，首先廢除死刑之外，只有北方國家分別在實務及法理上刪除了死刑制度，以荷比盧為首，接著是北歐國家（芬蘭除外）。一九三七年，瑞士也加入了廢死的行列。這些國家，除了葡萄牙以外，皆享有穩實的民主體制，主要採行君主議會制，而且沒有嚴重的社會或種族矛盾。

並且，由於曾宣告成為中立國，在這個特殊身分的保護下，這些國家對於國際間的角力衝突，僅有微弱的感受。二戰結束後，更多的國家旋即加入廢死的陣營：義大利、奧地利、芬蘭、西德。這些國家的共通點就是同為戰敗國，且除了芬蘭以外的所有國家，都剛從極權統治脫離出來。民主制度在這些國家獲得重生。而在此之前，重大國際戰事為他們的國家帶來許多惡果，也隨著戰敗消弭了，恰與廢死的時間點不謀而合。最後，藉由一九五七年的命案法案（Homicide Act），大不列顛王國大幅減少適用死刑的犯罪類型，然後於一九六五年完全取消執行，一直到一九六九年，正式將死刑廢止。

虛幻的防護

因此，已廢除死刑的歐洲國家，都是那些沒有嚴重社會衝突的國家。當他們決定廢除死刑時，以及廢死之後，社會上並沒有如瘟疫肆虐般的嚴重政治、宗教或種族對立，而且都享有正常運作的民主機制。

由此可見，當一個社會到達一定程度的平衡，或者擺脫了極端的社會對立時，這個社會的集體意識便會傾向欲從死刑有用論的迷思中解放出來。相反地，一旦社會陷入危機，對立加劇，人們便會再次對死刑引頸企盼，甚至重新將死刑納入普通法。例如西班牙在一九三二年廢除死刑後，又於一九三四年恢復，直至今日都未改變，和法國成為西歐唯二仍保留死刑的國家。

美國各州在廢死立場上的差異也同樣耐人尋味。目前只有七個州廢除了死刑。除了地理位置和種族組成比較特別的阿拉斯加和夏威夷以外，其他五個廢死州分別為緬因州、明尼蘇達州、威斯康辛州、德拉瓦州及紐約州。這些州皆位於北方，不似美國南部或西部，尤其是加州，在種族及經濟問題上皆存在著嚴重的社會矛盾。與其轄內的紐約市不同，紐約州整體而言是個相對較均質的州，長久以來得免於社會對立或尤其是種族衝突的紛擾。可見，即便在同一個文明地區，例如西歐，死刑的廢除反映了一國的社會氣氛相對平和，或者至少衝突對立的氛圍已然趨緩。

現在，我們來看看法國的歷史。自從舊體制（Ancien Régime）*遭推翻後，各種社會、政治危機不停更迭上演。在整個十九世紀當中，在法國掀起了最熱烈，也最堅定的反對死刑運動。然而，國會以廢除死刑為目標所做的各種嘗試，皆以失敗告終。一九〇六年，為了不再執行死刑，眾議院的預算委員會刪除了用以支付劊子手薪餉以及執行死刑費用的額度，共三萬七千法郎。但在那之後，各種緊張衝突與危機不斷地撼動整個法國社會，從未停歇。

因此，我們的歷史印證了充滿對立的社會和死刑的維持，乃至於針對非政治、普通法的案件恢復死刑，這兩者之間確實存在著因果關係。

我們必須體認到這一點，才能有如大夢初醒般地，識破死刑在現代社會中的真正意涵。死刑並非打擊血腥犯罪的有效工具。對於肩負社會防護的這項責任，它無能為力。但在一個內部充滿著動盪不安的社會裡，人類的鬥性與恐懼揉雜在一起，吞噬著集體意識；死刑為這兩種情緒找到宣洩的出口。

在這樣的社會裡、在這樣的時刻，每一個個人總是隱隱感受到威脅。死刑的可怕形象讓他稍微感到安心；他設想其他人一定會害怕死刑，因此覺得自己受到死刑的保護。此時，那簡單、原始的報復心態，像自遙遠的過去，一個世紀一個世紀地席捲而來，在他的內心低鳴著。像個夜裡怕黑的小孩唱歌壯膽一樣，他幻想自己被保護著。不理性的恐懼造就了荒謬的解藥。在我們的現代社會中，死刑的存在其實是個集體精神失衡的現象，應屬精神分析學須探討的問題，而不是犯罪學的課題，更不該作為制裁犯罪的一種對策。無論如何，對一個歷史悠久的國家而言，該是時候意識到，死刑的存在意味著一個社會仍停留在幼稚階段，無力揚棄這個無用又殘忍、行之超過千年的活人血祭。

《費加洛文學週報》，一九七〇年一月十九至二十五日

＊編按：舊體制意指法國大革命前的法蘭西王國體制、封建貴族制度與王權。

血債血償

這篇文章寫於一九七一年。當時，克萊爾佛（Clairvaux）重犯監獄剛發生了一起劫持事件。囚犯克勞德·布菲（Claude Buffet）與侯傑·邦頓（Roger Bontems）挾持了一名護士及一名警衛。這兩位人質雙雙於警察大舉攻堅時遭割喉而死。一時之間輿論譁然，群情激憤。當我撰寫這篇文章時，我沒有想到，案發的八個月後，我會與菲利浦·勒梅爾（Phippe Lemaire）合作，一起在特華重罪法庭上為邦頓辯護。我們證明了邦頓並沒有將人質割喉致死，陪審團也認同這點。然而，邦頓最後卻因做了布菲的共犯，而被判處了死刑。

克萊爾佛慘案中不幸死者的父母與親人要求血債血還，是很正常的。如果家人被歹徒奪走了生命，任何人，即便沒有明說，都會希望這個歹徒嘗到相同的苦果，這再合乎人性不過了。

但是，當我們不是被害者的另一半、親屬或摯友，卻有著相同的反應，這就不具有正當性了。我們之中的大多數人，不先釐清這起悲劇的起因、發生的背景，便妄下結論，認為兩名兇嫌罪大惡極、死有餘辜。甚至有人覺得，布菲和邦頓沒有因為以前犯下的其他案件被判死刑、上斷頭台，實在太可惜。但這根本就是很荒謬地，把今天發生這起案件的責任怪罪在負責審判前案的法官身上，藉此敦促未來將做出判決的法官，這一次絕對要不留情面、大開殺戒。四面八方皆響起訴諸死刑的盼望。

在激憤以及對被害者的同情之外，我們怎麼能不靜下心來，分析這種集體的情緒反應到底意味著什麼呢？的確，輿論的反應無關乎死刑的嚇阻效力或社會防護。因為即使如對民眾承諾的那樣，給予布菲和邦頓速審速決，甚至把他們被砍下的頭顱拋向歡呼的群眾，死刑仍然無法防止相同的罪行再次發生。

因為，在那長達數小時、與警對峙的過程煎熬中，布菲和邦頓絕對知道自己可能面臨遭處死刑的命運，甚至，這個念頭可能每分每秒縈繞在他們的腦海、佔據了所有的意識。但這個想法卻沒有制止他們鑄下大錯。這兩個亡命之徒在犯案的當下便清楚地知道，如果這次的脅持行動最終以人質的死作結，那麼他們就是在玩命，而他們最終也的確這麼做了。

1972年11月14日，巴丹岱爾（上圖左）等四位律師為克萊爾佛案的兩位死刑犯當事人赴愛麗舍宮請求龐畢度總統特赦。龐畢度總統後來沒有簽屬特赦令。

那麼我們又有什麼理由相信，往後其他同樣瘋狂的人，不會這麼做呢？在失去理智、情緒到達極點的當下，末路狂徒自認為正在將自己一輩子屈從於他人的生命處境轉化成一種反叛的存在；此時，極刑若隱若現的幽影也阻止不了他。當他在自己荒謬的命運與他人性命間做權衡時，他像是重拾了一種自由。即使確定死刑終將來臨，那也只不過是為這個理智混亂的時刻增添多一點張力、多一點悲劇的情緒而已。甚至，當他在自由與死亡（包括自己的死，以及因想與他人同歸於盡而奪走的生命）之間二選一時，這樣的抉擇難保不會給他帶來快感。在此快感的驅動下，即便死亡的威脅也無力彈壓，反而讓玩命、喪命的衝動，一觸即發。

假設嚴刑峻罰真能預防犯罪，那也絕不會是死刑的功勞。對一個殺人犯而言，想到自己在判決後，就得一輩子關在監獄裡，裡面的環境可能讓他更想殺人、獄卒的權力與嚴密的監控可能讓他有想轟掉這些人腦袋的衝動，這難道不會比在一瞬間失去性命更加令人不寒而慄嗎？

然而這個問題不會有答案。刑罰令人畏懼，死刑令人害怕，卻無法壓制犯罪的發生。克萊爾佛慘案便是一個最充滿戲劇張力的例子。布菲和邦頓在犯下罪行時，非常清楚地知道，自己人頭不保的風險比在其他任何情況下都高。可見，無論就這起極度兇殘的案件或者其他案件而言，死刑的存在對於預防犯罪來說，都是毫無效用的。

布菲和邦頓為何會走上這條不歸路？現在我們知道，在攻堅開始前，已有一名人質遭殺害。另一名人質則是在歹徒眼看著大勢已去，心中激起一股殺人衝動的情況下，遇害身亡；意識到無力挽救頹勢，不如心一橫，一了百了。他們倆鋌而走險，到頭來是一場空，使他們的罪行顯得更加令人髮指，但也十分發人深省。兩名兇嫌與被害者無冤無仇，任何一點即便無法合理化犯罪，但至少能夠給出某種解釋的情緒因素都沒有。他們無謂地殺人，行徑十分冷血。他們的殺人毫無意義可言，和他們的殘忍同樣地明顯。

所以這兩個人是殺人的野獸、怪物，非得將他們剷除不可嗎？而假設他們的的確確是野獸、是怪物，那麼必須因此將他們剷除嗎？這就是問題的所在。依據對這個問題的不同回答，我們對一個社會的評價就會有所不同。如果這兩個人是禽獸，那麼何必期待他們有著和人類一樣的情感？有這樣的質問，並不是憐憫心在作祟。就我們所知，這兩個人不過是人類不幸的一種具體形式。處死那些為不幸所利用的人，並非讓自己免於不幸的正途。如果在今天我們所處的時代，人們依然對這樣的人高喊著「準備受死吧！」，那麼和幾世紀前，只因為害怕精神病患，便將他們視為野獸、罪犯，甚至將他們隔絕於公民社會之外的時代，有何不同？而且，如果這些人是禽獸怪物，那麼我們又是以何名義，將適用於人，但不適用於怪物的法律套用在他們身上呢？我們又有何權力自以為是、義正詞嚴地對他們施以司法的安樂死呢？而正當我們的社會舉著正當防衛的大旗，意圖消滅妨害人類群體的怪物，但骨子裡不過是在認可或者實現死刑此一最嚴重的社會挫敗時，我們到底是如何定義這些怪物？又是以何種判准為據予以追捕、宰殺？

歸根究柢，在這些死亡的呼求、這些高喊著血債血還的本能原始反應背後，到底隱藏了何種意義？社會群眾情緒亢奮，期待以一個計畫性的暴力回應一個已完成的、真實的暴力。這種集體式的狂熱所反映的，如果不是某種排斥，就是某種恐慌；排斥、不去探究犯罪者內心中幽暗不可測的深淵，因為那使我們感到害怕，害怕在那黑洞中看見我們每個人內心深處暗藏著的獸性之人、害怕看見他那咧著嘴、扭曲變形、令人不敢直視的投影。那些犯下滔天大罪的人，我們逃避、不願了解他們是什麼樣的人、不敢探問什麼因素讓他們走上不歸路。我們只在意他們暴虐無道的罪行，只需這點，便足以喚醒沉睡在我們每個人之中的那隻古老卻從不鬆懈的怪獸。於是，我們寧願召喚那位嗜血嫉妒的神祇，讓我們自以為擁有操縱他人生死的權力。

克萊爾佛慘案確實駭人聽聞——因為它釀成了死亡悲劇、帶來了痛苦，也因為它向我們展現了我們自身的真面目。

《世界報》，一九七一年九月二十九日

逃避的藉口

一九七二年十一月二十四日，在龐畢度總統表明拒絕特赦後，克勞德．布菲與侯傑．邦頓二人於巴黎桑代監獄（la Santé）上了斷頭台。這是自龐畢度總統於一九六九年當選以來的第一場死刑執行。

原來，我們曾經以為已經終結的死刑執行，並沒有結束。法蘭西與斷頭台之間長達數世紀的盟約再度獲得確認。正值兩個男人的命運在天平的兩端擺盪之際，相關機構公布了令它們感到可恥的一項民意調查。這項調查顯示，大部分的法國人對兩名罪犯的死刑感到滿意。這樣的局面，除了讓我們再一次面臨死刑存廢的爭論，也讓我們不禁問：為何法國人對死刑如此情有獨鍾？

看這個偉大的國家，我們的國家，在她所屬的宗教、文化及政治社群裡，卻是唯一保留死刑的國家。所有陪伴我們走過漫長歷史的鄰近友邦皆已一步一步地擺脫了死刑制度，法國人卻仍頑強地對它忠心耿耿。死刑到底對法蘭西國民的心理滿足了何種作用？呼應了何種隱微的焦慮？在擁護死刑這一個悲哀的徵象背後，隱藏了何種被壓抑的真相，有待解碼揭露呢？

箇中原因，並不是因為法國境內掀起了比其他西歐國家都更強烈的殺人狂潮。犯罪在法國其實沒有比在廢死國家，如德國、大不列顛王國或比利時更加猖獗。

也不是因為法國的司法體制特別地嫉惡如仇。當然，毫無疑問地，法國的司法不會是最寬容，也不會是最致力於了解罪犯的制度，但它也絕不會是嚴峻、最不講人情的刑罰制度。

法國人對死刑的堅持也並非肇因於他們天生帶有暴力衝動的因子。當然，在法國，死刑的確發揮著釋放壓抑情緒的作用。它讓潛伏在每個人內心暗處的病態惡意與暴力有了宣洩的出口；死刑便意味著這類集體心理劇的上演。然而，鄰近國家的社會氛圍沒有比較平和，他們文化中自古以來的風俗和焦慮和我們並無二致。那，到底是為何呢？

是因為，對人類良知而言，死刑提供了一個很好用的藉口；是因為，死刑存廢的論爭掩蓋了其他更加迫切的論辯。比死刑更根本的問題，人們不願提起，因此死刑的討論才能永無止盡地，以如此悲哀的方式轉移人們的焦點。

這些更根本的問題，其中最首要的，就是一個社會賦予人多少價值？死刑的愛好者總是喜歡搬出這句經典台詞：「若要廢除死刑，必須由殺人犯自己做起」。[1] 然而，正是因為這些人是殺人犯，他們永遠不可能辦到。但是，如果一個社會宣告，人的生命具有絕對的價值，那麼即便透過正當的法律途徑，這個社會也不能奪去任何人的生命。如果人類生命是神聖的，那麼即便是褻瀆生命者如殺人犯，他自身的性命也同樣神聖。因此，當一個國家拒絕廢除死刑，它同時等於在否認生命權的絕對與神聖。這就是法國目前的境況。

這是一個嚴正的指控，故需要一些補充說明加以支持。法國也是西歐民主國家中，唯一拒絕簽署《歐洲人權公約》的國家。公約中最關鍵的精神在於宣誓對個人的絕對尊重。維持死刑以及拒絕譴責酷刑，這兩個徵象結合在一起，代表了法國人民默認，即便是合法的、致命的暴力，亦有助於社會的治理。

1 譯註：此話最早出自法國十九世紀知名報人、小說家卡爾（Alphonse Karr, 1808-1890），意指若殺人犯不再殺人，那麼就不會再有死刑。

因此，廢除死刑以及譴責酷刑，這兩件事情的意義，說穿了，便在於凸顯，再怎麼樣罪大惡極的人都仍該享有被社會尊重其人格及生命的權利。唯有如此，個人高於國家的價值才能被保存。相反地，如果維持死刑、姑且地默許酷刑在非常時候、在國家與司法的利益為重的情形下，是有用的，那麼就是承認國家有權支配國民的人格，甚至支配他的生命。如此便能解釋為何歷史上的獨裁政權，無論右派左派，皆與死刑有著千絲萬縷的關連。

要證明這點，只需看看那些死刑尚存的幾個歐洲國家。他們認為國家凌駕於個人之上，將此奉為圭臬。而在我國，這樣的思想雖已是歷史的灰燼，但仍深深地影響著法國人對於人權之於國家此一課題的真實看法。面對國民當中最失格、最危險的成員，如果法國的體制不願意承認他們也應當擁有絕對的生命權，那麼這背後所反映的，就是法國的體制只肯將一個相對的價值施捨給人，並且認同，群體社會，或者說它的制度性體現，亦即國家，最終有權支配人的生命。從這個角度來看，這樣的社會是集權社會。

死刑到底有何用處？這個問題同樣充滿著曖昧。通常，人們興致勃勃討論這個問題，但問的內容其實並不正確。我們要談的，不是一般所宣稱、死刑有助遏止犯罪這類的好處，而是去追問，到底死刑至今依然能夠存在的真正原因是什麼？這個原因始終不被公開承認，非常隱秘，但卻是維持死刑的理由當中，最觸及本質層面的。

對思考暴力犯罪與死刑之間關係的人而言，長久以來，這個問題的答案一直存在在事實裡。犯罪率增長與否的問題，與死刑之存廢毫無因果關聯。當然，如果有人宣稱廢除死刑有助於減少犯罪，這無疑是荒謬或誇大的。但若認為死刑一旦廢除，犯罪率便會上升，這也是個昧於事實的想法。所有廢死國家的經驗都證實了一件事，那就是，死刑沒有任何用處。暴力犯罪從來沒有因為死刑存在而減少。

這是個事實。但不知是由於資訊缺乏，還是不願接受，人們總是頑固地拒絕相信這項事實。此種受不實訊息誤導所致的立場，受到人們如此激情的擁護，實在耐人尋味。它根源自一種暗地裡希望維持現狀的想法，但理由並非因為此現狀在道德上是可證成的，而是因為它很好用，或者純粹很方便。對，因為死刑很方便。既然目前在法國，死刑只有在少數極特殊案件中，才會實際被執行，那麼它對人們道德情感帶來的衝擊便顯得微不足道。不過，同時又由於死刑在制度上仍是可能的，因而發揮了它的隱性作用，也就是替死刑的擁戴者供應廉價的道德滿足感。正因為死刑存在，但在實務上幾乎所有罪犯都能夠免於一死，大多數法國人便因此自以為正在給予罪犯們慈悲的施捨。讓罪人免於一死，這是何等的恩惠、何等的寬憫！以致於剩下的問題，即便是最核心的、關於接下來罪犯該如何面對人生的此一問題，便不重要了；隨便一個監獄便能解決這個已無人關心的問題。

就這一點，單單主張「為了妥善安置本應處死之囚犯，死刑之廢除應以獄政的實質改革為前提」，是不夠的。因為雖然此一主張所關心的問題確實存在，但由於僅涉及少數特殊案例，因此不夠深入。真正的問題複雜得多，而死刑與監獄境況兩者的關聯，其實更加隱微。正因為法官已鮮少宣判死刑，且只有在極度罕見的情況下會被執行，於是死刑便淪為用來滿足道德虛榮心的託辭，替監獄裡那有如煉獄般的環境開脫。

反正，活在像煉獄般的痲瘋病院裡，總好過死亡。尤其當這些痲瘋病患不僅被高牆禁錮，更被人們的意念隔絕在社會之外，引不起一絲絲健全人類的關注時，更是再好不過了。通常，受監禁的人只有在如奴隸起義般地反抗時，才會受到關注。生命權理應是人類權利中最與生俱來，也最絕對的權利，但人們卻以為這些囚犯之所以能夠活著，是來自於施捨，是社會施予他們的最高恩惠。那麼在衛道人士的眼裡，假使這些囚犯起而反抗，這些不知感恩的人是不是就等同於自尋死路了呢？

如此抽絲剝繭後，我們發現，死刑的存在讓人們有大可忽視監獄環境問題的理由，甚至寧可維持監獄現狀。死刑與監獄問題，便是這樣彼此相扣、互相依存。這些囚犯本來都是得死的，但他們仍活得好好的；人道考量因此得以滿足，而且還很划算。一旦廢止了死刑，偽善者便不再有藉口、無處可逃避。

這面人道主義的假面具企圖掩蓋獄中生活的真實景象，只因為拘禁在裡面的人得以苟活。未來，我們必須針對監獄以及獄中的種種境況，加以探討。

而死刑，相反地，卻給了人們逃避此一重要課題的藉口。它表徵著一個社會寧願恪守著活人獻祭的奇幻儀式，來達到淨化效果，而不願對當前的各種危疑正面迎戰。

《快報周刊》，一九七二年十二月四至十日

行刑

一九七三年五月，我出版了《行刑》一書，記述克勞德・布菲與侯傑・邦頓受審，以及在桑代監獄遭處決的過程，此外也分析了律師面對死刑時所扮演的角色。此書正式發行後，《快報周刊》替我做了一個長篇專訪。

《快報》：一名律師，在他做出各種努力，鍥而不捨，曾經懷抱希望、曾經相信過後，最終還是看到斷頭台的刀斧落在他的當事人頸上。此刻，他的感受是什麼？

巴丹岱爾：幾乎無法用言語形容。首先是感到噁心、忿恨，也有某種程度的恥辱，接著是「一切都結束了」的可怕感覺。基本上，當事人被判處重罪，即便是無期徒刑，對於律師來說，這場仗還沒有結束，因為也許還有更審、改判的可能，或者假釋，以及特赦。然而行刑意味著一切已成定局。你無能為力，永遠地無能為力。甚至在這之前你所做的各種努力瞬間都失去了意義。這是徹底、絕對的失敗。

《快報》：這是您個人的第一次經驗，而在您的書中，您把它形容得像是一個成道的最終點。這讓人聯想到馬勒侯（Malraux）寫的《人的命運》[1]。這本書把從未殺生的人比擬成「在室男」……。

巴丹岱爾：對，就是以告別處子之身作為一種啟蒙的意思，像是把律師分成兩批，一批曾經眼睜睜看著他們的當事人赴死，另一批則尚未有此經驗。當我還是個年輕實習律師時，我的師父亨利．托黑斯（Henry Torrès）跟我講：「死刑犯的死亡像一道牆，一道平滑的牆。等到有一天你碰到了，你就會開始追尋那些真正的問題，然後你才真正算是個律師……。」

《快報》：那麼對一個律師來說，這些真正的問題是什麼？

巴丹岱爾：到底我有什麼用？當當事人要被拖出去處死時，到底律師的作用何在？

《快報》：這讓您很受衝擊嗎？

1 譯註：馬勒侯（André Malraux, 1901-1976），法國作家。《人的命運》（*La condition humaine*）為馬勒侯於一九三三年出版的小說。

巴丹岱爾：倒不如說是徹底被擊碎吧。一開始，你拒絕相信當事人會被判死刑。然後，他的確被判了死刑。於是，你拒絕相信他的死刑會被執行；你告訴自己，就這樣平靜地把一個人殺掉，這是不可能會發生的。然後，某一個傍晚六點，電話響起，通知你說：「就是明天了，清晨四點。」然而，即便如此斬釘截鐵，在這等待的十小時中，你還是頑強地不相信這是事實。今天早上你還看到活生生的一個人，他即將被從牢房裡帶出來，然後人們會不發一語，精心地將他準備就緒，以便砍下他的頭顱；你告訴自己，這一切都不可能發生。這和目睹一場意外，或看到病人嚥下最後一口氣時所感受的衝擊，不可同日而語。我得說，這樣的情緒是無法用言語形容的。

《快報》：是這樣的打擊讓您決心提筆撰寫這本書嗎？

巴丹岱爾：在執業生涯中，你會問許多問題，關於司法、關於辯護、關於自己。但你從不問那個會從根本上顛覆一切的問題：到底這個會殺人的司法，是什麼樣的司法？所有的法官都應該出席一次死刑執行，因為只有死刑能讓我們理解司法的意義。在死刑來臨之前，司法只是一個抽象的概念，一種儀式。而隨著死刑的執行，司法蛻變為一個血淋淋的真實。無可避免地，這是一種質疑。

《快報》：也是一種對自我的質疑，為什麼？

巴丹岱爾：我是怎麼走到今天這個地步的？這一切又代表著什麼意義？我努力地想要找回當年在一夕之間成為律師、絲毫不覺得有一天會變成現在這樣，而且拒絕淌著別人的血成長的那位年輕人。律師，到底要他幹嘛？這就是我在這本書裡問自己的問題。辯護到底是為了什麼？

《快報》：您是指刑事案件？

巴丹岱爾：對。身為一名律師，如果你總是在複雜的公司法、繼承法、智慧財產權等案件中進行辯護，你是可以成為一名優秀、專業的好律師的。你只需要具備能力，並且賣力工作。但刑事辯護完全是另一回事，它意味著，你只能孤軍奮戰，一肩扛起當事人的生與死。

在我們的司法體系裡，被告承受著不可承受之重。表面上看起來，好像控方與辯方兩造平等，但其實不然。打從當事人坐進被告席的那一刻起，所謂的無罪推定其實都變成了某種有罪推定。而且法庭裡的一切種種，包括兩造的座位設計，都在強化這種有罪的預設。檢察官和法官列席在同一個高度。而你，身為律師，你的座位在他們的下方；你有求於司法，你的辯護是由下而上的一種請求。無論是身體上，還是心理上，與被告站在一起的你，孤身一人。法庭內有你、被告，然後其他人。此時，你的職責是向眾人證明被告無罪。

《快報》：即便他真的有罪，也是如此嗎？律師不也是輔佐司法的要角嗎？

巴丹岱爾：我講個極端，也就是不認罪的例子。在邦頓的案子裡，當然，我從不懷抱著他會被無罪釋放的希望。但是律師不需要尋找真相，甚至也不追求正義。托黑斯告訴我：「你不需要知道什麼是公平，甚麼是不公平。你是來辯護的」，就這樣。對律師來說，沒有別的了。辯護不是去了解，也不是去愛。我們不需要去愛。辯護，就是知道自己身後坐了一個人，他被控告，而你必須讓他免於判刑，或者盡可能地被處以最輕的刑。一開始，面對著控訴，你概不接受。這種堅決的心情侵襲著你。在辯護中最根本的兩大主題，就是孤獨與勇氣。勇氣，就是決不放棄，也是絕不讓自己迷失在懷疑裡面。我們很容易雙手一攤，感到無奈。如果有那麼四分之一秒的時間，你想：「喔！好吧，真遺憾，那就算了⋯⋯」，那就完了。如果你不是隨時處於戰鬥狀態，那你最好待在家裡，你不要來到法庭辯護。

《快報》：那天份呢？

巴丹岱爾：與一般人所想的正好相反，天份在辯護中僅發揮很小的作用。它就像是加在甜派上的發泡奶油，只是一種裝飾，讓它看起來更加討喜。技巧、專業，當然一定要具備，不然什麼事都辦不到。但那些一味追求天賦的人，他們錯了。辯護不需要天賦。我曾經看過一些明顯資質平庸的律師，他們一點演講天分都沒有，毫無辯論能力，詞不達意、講話顛三倒四，但在法庭上的激戰中，仍舊表現地令人欽佩。所有的事物在他們的面前都停止了……出乎眾人意料之外。為何呢？

歸根究底，我認為只有對遭受控訴這件事感到焦慮的律師，才算得上是大律師。只有歷經過遭母親掌摑、被易怒的父親養大、生活在被指責的執念中的，才能成為偉大的律師。辯護人自我投射在被告身上，這樣的現象無疑是存在的。就舉維爾傑斯[2]的例子吧！他對殖民主義的控訴，真是情詞懇切！我曾看過他在替一名混血被告進行辯護時，曾經有如進入了神入狀態的樣子。而隨後，他又一副從神入狀態中驚醒一樣。於是此刻我明白了，維爾傑斯依然是個被禁錮在囚牢中的混血兒。

《快報》：那陪審團呢？他們能理解嗎？

巴丹岱爾：征服陪審團，就像征服一個你使盡渾身解數都想要說服的女人一樣。

2 譯註：維爾傑斯（Jacques Vergès, 1924-2013），法國知名律師、作家。其父為法國人，母親為越南人。他反對殖民主義，並曾為有「里昂屠夫」之稱的納粹親衛隊軍官巴比（Klaus Barbie, 1913-1991）辯護。

而說服，就是讓她愛上你，讓她接受你。這是課本裡沒教的。一邊散步，口袋裡裝著一本情聖教戰手冊，是沒有用的。假使法官對你半信半疑，那麼，對你而言就等於全盤皆輸。西賽羅[3]說，律師的三大聖訓，按照先後排序，就是取悅、打動、說服[4]。他把取悅人的必要放在第一位，真是說得太對了！單憑理性論證就想要使人信服，實在是奢望。重罪的審判總是在強烈的情緒中進行，此時尋求和陪審團建立的關係就像……對，就像談戀愛一樣，而且是那種失敗常遠多於成功的戀愛故事。單一的一種經驗模式是不存在的。每一次的上場都是多麼地不同。我不認為「執業經驗」是一個單數名詞。這樣的字眼就是不存在。

《快報》：所以辯護這件事，完全沒有任何招式、沒有訣竅可言嗎？

巴丹岱爾：沒有什麼招式。你就是自己尋找、摸索，然後使人驚艷。律師必須隨時讓人眼睛為之一亮，絕對不能讓陪審團有一秒鐘的昏昏欲睡，不然就將永遠地被打敗。

《快報》：就法國現行的陪審制度而言，您覺得是有用、有必要的嗎？

巴丹岱爾：對一個律師來說，如果能像在美國那樣只需面對陪審團，絕對是比較好的做法。當法官們坐上審判席，他們全部都是司法專業人士，對案件已有相當了解，對案情已有了既定的想法。這個想法也許會在聽證的過程中稍有改變，但少有完全顛覆的情形發生。這是因為法官覺得——即使是無意識地——自己是正義的來源，就像果子從樹上長出來那樣。

陪審員他們呢，就沒有這樣的信念。他們對案情沒有什麼概念，對律師來說，如同一塊處女地，一切的發展都將取決於這場問審將如何進行。這場戲才正要拉起布幕，因此，你有更多的機會讓他們措手不及、不得不心悅臣服、拜倒在你的石榴裙下。維琪政權[5]的陪審制度改革確實扼殺了過去重罪法庭上的滔滔雄辯。根據現行制度，除了陪審團以外，你還必須面對審判長及兩名陪席法官，也就是說共有三名法官和陪審團共同審判。

一般人總是傾向於認為，陪審團裡充斥著容易情緒衝動的人；他們有時判得太

3 譯註：西賽羅（Cicero，公元前106-43），羅馬共和晚期的知名哲學家、演說家。

4 譯註：原文為拉丁文"placere, movere, convincere"。

5 譯註：維琪政權（Régime de Vichy）指的是二次世界大戰期間，於維琪市成立的法國政府。琪統治範圍為德國占領區以外的法國國土，且受到納粹德國的控制。此政權存在的期間為一九四〇至一九四四年間。

重，而需要法官加以節制。這樣的想法，有時並沒有錯。但我也曾經注意到，陪審員們是多麼地專注，多麼努力地想要了解所有案情、把他們的工作做好。如果你把他們如此真實的反應和誠懇的態度放在天秤的一端，而另一端是專業司法從業人員無可避免的因循舊習，你不禁捫心自問，是不是即使少了法官，法庭的判決仍然能夠臻於和諧？此外，陪審團制度同時也是一間公民學校。讓公民知道自己擁有審判的權利是很重要的，而不是躲在那位身著紅色袍子、據說受到人民授權的法官背後。

《快報》：但是您也曉得，用抽籤選出陪審團，似乎意味著判決結果有如樂透一樣……。

巴丹岱爾：如果邦頓案的承審轄區不是在克萊爾佛，那麼也許，的確，他就不會被處以死刑了。而光是這個簡單的假設便足以拿來譴責死刑制度了。在大家一致接受宣判死刑之前，有太多不可捉摸、無法預見的因素在影響著審判的走向。如果每一次的陪審團成員都不一樣，那麼就更不應該給死刑的執行留下任何一點機會。你看，在駁回一個死刑判決時，往往只需最高法院認定一項程序瑕疵，便足以使負責重審原案的新陪審團不會再次宣判死刑。更不要說那些極不起眼、莫名其妙，甚至荒謬可笑的小細節，都可能改變法庭上的勝負。如果法庭內悶得令人透不過氣，所有人只想要這一切趕快結束；如果庭內冷得令人打哆嗦，每個人便只想著怎麼樣可以避免感冒。因此，如果問死刑的擁護者講述法庭上的實際運作是如何、判決是如何做出的、又是怎麼搞到某天清晨，斷頭台突然聳立在桑代監獄的中庭裡的，這大概是讓反廢死者開始動搖的最好方法吧？我寫這本書，也是為了解釋這點，為了讓人們張開眼睛。

《快報》：您所描繪的司法體系，當中具有儀式性的色彩，像是法袍和配件等等。您贊成還是反對穿袍子呢？

巴丹岱爾：我贊成。因為袍子就是制服，而制服呢，目的就是抹去穿著它的那一個人的個人因素，以凸顯此人的職務。律師袍標誌著辯護方在場。而且我也蠻喜歡律師袍的，因為它很樸素。如果我可以決定的話，我會剔除白領和貂皮掛肩飾帶這些裝飾的東西。律師身上任何引人注目的物品，對辯護都是不利的，所以我比較喜歡穿袍的律師，比較不喜歡那種頂著個奇異的袋子，或像德州那種大寬帽的律師。即使是小鬍子，我都持保留態度。

《快報》：所以您剛才講的關於司法制度的檢討，並非針對它的外在形式，而是別的事情，到底是什麼呢？

巴丹岱爾：我們的司法制度是一個接受殺戮的司法制度。死刑是它的招牌。而在外人眼裡，斷頭台是它的象徵。我們的司法自認擁有支配他人生命的權利，對我來說，我無法接受。

《快報》：為什麼？

巴丹岱爾：死刑是荒謬的：我們都明白，它不會改變暴力犯罪的發生情形，暴力犯罪的發生與否是取決於其他因素。無論我們是否執行死刑、是否判處死刑，都改變不了什麼。加拿大的經驗證明了這點。加拿大暫時廢除死刑已經五年了，犯罪率上升了，這是事實，但是上升的比例沒有比在人口和生活模式上非常相似的某些美國州高，而這些州當時是有死刑的。所以，說死刑能夠遏止暴力犯罪，這是充滿謬誤的論點。

而且，我們在法國施行的死刑制度，並不是一種懲治政策的表現。因為如果說死刑犯的生物性消滅是懲治政策的話，那麼死刑的執行就不應該是極罕見的例外，恐怖時期的死囚推車應該會重出江湖才對。現在我們已經很少執行死刑了，十年內只有十次，這顯示死刑並不是一個處罰的手段。這十名被送上斷頭台的罪犯，您不認為，他們大可以被關進牢裡，和其他犯下同樣重罪而沒有被判死刑的人一樣嗎？

《快報》：那死刑是不是比較像是血債血還原則的一種頑強的實踐，也就是說，人們需要確知，蓄意殺人的人，終究會輪到他也被殺？

巴丹岱爾：我覺得連這樣也不是。說到這裡，邦頓的案子顯得更加令人詫異；邦頓沒有殺人！他不是殺人兇手，特華重罪法庭的陪審團承認這點，但他還是被判死刑，也上了斷頭台。一個沒有殺人的人被司法砍斷了頭。而且，並不是所有殺了人的罪犯都被判處死刑，甚至多數遭判處死刑的人最後並沒有被執行。因此，我們的司法其實沒有必然地遵守「殺人者死」這項原則。處死或不處死，這當中的偶然性，又讓廢死的主張多了一項論據。

拿烏魯夫（Uruffe）的神父來說好了。他殺了懷著他親生骨肉的情婦，一屍兩命，沒有什麼比這更殘忍、更泯滅人性。但在陪審團的潛意識中，某種禁忌產生了效應，那就是，我們不能把一個神職人員給殺了。但給牢裡的那些低等人判死刑，再簡單不過了！「我們已經給過他一次不死的機會了，他竟然還敢殺人。既然這樣，他還妄想我們把他當人看嗎！來呀！叫他上斷頭台去！」布菲與邦頓的案子，大概就是這樣吧。他們二人是被社會唾棄的低等賤民，公眾對他們懷有一種極端的仇視。如果布菲挾持、殺害的是監獄裡的受刑人，你想他還會被判死刑，遭到處決嗎？

《快報》：您把布菲的案子和邦頓案分開來看，是嗎？

巴丹岱爾：如果從本來服的二十年徒刑，變成無期徒刑，對邦頓來說，的確是個懲罰。至於布菲，案發時他已經在服無期徒刑了，在法律上，什麼希望都無，完全沒救了。此案中，兩名被殺害的人質都是他殺的，他還宣稱會繼續殺人。布菲是最極端的例子，絕對是個在實務上廢除死刑的特殊時機。也正是因為如此，當時我篤定總統會給他特赦；如果連布菲都能特赦，便將不會有人再被處死了。

《快報》：如果不殺他，就會留下一個問題：該怎麼處置他？

巴丹岱爾：沒錯。在我看來，廢除死刑根本就是獄政改革的先決條件。這兩個問題是牽連在一起的，人們一直沒有徹底體認到這個關聯。如果我們的獄政系統是以犯人最終能夠重返社會為終極目標，那麼死刑便不再有任何意義了。這是為布菲辯護的其中一位律師提耶．李維（Thierry Lévi），在他寫給總統的信中講到的；只有以全面檢討當前獄政為前提，總統才有辦法特赦布菲。假設布菲不死，他當然必須由司法行政系統接管，而且既然他宣稱會再殺人，那麼便需要更謹慎，也更需要讓他接受精神醫學的治療。但如果我們繼續一味地相信，不殺他就仁至義盡了，您認為在這樣的情況下，我們怎麼有辦法實踐一個真正有建設性的犯罪政策呢？

當然，唯一可能有利於死刑執行的論點，就是認為，如果布菲在之前犯下貝斯蒙斯基（Besimenski）女士命案後就被斬頭，克萊爾佛案中的那兩名人質就不會遭到殺害了。但我們試想想，如果我們完全按照這樣的想法去做，若我們將這種論點推到極致，那結果會怎樣？如果我們把所有被判徒刑的竊賊、搶匪都殺掉，當然就不會再發生持械搶劫、傷人的事件。但，我想再追問一次，這算哪門子的懲治政策？

《快報》：其實在死刑這件事裡，讓您最感震撼的是，人們——而且到了最後階段，單單一個人——擁有支配同類生死的權力，對吧？

巴丹岱爾：絕對是。因此死刑標誌著我所拒絕的那一種社會。讓我們試著追根究柢：我們是如何一步一步走向死刑的？首先，是一群人聚在一起，決定另一個人該被處以死刑，也就是說，人們要剝奪他生存的權利。因此這些人有十足的把握，當他們要搶奪一個人最珍貴的資產，也就是生命的時候，他們絕對不會出錯。這您接受嗎？我沒有辦法。在這當中，我看到的是近乎種族主義式，或者總之中世紀領主式正義觀所殘存但仍十分深刻的痕跡，彷彿存在著一個優越的人種，一個專屬於主子們的團體，他們對其他人可操生殺大權。

還不僅於此。其實，關於死刑執行的決定是維繫在單獨一個人身上，那就是共和國的總統，國家賦予他生死之權柄。死刑定讞，這只是一種意向的表現，還不是其執行本身。在法官宣布死刑的下一刻，這個判決還沒有實際完成，即使法庭裡的群眾已嘶吼著死亡。只要凱薩的大拇指沒有朝上，那人就可活命。但一旦凱薩的拇指朝下，那麼是誰殺了那人的呢？是凱薩？還是群眾？是凱薩，而他的雙手將沾染著鮮血，永遠都洗不盡。當然，凱薩可以說他只是在執行法官的意志，但這麼說是不正確的。一旦凱薩拒絕給予特赦，開殺的這個決定其實就是他一個人做的。如果我們認可這樣的權力，就是承認一個人可以擁有支配另一個人生命的權利。

《快報》：如果說生命是神聖的，那麼決定是否執行死刑的權力也賦予擁有此權力的人，也就是共和國總統，同樣神聖的光環。如果取消執刑的命令權，那們總統也失去了這個光環，您認為總統這個職務應該要和此項特權綁在一起、使他的地位凌駕在所有其他國家成員之上嗎？

巴丹岱爾：如果死刑一直不廢除，那麼透過特赦制度，保留一個轉圜餘地的最後機會，總是比較好的。真正的解決方法，不是廢除特赦制度，而是廢除死刑，一切的問題就能解決。對總統而言也是如此；我相信當總統在思考是否該准許特赦請求時，是很痛苦的，至少在拒絕的時候，絕對是痛苦的。

《快報》：龐畢度總統否決了邦頓和布菲的特赦請求，您當時是不是很訝異？

巴丹岱爾：我一直都以為總統不僅會給予邦頓特赦，也會特赦布菲。我當時以為總統是個堅定的廢死主義者，布菲原本可以是證明這點的最佳機會。當然這和當時的民意牴觸，但就算立時之間輿論譁然、招致群眾不滿，這只會是些併發症而已。如果拉長遠來看，統治者給予特赦，這件事從來都不曾受過負面評價。在歷史上，人們從未譴責統治者太過仁慈，反倒是比較常批評他們的執法過嚴。是的，當時我以為總統會特赦布菲。而且我相信，無論如何，他會給予邦頓特赦，對當時的我來說，這是理所當然的。將一個沒殺人的罪犯判處死刑，已經是極為罕見的事，更不要說將他處死，過去幾年的執行案例是那麼地少！

《快報》：您是絕對反對死刑的？

巴丹岱爾：絕對。

《快報》：即便是那些窮凶惡極的殺人犯？或者像艾希曼[6]那樣的納粹戰犯？無論犯罪的次數多寡或案情的嚴重程度，您都反對死刑嗎？

巴丹岱爾：我堅定地回答您，是的。生命必須是神聖的，包括褻瀆生命者自己的

6 譯註：艾希曼（Adolf Eichmann, 1906-1962），納粹戰犯，二戰期間主要負責執行猶太人種族滅絕計畫，一九六〇年代被以色列特務逮捕，並於一九六二年遭絞刑處死。

生命在內。廢除死刑這件事，不應該等著殺人兇手來做，他們不可能起這個頭的，不然他們就不會被叫做殺人兇手。一個不願見到死亡的社會，便不應該致人於死地，無論實際的狀況如何。

《快報》：反對廢除死刑的法國人占了大部分。根據最新民調，有百分之六十三之多。您怎麼解釋這個現象？

巴丹岱爾：原因很簡單。第一，是人們總是無意識地站在被害者那一邊，而無法想像自己身處在殺人兇手的境遇裡。我們至多可以理解為報復而殺人，或者一時衝動而殺人的心態，但對大多數的我們而言，我們不曾想過假設自己被判死刑會怎樣。相反地，將自己投射在被害者身上，這現象一直都在。我們認為，也許有那麼一天，我會和他一樣，或者更不幸地，我的老婆、小孩也可能遇害。只要想到，一個曾經殺人的人，一個可能殺了你孩子的人，可以繼續活在這個世界上，人們的心裡升起一股難以忍受的憤恨。於是乎，人是會殺人的動物。

這個道理是顯而易見的。當我寫文章探討刑事司法的某個面向，我通常只會收到十、二十封的讀者來信。但只要我一談論關於廢除死刑的議題，寫來罵我是混球、人渣、詛咒我和我的家人不得好死、替我想出我各種悽慘無比死法的信件，則有如滔滔洪流襲捲而來。

人的這種情緒可以解釋，為什麼死刑反對者與擁護者彼此之間的討論總是不在理性與邏輯辯論的範圍之內。

也因為如此，在一些已廢死的國家，甚至還有人懷念死刑。我最近在英國的一場辯論中注意到這一點。

《快報》：除了把自己投射在被害者身上以外，是否還有其他原因？

巴丹岱爾：對。有一個更深的原因，就是死刑是針對集體焦慮的一種回應。一個社會裡面越是充滿強烈的衝突，群眾則越是要求死刑。幾年前，我做了一個廢死國家和仍保有死刑之國家的世界地圖。尤其在美國，那些保有死刑的州，都是種族矛盾和社會階級差異最強烈的地區。相反地，整個社會共同體達到某個均質程度的州則廢除了死刑。要記得，德國正是在納粹主義興起時，恢復了死刑。這不僅是因為納粹主義本身便包含了支配他人生命的權力，也是因為，當時的時空背景充滿了嚴重的矛盾衝突。

二次大戰結束後，一度出現過廢除死刑的趨向，這是由於戰爭那幾年間的極端衝突已告終止，另外，也是因為當時在歐洲，基督教民主主義的價值復興，且同時，納粹主義被和死亡畫上等號。透過死刑，我們總是可以觀察到焦慮與焦慮釋放之間的關係。如果有一樁罪行極其令人感到恐懼，那麼死刑的作用便在於使人從這種集體焦慮中釋放出來。我覺得，我們的社會一直沒有正確認知罪犯與社會的關係；我們一直都把殺人犯視作社會的外來者。但其實不是，殺人犯也是我們當中的一個人，而死刑，死刑的執行，就像某種形式的驅魔儀式。在處決一個人的當下，表示社會拒絕承認他也有人的屬性。

《快報》：您不認為在這個對死刑的依賴當中，也有基督宗教的影響嗎？雖然這樣講可能有點弔詭。

巴丹岱爾：大概有間接的影響吧。十四、十五世紀，當我們的懲治式司法正在成形的時候，法國是一個完全基督宗教的國家。對這個時期的教徒來說，在這世上的有限生命和死後的永恆生命比起來，根本不值一提。有限的生命不過只是個過渡、只是為了得到救贖的管道。因此，殺死一個罪犯，其實是替他開了救贖的大門，沒甚麼大不了的。被處決不是生命的結束，而是開始。死刑讓罪犯贖了罪，而在贖罪之前的懺悔讓他終將獲得救贖。我們的刑罰制度體現了宗教裁判對司法的影響。但死亡在現今社會中的意涵已經改變了，因此這些中世紀文化的殘存已經毫無意義可言。對我們今天的人來說，生命是神聖的，是終極的資產。

《快報》：比如說傑克．費雪[7]，他經歷的死刑有如一場殉難……。

巴丹岱爾：而且現在看起來，他被處決實在是再荒謬不過了。

《快報》：在您的書中，您強調死刑執行當中官僚以及技術的面向。

巴丹岱爾：當我第一次親眼見到斷頭台，那當下的感覺，真的難以形容。那是死亡的象徵與標誌，同時，另一方面，那也是個機器，一種機械裝置。那是個充滿霸權的物件，既荒謬又恐怖，但同時，它就是一個物件。這種機械與死亡的混合使人感到害怕。

《快報》：您剛才提到驅魔儀式。只不過在現代，死刑這種驅魔儀式是在私底下進行。人們將是否執行的決定權讓渡給總統，然後就轉過身去，一副不關己事的樣子。這說到底是不是一種懦弱的反應呢？

7 譯註：傑克．費雪（Jacques Fesch, 1930-1957），於一九五四年在巴黎犯下一起強盜殺人案，因此獲判死刑，三年後遭到執行。他於獄中等待執行的日子中，在天主教信仰的影響下，對自己的罪以及自己與神的關係，做了許多反思，乃至經歷了神秘經驗。自一九八七年起，將費雪列為真福（béatification）的計畫仍在等待確認中。

巴丹岱爾：懦弱？我不認為人們會害怕看到死刑。如果布菲和邦頓在清晨四點的處決，像歐洲電視台歌唱大賽那樣，在電視上以彩色畫面即刻轉播，我相信觀看人數會和收看登陸月球轉播的觀眾一樣多。從歷史的角度來說，死刑的執行一直都是場收視率很高的秀。不，我認為您說的這種反應是更曖昧的，是因為人們對不光彩的事情感到憂慮。這裡講的不是指剝奪他人生命這件事的不光彩，而是攸關體面的問題。人們希望死刑的過程能夠盡可能地看起來體面、正式，因為魏德曼[8]處決時的混亂場面，太令人印象深刻了。幾個歇斯底里的人衝上台前，為的就是拿出手帕沾染魏德曼的鮮血。當第一次有人提出禁止公開行刑時，聾貝達[9]作為一名主張廢死的倡議者，站上了眾議院的講台發言：「如果你們要保留死刑，那就要有正面看著它的勇氣。」然後他投下了保留死刑的反對票。

《快報》：為什麼法國人對斷頭台那麼依戀呢？

巴丹岱爾：大概是因為，斷頭台和三色國旗一樣，都是共和國的象徵吧。執行的方式、死刑的種類，這些對我來說不是很重要。我曾經在英國BBC的節目上，看到、聽到一名劊子手敘說著他如何將整個行刑過程縮短至三分鐘。也就是說，從受刑者來到了絞刑架前算起，直到他生平最後一次的抽搐，這當中只花了三分鐘。而美國劊子手當中的佼佼者在絞決戰犯時，一名犯人至少要花六分鐘的時間！

此外，如果政府決定死刑改用毒藥或者注射，那麼人們會更容易接受死刑。就現階段而言，斷頭台的可怕無疑對死刑構成一種阻礙。

《快報》：這一種隱密的死刑執行，您在您的書中做了詳細的描述。您不會怕因此遭到譴責嗎？

巴丹岱爾：不會的。我不是記者，我不會冒什麼風險。我在書裡敘述的，可以寫進書裡，但不能刊登在報紙上，因為書籍的寫作需要時間，而一篇新聞文章是熱騰騰、在幾個小時之間出爐的。真是個巧妙的虛偽啊！

《快報》：而您也說，這場死刑的秀十分荒謬、悲慘。您感受最深的是什麼？

巴丹岱爾：行刑前彌撒時每個人的臉。除了邦頓和神父以外，每個人臉上的線條都是凹陷的，帶著冷笑，一臉殺人兇手的樣子，當然，也包括我在內。

《快報》：就在這個時刻，律師還做些甚麼？

8　譯註：魏德曼（Eugène Weidmann, 1908-1939），是在法國最後一個被公開執行的死刑犯。

9　譯註：甯貝達（Léon Gambetta, 1838-1882），法國政治家。

巴丹岱爾：和菲利浦・勒梅爾一樣。當一切都已失去，這個時候的律師就只能在另一個人死去的過程中給予一些協助。他像是死囚的父親、兄長、朋友，或是任何一種人。在這最後的幾分鐘，勒梅爾為邦頓做的，真是太令人讚嘆，太不可思議了。那就彷彿勒梅爾將所有處刑的可怕都隔絕在外，將他所有的生命氣息吹到邦頓身上，讓他能夠好好地死去。

《快報》：某方面來說，如此才圓滿了律師的角色。

巴丹岱爾：辯護，就是接受一切。

《快報》：您是怎麼成為律師的呢？

巴丹岱爾：很偶然地。對於志向、天職這類事情，我是蠻懷疑的。當時，我必須養活自己，然後很偶然地，我進入了法院，接下來的事情便自然地發生了。

《快報》：但您也的確遇見了您的導師……。

巴丹岱爾：這部分就是憑運氣了。亨利・托黑斯錄用我在他的事務所當實習律師時，我二十二歲。那個時候，他需要一個人和他共事。很有可能被錄取的不是我，而是別人。當一個年輕男孩進入律師這一行，他其實對這個職業的真實樣貌一無所知。而對我來說呢，我有幸一踏入這個領域便置身在最頂端的環境裡，跟隨著這位從完整意義上肩負起辯護工作的前輩。無論在何種情境下，他都有辦法證明自己做到這點。他給的指導不是口上說說的，而是真實活出來的。

《快報》：在您書中，處處可見「導師」這個稱呼，像是「我的導師」。這種師徒關係，在今天我們這個不再尊崇大師教誨、鄙棄「大師」這個觀念的年代，顯得特別使人感到意外。

巴丹岱爾：本來是師父說，徒弟聽，然後慢慢演變成有一天，徒弟開始可以獨當一面。但那個有創發、有思想的，還是師父。徒弟只是傳譯而已。至少，我是這樣感受的。為什麼一直稱托黑斯為我的導師呢？因為如果我要找一個擁有真理的人，我就會想到他。人們之所以尋求導師的教誨，就是因為認定他掌握了真理。

《快報》：無論哪一個行業，應該都有被認定為導師的人。但鮮少有人像您這樣談論您的導師。

巴丹岱爾：托黑斯失去了他的兒子，而我失去了我的父親……當然光是這點不足以解釋我和他之間的情誼。

但是我們可以自問兩個問題。我們真的想，或真的需要擁有一個導師嗎？師徒關係是不是只是一種逃避孤獨的管道？如果你是某人的徒弟，你就不再孤零零一個人了。你總是可以回去請教師父，問他：「那您呢？您怎麼想？該怎麼做呢？」毫無疑問地，邦頓的處決讓我體驗到的痛苦，使我有這個回溯到根源的需求。

《快報》：您常常說我們的刑事司法體系正面臨危機，那麼您怎麼看我們的這個司法體系呢？

巴丹岱爾：所有的刑事司法體系，在定義上，都是懲治的手段。司法系統就是一個社會所使用的處罰工具。但司法同時也是一種宣示。司法以特定的一些價值為名而做出判決時，這些價值當然必須為社會所認可。社會人群只有在司法判決合乎集體價值時，才會認同這個司法體系。這也是為什麼今天我們的司法充滿危機，正經歷一個自我懷疑、躊躇不前的時刻。當一個社會對自以往一直承襲下來的價值開始產生懷疑，那麼奠基在這些價值基礎上的律法，以及整個司法體系便開始充滿不確定性，四處擺盪、引人非議。司法與集體意識之間原有的和諧關係已然消失。司法仍保有它的懲治作用，但已不再稱職地擔負著價值宣示的作用，因為我們已時常不太明白，法官到底是以何之名在進行審判？

《快報》：在您遭遇了這些，有了這些體認後，現在對您而言，身為一名律師的意義是什麼？有什麼東西是已有所變化的了嗎？

巴丹岱爾：我對司法可以說是大大地改觀了。現在對我來說，我們的司法就是一個殺人的司法。某種程度上，它對我而言已變得陌生，這種感覺像是，我終於發現了司法不為人知的那一面。你先看到的是整個司法機器的那一面，包括法院審理、司法程序這些外在，甚至說如劇場展演般的那個面向。然後，在這些表象的背後，我看到了這個東西，這台殺人的機器，而且這整個殺人的行為被稱為是昭然正義……從此，在我身上發生了斷裂，我沒有辦法繼續做這個殺人司法的宣道師了。

《快報》，一九七三年七月二至八日

死亡與司法

一九七六年一月八日，九歲男孩菲利浦．貝特朗（Philippe Bertrand）於放學時遭綁架的新聞，震驚了全法國。歹徒揚言要家屬乖乖交付贖金，才會放人。法國民眾和小菲利浦的父母一起，經歷了焦慮與痛苦的九天。一月十七日，一位與貝特朗一家相識、名為派翠克．亨利（Patrick Henri）的年輕人落網。同時，也在他承租的旅館房間內，尋獲小男孩的屍體，呈現遭勒斃的痕跡，躺在一張床下。頓時之間，全法國的民眾群情激憤，而且因為派翠克．亨利早先在以證人身分接受訊問時，對此案表達嚴厲的譴責，還說自己絕對贊成兇手被判處死刑，民眾對他的憤恨更加強烈。當時的法務部長與內政部長皆公開要求將兇手送上斷頭台；各家媒體，幾乎毫無例外地，對嫌犯大肆攻擊非難，並呼籲將之判以極刑。派翠克．亨利成為了絕對邪惡的化身。就是在這個人人皆曰可殺的氛圍下、當派翠克．亨利的律師伯基永（Bocquillon）先生尚未邀請我共同擔任辯護時，我在《世界報》

發表了這篇文章。

我國的司法和死亡之間的聯盟關係，人們總是希望永遠不會消亡；舉行祭典，慶祝、禮讚這樣的結盟，也是人們所一致嚮往的。但，檢視此一關係到底具有何種意義的時刻來了。

首先，讓我們先摘掉它正義使者的假面具。罪行本身的可怕，就已經充分顯示死刑毫無嚇阻效力。過去這幾個月，法務部長不斷地在召告天下，任何幼童綁架撕票案都應以死刑抵償。忍心對小菲利浦痛下殺手的嫌犯不會不知道什麼樣的命運在等著他。然而，他還是犯下了這個滔天大罪。兇手事先就確定知道，如果殺了這個小男孩，那麼他自己的人頭也不保了，但他最後仍然犯案。他的罪行殘忍至極，而且對他來說，如果被逮到，是會要自己命的。也就是說，兇手是在清楚知道這一切可能結果的情況下決定作案的。這是因為，和所有的罪犯一樣，嫌犯有一個瘋狂的信念，覺得自己絕對比其他罪犯聰明狡猾，能夠天衣無縫，逃過警察、司法的追捕。犯罪的人總是像個氣定神閒的賭徒，自滿地相信所有的好運都站在他那一邊，卻壓根沒有想到，自己押在命運賭桌上的賭注是多麼地大，眼裡只看得見那令人垂涎的獲利。但，唏噓的是，在他命運的賭局上，一開始輸掉的，先是別人的性命。

那為何還要一直強調死刑有殺一儆百的功效呢？那是因為這種論證使人感到安心，而且成功地轉移了焦點。

事實上，死刑制度的唯一動機，就是公眾深刻感受到的那個理由。我們當中的每一個人都與悲傷的死者父母感同身受，從而在每個人的內心中，激發起死亡本能，以回應如此巨大的傷痛。死刑制度的根源便來自於此一本能驅動，是人類身上最深層的本能之一。因此死刑不需要理性的證成；它並非遏止重大犯罪發生的工具；它存在的目的，單純就是為了滿足在我們身上、藉由殺人犯所凝聚的死亡本能——因為殺人犯同時令我們感到驚駭、恐懼，也因為他向我們展現一張不一樣的人臉，是我們一直不願正視，卻又不斷糾纏著我們、揮之不去的那張臉。

因此，如果我們就這樣把司法制度解釋成人類情緒反應與衝動的形式化表現，那麼事情也許就會變得很簡單。但司法制度的任務不僅止於遏止與懲罰，它還必須擔負著宣示的作用。法庭上的各種決定，所表達的是一個社會最根本的道德價值理念。如果司法失去了這個作用，就會淪為懲罰罪犯、滿足公眾洩憤的工具，也就失去了它最崇高的使命。

透過對司法之宣示作用的了解，我們便能明白，當人們叫喊著：「這個人對手無寸鐵的小孩痛下毒手，不配活在世上」時，到底意味著什麼；這代表著，我們的社會不認為生命權是個絕對的權利——任何人，就算是最邪惡的人，都應該擁有這個權利。死刑的存在所清楚揭露出的想法就是，一個人只有在其他人認為他配活在世上時才擁有生命權；或者——可能有人會比較希望這麼說——，只有在其他人沒有認為他不配活下來的條件下，一個人才擁有生命權。如果一個社會可以支配一個人的生命，即便審判的程序穩當無私、就算將被奪去生命的是個殺人兇手，這都意味著在這個社會中，生命權是相對的，或者若用比較適當的語詞來說的話，生命權就不再是神聖的了。

但一個人之所以成為殺人犯，正是因為他違悖了聖事。在殺人，特別是在殺孩童的時候，殺人犯不正就是個褻瀆神聖的穢物，應被摒棄於人類社群之外，而且不再有權享有法律的保障了嗎？在拋出這個質問的當下，就是整個社會必須做出抉擇的關鍵時刻。如果決定將罪犯處決，那麼這個社會即宣告著自己才是生命權的最終裁奪者，因為它可以支配生命。這就是為什麼所有將國家權力凌駕於個人之上的政權皆保留且實施死刑。只需瞄一眼以紅、白兩色區分的世界死刑國家地圖，便能輕易明白這點。在那些死刑仍屹立不搖的國家，同樣也盛行著一個具法西斯主義傾向的觀念，那就是，國家可以支配人民的生命。從蘇聯到獨裁者皮諾契（Pinochet）統治下的智利、沙烏地阿拉伯、古巴、幾內亞與西班牙，還有其他有類似情形的國家，處處可見此一死刑與法西斯觀念並存的現象。而相反地，在尊重人權和個人自由的國度裡，國家的權力最終源於公民的意志，死刑在這些國家則已蕩然無存，因為死刑本身即標誌著個人屈從於一個抽象原則、甘居其下的狀態。

在這些自由國家裡，法國是個例外。在歐洲共同體的組成國家中，目前只有法國仍然以法國人民的名義、用國家合法暴力的手段致人於死。然而，和其他在文化及生活水準相似的國家相比，法國的犯罪率並沒有比較高。更何況，可嘆的是，犯罪的發生也不會因為一個殘忍的殺人犯遭到處決，就能加以遏止或減少。之所以仍有死刑，是因為法國像是一個被禁錮在自身過往的囚犯；從王權國家搖身一變成為共和國的法國還相信著，一個人，也就是總統，可以掌有死刑犯的生命權——其實應該要說死亡權。作為一個傳統上屬於基督宗教，但信仰越來越衰退的國家，法國到現在仍保有死刑這個贖罪獻祭儀式。這和它的猶太基督傳統有關，因為唯有在堅信真正的生命不在這世上此一教義的條件下，死刑才會有意義。依據此種觀念，真正的生命是在死後徹底懺悔、獲得寬宥後而得來的永生；死刑的確可怕，但其實充滿恩惠、使人能夠擁有獲致永恆生命的機會。因此，在現今已無君王的國度中，我們的司法仍停留在神啟司法的階段，在這個已無信仰的國度中，我們的司法卻仍然還是個猶太基督宗教式的司法。

我們的國家鼓吹某些基本價值，包括個人的神聖性，以及公民大於國家的觀念。但這些基本的道德理念，我們卻沒有勇氣告訴世人它們是絕對的價值。我們心裡對死亡的焦慮是這麼地劇烈，以致於我們誤以為同樣地將人致於死地便能回應這份焦慮，而沒有意識到，在這麼做的同時，我們不但無法讓自己免於殺戮的威脅，甚至還失去了自己的靈魂。

《世界報》，一九七六年二月二十六日

只剩下言語還救得了他

一九七七年一月，在派翠克·亨利案審結的幾天後，對於被告未被判死，與論一片譁然。面對著公眾的錯愕與憤怒，我接受了《巴黎賽報》的專訪，講述我從辯護席上目睹這整場審判的經過。

對一個律師來說，在刑事重罪的法庭上，猶如歷經一場精神、神經以及身體上的極劇考驗。

這不是一場單純的辯論，律師只需腋下夾著卷宗到場，並演出一場獨腳戲即可。而是在事前做足準備，預先想好其他人可能會問的問題，揣摩著該如何回答，設計好陪審團可能會感興趣的論點。

結果到了場上，你發現證人回答問題的方式和你預期的不同、法官和陪審團對一些你本來沒有留心的環節表現出興致盎然的樣子。這時候你必須毫不遲疑地改變戰略，依照當下你的感受和聽眾席的反應做出調整，全神貫注，有如野獸窺伺著獵物。

在像派翠克．亨利這樣的案件中，氣氛的緊張可說是來到了最高點。你感覺到，事情到了這個地步，坐在你身後、現在還在呼吸的那個人，他與斷頭台之間的距離，現在只剩下你的辯護擋在中間了。這樣的感受真是不好受。眼下只剩下話語可以救得了他。一旦多說了一個字，或說錯了一個字，都有可能輸掉這場與死神的拔河。本來深刻留在聽眾心內的印象頓時消散無蹤，一切都白費了。

當律師進行辯護時，他的對象不是出席聆聽的觀眾，而是九位陪審員及三名承審法官。這十二個人，有男有女，是你必須一個個說服的人。你與他們隔著十公尺的距離，而且只能透過麥克風發聲，在這樣的條件下談論人命攸關的事情，實在不是件容易的事。你一旦稍微離麥克風遠一點，聲音就變了。因此你只能緊緊挨著這該死的傳聲器，動彈不得，身體像是失去了生命，與你說的話無法協調搭配。

陪審團和被告之間的關係更是不理想。陪審團審判一個人，他們要決定這個人的生死，但他們對這個站在面前的人，一無所知。陪審團和被告之間隔著一段距離，他們無法捕捉到被告的眼神。命運被掌握在陪審團手裡的這個人，因為站得太遠，使得陪審員和他之間不可能建立任何人與人之間的交流。

在開庭期間，當進入訊問階段時，派翠克．亨利在開始回答關於他如何將小男孩給殺了的問題之前，突然陷入一陣沉默。我經常注意到這種一時語塞的現象，那些殺了人的人是沒有辦法敘述殺人經過的。他們有辦法述說下手前、後發生的事情，但殺人當下的情景，卻是一片空白。頂多草草地用三句話帶過，絕對無法包覆整個實際案發時的心路歷程，只能勾勒出事件的簡略梗概。那些原本可以讓人更了解案情的事實都被抹去、跳過了，殺人的過程被隱去或無視。

派翠克．亨利一案在特華重罪法庭審理時，也是如此。在訊問的時候，我就坐在派翠克．亨利旁邊，我看到他下顎的肌肉在顫抖著，正準備開口說話。十公尺外的陪審團是看不到這些細節的。然後，主席便直接問了下一個問題，就這樣，我們再也無從得知，那時派翠克．亨利到底準備要說些什麼。

布菲—邦頓案大審重新上演

至於我呢，我當時置身的情境，是這輩子再也不會重演的。我又來到了特華重罪法庭，在同一間審判廳裡出庭，遇到同一位同樣求處死刑的檢察官。我幾乎下意識地坐進當年我替邦頓辯護時坐的位子，那個當我聽到他和布菲同時被判死刑時所坐的位子。在派翠克・亨利案開庭的這三天中，我無時無刻不感到一種難以言喻、似曾相識的感覺。一邊，我親歷亨利案的審理過程，但同時，那就像是布菲－邦頓案的大審正重新上演著。

讓我最吃驚的，是派翠克・亨利極度封閉的個性。我們兩個律師不太清楚到底發生了什麼事。我們的確有辦法還原部分的案情，且那是因為我們花了很多心力反覆推敲，例如我們可以確定不是預謀犯案、亨利綁架小男孩並非存心要將他殺害，不然，他就不會租下旅館套房，也不會給小男孩帶食物、給他取暖的用品，這些都證明亨利想要小男孩活著。他在綁架小男孩後的第二個晚上，就打算將他還給他的父母。在要求贖金不成之後，亨利也沒有因此萌生殺意，不然他不會沒有想到，應該先把屍體處理掉。他應該在這個時候就會買一個大袋子，用來裝運屍體，而不是傻傻地等了十五天。事實上，他對這具代表自己作案失敗的屍體有所懼怕，怕到連在殺人後應該移屍他處的勇氣都沒有。屍體就在那裏躺了十二天。就在他要求付贖金的當下，便已在他身後留下了犯罪證據。他整個人就是完全崩潰了。可以確定的是，在某個時間點，很可能是在綁票第二天的中午，小男孩就遇害了。是害怕、焦慮，還是死亡衝動？這就是派翠克・亨利的人格特質中讓我們不解的地方。

面對著律師，亨利總是反反覆覆地講出同一套說詞、同一個版本、同一種敘事，沒有辦法讓他改變說法。要是他願意承認曾經給小男孩吞下安眠藥，他的處境就會好受一點。遇害時是睡著的，這點可以解釋為何沒有指紋，也可以解釋為何附近沒有人聽到半點聲響，也可以消減犯案手法的殘忍程度。但他就是不承認有下藥。

這個人如此地把自己封閉起來

我個人確信亨利有給小男孩下藥，因此我無法理解他對此事的態度。開庭時，當我確定勒柏敦（Lebreton）教授的論點無庸置疑時，我當眾再次問了亨利有沒有下藥。從此刻起，一直到言詞辯論終結，我就沒有再參與交互詰問了。我是故意的。因為我沒有辦法為一個我自己都不相信的立場辯護。

在交互詰問時保持沉默，這是我執業生涯中的第一次，完全不是我的脾氣會做的事。而我這麼做的原因，是因為我堅信這場審判完全是場生死交戰。

被告這個人如此地把自己封閉起來，絕對要等到審判的最後一分鐘，在強烈的情緒驅動之下，他才會稍微打開心防。我甚至不確定，他是不是抱著來聽自己被宣判死刑的心情出庭的，還是他心裡仍帶有一絲盼望。

對我們兩個律師來說，保住亨利頭顱的機會十分渺茫。但是，做為一名律師，那怕只有五百分之一的機會，心裡都應該只想著它。單單講出一篇情詞激昂的言詞辯論終結？我不是這樣看待我作為律師的角色的。而是必須說服人、全力以赴、讓這微乎其微的機會得以實現。

亨利案的審判，做為一齣司法的戲劇，並沒有發生太多引人入勝的橋段。倒是有一個關鍵時刻，就是開庭第一天的早上，亨利的家人，尤其是他姐姐，來到證人台前的時候。在被告父母的臉上，我們可以看見這起犯罪案件造成的另一個痛苦。陪審員與被害者同理，這是再自然不過的事，但當亨利的姐姐出現時，站得離我們所有人那麼地近，突然之間，事情開始有了變化：人們此時才意識到，殺人犯也有母親、姊姊和父親。

當亨利的姐姐回答問題的時候，我看見在她身後、貝特朗夫婦的臉。這起犯罪引發的所有痛苦，都深深刻在他們的臉上。在這心碎的時刻，他們表現出的冷靜自持與尊嚴令人油然生敬。他們的律師，安柏（Ambre）先生，娓娓道來他們所承受的極大苦痛，卻一絲都不會讓人覺得僭越了檢察官的職權，堪為律師界的典範。

接下來，在利沃夫（Lwoff）教授、雷歐特（Léautet）教授以及修道院長克拉維耶（Clavier）提供完證詞之後，著名精神醫學專家侯馬強（Roumageon）教授做出的專家證言十分關鍵。他表示，按照自己的判斷，亨利必須為他的行為負責，但是他反對死刑。如果要試圖了解亨利的表意識與潛意識狀態，會花費好多年的時間，而且即便如此，在科學上仍然會存在著許多不確定性。侯馬強教授提醒大家，以前曾經發生過一些可怕的案例，其中的殺人犯一直到被處死且屍體被解剖後，人們才發現他的大腦有明顯的損傷。

也就是說，他的罪行是那麼地殘忍，但又如此地與被告本人的人格無關！出庭作證的證人們講述著亨利是個多麼愛他家人，待朋友十分和善、好相處，過著和任何一個特華市市民相同的普通生活，然後，又講到他犯的罪是多麼地可怕。精神科醫師們表示：「亨利在我們眼裡看起來很正常，但他犯案時的行為卻是出奇地異常、十分可怕，因此我們對此不予解釋。」

最後，情緒最高漲的最後關頭來了。亨利是一個不擅表達自己的人，只能講出幾個簡短的句子，而且講話總是沒有重點。當我去監獄和他會面的時候，他拿出一篇他花了很長時間寫的信，說是希望交給小菲利浦的父母，但沒有勇氣這麼做。他在信中表達了他的懊悔，從用字遣詞之間看得出來，他十分清楚自己犯下的是滔天大罪。那是一篇很美的文章。我跟他說：

「既然您無法將這封信寄出，您要不要在開庭時朗讀這封信呢？」

當我們進入法庭，他挨身靠近我，告訴我：「我沒有辦法把那封信拿出來。」

我答道：「那就算了，不用唸了。不然他們會以為您不是真心的。」於是他不發一語。

一直到了法庭審理的最後，連言詞辯論終結都完成了之後，主席問他：「您有什麼要補充的嗎？」這時，亨利才卸下所有的心防，將藏在心底的話盡數傾洩而出，但用的字詞和信中寫的都不一樣，而是更加直接、更加精確。他說他知道他犯下了人神共憤的罪孽，他乞求死者父母親的原諒，如果司法願讓他苟活，他一生都會為他的罪感到懊悔、他一生都會贖罪。

他的語調極度深沉、誠摯。在那不久後，我問他：「是什麼事情，讓您決定開口說話的？」他說：「是拉努其太太[1]寄給我母親的信。」如果沒有這封信，亨利非常可

1 譯註：此處指另一件殺害幼童案主嫌拉努其（Christian Ranucci, 1954-1976）的母親。

能會繼續保持沉默，也有可能被處以死刑。

在開庭的時候，亨利讓我想起卡謬小說中的主角，那位「異鄉人」。亨利給人一種思緒已飄向遠方的感覺。他偶爾還是會加入辯論，畢恭畢敬地、像個認真卻資質駑鈍的學生那樣，努力回答所有問題，然後再坐回位子上。一個隨時有可能被斬頭的人，其內心應該會有的激動，在亨利身上，我們卻絲毫無法察覺。

在真相面前，律師不能耍心機

好幾場審判下來，亨利只有在我們需要跟他確認一些不重要的細節時，才跟我們有所互動。其餘的時間，他像是把自己禁錮在一座碉堡裡面一樣。我對此並不感到意外。每一次我與他見面，無論是在修蒙（Chaumont）、特華，還是巴黎，每一次的會晤談的都是具體的細節，但尤其是到了最後，我特別感覺到他離我們愈來愈遠。

在法庭上，伯基永律師先進行辯護，說出他自己內心的想法，十分誠懇。人們總是想像律師在法庭上搬弄著十八般武藝、使出渾身解數、創造奇蹟，或者發動濫情攻勢博取全場觀眾的同情淚。我不確定這種方法是否的確曾存在在律師這一行裡。這是有可能的。但無論如何，我相信需要使用這種手段的時代已經過去了。這個劇烈的變遷不難解釋，它源自於電視的興起。在過去，人們必須親自到現場聆聽政論宣講、出席公共宴會，或者參加頒獎典禮，這些都是能聽到許多雄辯滔滔、妙語連珠的場合。因此當時人習慣以辯才來評量律師的水準，同樣地，在律師的養成中，技巧，特別是修辭的技巧，更是不可或缺。

今天，人們不再習慣於聆聽公開演講，而是盯著電視螢幕上的人直視著觀眾直接講話。因此，潛在的陪審員，也就是民眾、我們之中的任何人，不再預期被動地受到一篇演說或一場言詞辯論打動，而是期待講者能夠徹底地以理服人。這麼做並非將情感完全阻隔在外，而是防止戲劇化效果的介入。在亨利一案中，如果我們兩位律師想要說動陪審團——一開始，我們的成功機會真的很渺茫——，便必須做到以下兩點。首先是誠懇。伯基永律師在談論派翠克・亨利時，我們可以感受到他是絕對誠心誠意的。當他說到，我們之中的每一個人都可能有一個犯下殺人案的兒子、兄弟，此時的他真是太偉大了，肯定使陪審員動容。

另外一點要求，就是對自己說的話必須了然於心。如果你在向陪審團喊話時，沒有把他們視為心智自由、有責任能力、成熟的大人來對待，那就不可能成功地傳遞你的信念。你必須使他們正面地肩負起自己的責任，並且忠實但堅定地說出你認為什麼才是對的、絕對真實的事情。

陪審員就是最強而有力的道德堅持

在預備開庭的最初階段，對律師來說，所謂的陪審員，就只是些姓氏、名字、年齡和職業。你知道他們當中會有一名四十二歲的女性，職業是小學校長，住在特華附近的一座小農莊裡，名叫某某女士……光是從這些資料，你無從得知這位女士有著什麼樣的個性。然後到了開庭時，你終於看到這些陪審員，一張張靜默的臉。間或地，他們其中的一位透過主席的口提出某個問題。你也會看到，他們愈加勤奮地振筆疾書、紀錄重點。

我幹律師這一行已經二十五年了。隨著時間演進，我發現陪審員越來越認真地看待他們的職責。在法庭上，他們傾注越來越多的精神。這很重要，也很令人欣慰。但，他們仍然是一張張靜默的臉、一張張我們必須小心窺伺的臉。

在一場大審之中，律師注意陪審員們表情的專注程度，不亞於男人看著心愛女人臉龐時的樣子。差別在於，律師和陪審團之間隔著十公尺之遙，又不能拿出看歌劇用的望遠鏡。當律師覺得似乎在陪審員臉上捕捉到一個表情時，他是多麼地想要確定，這的確是情感流露的徵象，而不只是個反射動作而已。當某位陪審員做出揉揉鼻子的動作時，又如何能知道，他是在擦拭淚痕，抑或是緊張的表現呢？

陪審員的姓名和地址是公開的資訊，我認為這個做法十分危險。陪審團的成員，有些和派翠克．亨利住在同一個城市，有些住在鄰近郊區。而最後，他們判決結果出爐，光是聽到那全場鼓譟的「給他死！給他死！」，便能知道這是多麼不受歡迎的結果。然後這些陪審員回到家裡，繼續過著他們的生活。這些人能夠不畏這起謀殺幼童案所引發的群情激憤，勇敢地堅守著信念，對一個律師來說，真是令人感到安慰。

特別是，只要一想到做為律師所承受的壓力，恐嚇信函、死亡要脅，還有開庭前以及連續三天審理期間當中接到的陌生來電——當然這當中也曾接到鼓勵的電報——，我可以想像當時陪審團經歷的考驗，十分艱鉅。

當死刑坐上被告席

當你為如亨利案這樣萬眾矚目的大案子辯護時，你在法庭上的言詞雖然是自己醞釀、準備的，但一旦說出口，自己的話語也會反過來牽動著你自己。你可以感覺到它在逐步爬升、它在漸漸擴大。在某種程度上，它有屬於自己的邏輯，和你原先預想的不盡然相同。在如此關鍵的時刻，我只能信任、跟隨這種臨場、自然的創發。

就在陪審團退席以便進行商議後，亨利在法警的戒護下至旁邊一間小廳等候，而我和伯基永律師前去看他。亨利的樣子很平靜，並且向我們兩個道謝；他總是這樣客氣，因為他是個很遵守禮節的人。然後他問我：「您有什麼想法呢？」我回答道：「那您呢？」作為被告的他，自始至尾，尤其在最後一幕，也就是最終言詞辯護的時候，就是個目睹自己被審判過程的觀眾。但他沒有回答。

陪審團討論了一小時後，我的助理跑來找我，跟我說：「加派支援的警車已經來了」的時候，我開始感到希望。如果亨利即將被宣判的是死刑，警察就不會加派警力了，這是顯而易見的。

接下來的事發生得很快。突然，鈴聲響起。人們停止了談話，全部回到法庭上。

這個鈴聲，像在劇院一樣，提醒觀眾中場休息結束，請回到座位上。在我聽起來，令人焦躁不安，也帶些荒謬。倏忽間，我有個突如其來的感覺。布菲和邦頓被宣判死刑時的情景一直清晰地刻在我的腦海，揮之不去。當時讓我最震撼的，是當陪審員魚貫走入法庭內時，他們的眼神避開來聽審的民眾，視線落在聆聽席的上方。而當他們一一就座後，他們的眼神垂向地面，彷彿沒有勇氣直視死亡，沒有辦法正面注視他們剛才決議判死的那個人。

但這一次，陪審員們全數將視線投向被告席。接著，所有的程序都非常快速地進行著。直到法官問：「此案是否符合減罪要件？」，陪審團主席回答：「是」時，一眾記者從椅子上彈起，三步併作兩步往大門衝去。在一片喧嘩之中，主審法官繼續宣布：「派翠克・亨利判處無期徒刑。」此時亨利的母親發出驚呼，法官向亨利說：「您應該非常清楚，本庭對您給予了極大的寬宥，我想我們日後不會後悔做出這個決定的。」

宣判後的亨利依然令人費解

亨利答道：「主審法官大人，我向您保證，您不會後悔的。」他說話的方式像個小童軍，和整起案件的慘痛、可怕，以及他才剛千鈞一髮躲過的死亡，有著令人驚駭的對比。再來，亨利的家人趨上前去親吻他。伯基永律師和我，我們兩個雙腳發軟，整個人像是被挖空了一樣。我想起我的朋友，菲利浦．勒梅爾，那位和我一起替邦頓辯護的律師。當下，我沒有機會和亨利再討論什麼，法警很快地就把他帶走了。法院外面的人群開始得知判決結果，而載著亨利的囚車則悄悄地從法院後門駛離。

邦頓和布菲被判死刑的時候，聽審席上歡聲雷動。而這一次，雖然法庭上也充滿著激動、亢奮的情緒，但不同的是，少了敵視的氣氛。法院外則可聽到群眾叫嚷著：「去死！去死！」因此法庭內的人都先等等。主審法官及憲兵隊隊長都不希望陪審員們在這種混亂的局面中走出大門。後來，兩名員警踏出法院大門時，被群眾誤認為是陪審員，因此被丟石頭、拳打腳踢。

留在法庭裡的我們等了一會兒，然後才一批批、有點不情願似地離開。派翠克．亨利案就此結束。

《巴黎賽報》，一九七七年一月

審判的焦慮

在特華重罪法庭就派翠克・亨利一案作出判決後，知識界關於死刑的論辯再起。哲學家米歇爾・傅柯（Michel Foucault）、精神分析師尚・拉普郎許（Jean Laplanche）與我在一場很長的對談中，彼此表達了不同的看法，最後於一九七七年五月刊登在《新觀察家》雜誌。

在派翠克・亨利一案之判決後，尚・拉普郎許寫了一篇文章，發表在一九七七年二月二十八日出刊的《新觀察家》，引起許多迴響。一位負有盛名的精神分析師，理應向任何一切形式的壓迫宣戰，卻在文章中表現得像是要把對死刑持正反意見的雙方極端地對立起來，對多數為廢死派的本刊讀者群而言，實在令人感到訝異，甚至驚詫。替派翠克・亨利辯護、使他逃過死劫的律師巴丹岱爾先生，以及我們非常孰悉其對死刑及壓迫問題之立場的哲學家傅柯先生，十分期待與拉普朗許先生就此問題進行論辯。

拉普朗許：死刑是一個絕對的刑罰，意思是說，死刑消滅了罪行，同時也消滅了犯罪者本身。然而，我們這個時代已不再盲目相信神學層次上的確定性，因此也失去了宣告死刑的權柄。當我知道，在一千個死刑犯當中，哪怕只有一位是被冤枉的，對我而言，便已構成必須廢除死刑的理由。因為，這樣的冤獄，當人們想要補償時，它的「主體」，也就是犯人，已經不在這世上了。因此我個人是堅定贊成廢除死刑的。

話雖如此，我之前寫那篇文章，是基於一種既震驚又憂慮的情緒。我發現，在關於死刑存廢的論戰中，無論正反方，人們彷彿有一種默契，說來說去，都是以功利主義作為出發點。尤其當這種論點是由那些大致上宣稱自己是左派、擁護廢死理念的人提出時，更是特別令我感到震撼。當我看到大量的統計數字，「證實」死刑無法遏止犯罪、沒有嚇阻作用時，我這麼想：當我們在討論死刑這樣一個嚴肅的課題時，怎麼能接受將死亡簡單地化約成一種使人畏懼的工具呢？就算是為了證明死亡沒有嚇阻效用，也不應該如此。而且，如果別的統計資料「證實」死刑有嚇阻作用呢？支持廢死者的立場也不會因此有任何改變的呀！

巴丹岱爾：在您的文章中，您隱約提到辯護在重大刑案審判中的作用，您也指責我使用了「功利主義」的論證方式⋯⋯關於這點，我想講的，一言難盡！但首先，我想要強調的是，對我來說，法庭上的辯護詞在被說出的那一個瞬間就死亡了。辯護屬於行動，而非思辨，與當下的那場審判是無法分割、獨立出來看的。我曾經請人用語音速記工具，將所有派翠克·亨利案的法庭辯論記錄下來。和大家一樣，當時我以為整個案件會以死刑的宣判作結，而——這可能會讓傅柯先生感到驚訝——我希望全案的辯論內容可以被保存下來，當作一種歷史文件。假設亨利被判了死刑，我就會立刻將這些紀錄出版。

傅柯：您正好講到了一件非常重要的事：其實沒有人真正知道，在一場審判的過程中，到底實際發生了些什麼。這項事實至少是令人驚訝的，尤其我們知道，審判原則上是個公開程序。文書表述以及秘密進行是王權時代刑事司法的兩大原則。而我們從一七九四年以來採行的司法制度，則對這兩大原則充滿不信任，因此強調口語表達與公開舉行，審判的相關文件只是一些預備性的資料。法庭有如劇院，社會的集體意識必須在場，案件的審理也必須完全搬上這座舞台。但，實際上，通常只會有五十人觀審、幾個記者，加上一位趕時間的主審法官和疲累的陪審員們。毫無疑問，法國的司法實際上是個秘密司法。而且，即便在判決後，它仍然是個秘密司法。這真的是個很奇妙的事：每天都有數十份起訴書以「法國人民」之名作出，然而，大部分的法國人民卻不知情。

這次在特華重罪法庭進行的攻防真是太重要了！好幾個月以來，媒體傾盡全力，用一種前無僅有的戲劇化方式大肆報導派翠克．亨利的罪行。而且——我不確定是否應該對此感到欣慰——，亨利一案的審判也攸關著死刑自己的命運。然而，即便如此，沒有人真的知道在法庭上人們說了什麼？什麼樣的論點贏得人心？我認為，無論您有什麼樣的顧慮，法庭論辯的全文記錄實在應該出版。

巴丹岱爾：您說的這一番話，讓我有勇氣向拉普朗許先生提出一個先決的問題；這是個小問題，但很重要。您有沒有出席過重大刑事案件的審判呢？

拉普朗許：從來沒有。

巴丹岱爾：您也沒有過嗎，傅柯先生？

傅柯：我沒有參加過重罪刑案的大審。而且，我很遺憾這次《新觀察家》沒有邀請我報導亨利案在特華法庭的審判。

巴丹岱爾：在審判當中，拉普朗許只看到了純熟的技藝和人為的效果，但這些和在場見證這場審判的所有人的感受恰好相反。事實上，對我來說，在法庭上，我所要做的，就是讓陪審員們清楚地面對自己作為人，對死刑的想法是什麼。

當時我這麼想：對陪審員來說，真正的問題在於，他自己個人內心深處與死亡的關係是什麼。我想要讓他們感受到，面對著那個坐在他們旁邊的被告時，他們最終只能代表他們自己，但卻擁有這個既荒謬又過度誇張的權力，可以決定坐在旁邊的這個人必須一死的命運。當然，我在法庭上用了「被砍成兩半的人」這個說法，但是並非像拉普朗許想像的那樣，我這麼說不是為了追求扣人心弦的演說效果。利用斷頭台、酷刑等形象，只是為了強化論述的修辭功效，我一向對此感到反胃。而且，將人斬首這件事，我之所以用它最純粹的形象去指稱它，正是為了避免對此一酷刑做出詳細描述；無論我們怎麼看待斷頭台，它的結果都是在桑代監獄的中庭裡，有一個人被分成了兩半。就這樣。所以，與其極盡詳細之所能，講著許多可怕的細節，例如，首先將犯人的脖子砍下，然後再把他的頭顱放進籃子裡等等——這些在法庭裡時常可以聽到——，我選擇了最簡單的講法。

一個人被砍成兩半，這個意象如果在精神分析師眼裡像極了閹割，是有可能的。但，至少就我自己而言，提出這個意象絕對不是刻意營造修辭效果。因此拉普朗許的那篇文章，的確讓我感到震驚，甚至受傷。

拉普朗許：巴丹岱爾先生似乎認為我指責他用了一些技巧，或者一味追求「效果」。但我並不是要懷疑律師的真心，這不是問題所在。說到底，我有沒有現場參與這次審判，其實並不重要。像這種大審，是一個見證時代的審判，不僅旁聽民眾，而是所有的法國公民都被涉入。

從這一點可以切入我的第二個觀察：夾在辯護律師以及司法改革者這兩個角色之間，您的處境必然是尷尬的。我讀了您的大作《行刑》，感到十分欽佩。您的書彰顯了一個重點：辯護是一個絕對的協助關係，是近身肉搏戰，不需要考慮正不正義的問題。這是一個可怕的立場，但同時也令人仰慕；如果您為了辯護的成功，在法庭上運用了一些修辭「效果」，我會覺得這沒有什麼。然而，一旦您試圖為反對死刑而有所行動，您的立場便變得站不住腳。兩者間，您只能擇其一：若非在既有法律及正義的框架下進行辯護——但如此一來，勢必得放棄您的絕對辯護論——，則必須專注在對刑罰概念本身的批判上。但是，如果對死刑的批評僅聚焦於它的「無用」，這是預設了，司法充其量只是管理人與人關係的最佳方式。

巴丹岱爾：不過，說到底，死刑的問題不單是內在本質的抽象問題！它是具體的問題，尤其是當坐在你旁邊的那個人有可能被宣判死刑的那一刻。相信我，只有在那血腥的最後一刻、在桑代監獄的中庭裡，死刑問題的意義才能完整。此時，遺憾的是，理論性的想法已無足輕重！

拉普朗許：您告訴我們，每個陪審員最終代表的只有他自己。那麼，同理地，無論宣判的是何種刑罰，這點都是不變的！情況不是都一樣嗎？如果宣判的是徒刑，那麼陪審員難道不也等同於扣上囚房門鎖的那個人嗎？我們是不是和討論死刑時一樣，又回到了那種「人人對決」的狀態，也就是說，法庭上的任何宣判終究只能被當作一種復仇來理解呢？這就是為什麼，只有在判決「以某某之名」作出的情況下，正義才得以伸張。這句話代表著判決凌駕於個人之上，如果把這句話拿掉，等於毀棄了正義；取而代之的，不是自由，而是種種用來管理群體的壓迫性手段，含括了許多不同的方式，諸如科技、警政、精神醫學等等……。

巴丹岱爾：當一個人需要決定「我該給這名被告什麼樣的處置？我應該讓他在監獄中關多久？五年？十年？」時，他正在行使人一輩子都無法得到可相比擬的權力。此刻，當然了，律師的職責在於提醒陪審員，一個人被剝奪自由整整五年，是很長的。不過，既然是徒刑，本質上具有可變更性，並非真正不可逆的。只要犯人提出特赦，或者假釋的請求等等，即便在獄內服刑的期間，審判其實暗中地仍在持續進行。相反地，當我們談論的是死亡，這當中牽涉到的選擇則是決絕、沒有妥協餘地的，本質上完全不同。一旦死刑定讞，除非總統給予特赦，否則一切都走到了盡頭。在陪審員宣布判決的那一刻，和他們面對面的是死亡，雖然訴訟程序的儀式性試圖淡化、粉飾、隱藏死亡是如此靠近的此一事實。

拉普朗許：只有在失去其象徵意義，也就是說，當那個凌駕於個人之上的精神蕩然無存時，這些司法程序的儀式性才會顯得荒謬過時。您堅持將司法判決個人化，但在這麼做的同時，您也使任何一種司法上的裁定皆化為不可能，甚至是犯罪的事情。單一個人的決定造成上千人的死亡，這樣的事情，不是每天在上演嗎？想像您是共和國總統，您在思考是否應將高速公路的速限降至每小時九十公里。光是這一項決定，就足夠您煎熬，以致數個夜晚無法成眠。這個例證告訴我們，一個人被賦予的職權不僅是件無用的破爛外衣而已，而是在個人作出職務性決定時，足以讓他能夠兼負起相關責任的機制。內心受譴責，被罪惡感折磨的「主席」、法官還有陪審員們，難道這就是我們想看到的嗎？那麼相對地，那些警探、專業事務官和研究「人類心靈」的專家們，他們就不會良心不安嗎？

巴丹岱爾：我看不出這有何關聯。為什麼可能造成對他人生命威脅的政策或戰略決定就可以合理化死刑？決定一個人是該在牢裡蹲上五年，還是少一點，抑或更久一些，的確是很重大的抉擇。但在現今的司法體系下，我們又如何能夠接納死刑呢？這次在特華法庭，派翠克．亨利逃過死劫。可是就在此判決的前夕，拉努其才剛被斷頭台處死，而一周後，大概是有些陪審員對亨利的判決感到失望吧，於是，嘎拉昂（Carrein）被判了死刑。這些事實告訴我們死刑的判決是相對的，光是這點，便足以讓我們譴責死刑。

因此，怎麼能不窮盡一切可施展的論證呢？如果檢察官站在你面前，跟你說：「如果不將這個人判處死刑，將會有其他無辜的小孩被以兇殘的手法殺害。」此時，如果你不跟他進入同一個問題意識裡，如果你不試圖摧毀他的論證——他的論點其實只是我們人內心中死亡衝動的一種偽裝罷了——，那麼你就輸了。社會殺害死刑犯，當然才不是為了保護其他潛在的受害者，而是基於那些我希望聽到您，做為一名精神分析師，可以向我們解釋的原因。然而，在論辯得以進入到更深層面之前，首先必須先摧毀那些假理性的論證。若要救下犯人的頭顱，如果不先從此下手，那麼便連試都不用試了。

拉普朗許：當然，法庭上的真實狀況，您親身經歷過。但是，我也在想，法庭裡的環境，還有在那封閉空間中人們提出的論點，是否與另外一個真實，也就是社會全體，以及它對正義的需求有所連結？這些同樣真實的存在，您卻沒有正視它們，將它們化約成一種對復仇的需要。刑罰是否應具示儆或任何他種作用？這其實不是大眾真正關心的。或者，應該這麼說，所謂的示儆作用可分為兩個不同的面向。一是純粹從功利主義的觀點而言，也就是說，把人看作是被養在迷宮裡的一隻老鼠，透過控制放電的裝置，來引導牠行進的方向。我們知道，而且慶幸，這種制約方法對人類是無效的。而另一種意義下的示儆作用，我們可以稱它為象徵性的示儆作用。它凸顯了特定價值網絡的永久穩固性，例如人的生命價值。我認為，如果我們不斷挖掘至問題的最深處，其實對那些要求施刑，甚至有時不惜露出猙獰面目、疾呼著要祭出重典的人們來說，刑罰「實質」的嚇阻效用並不十分重要。這些人要的，單單是「犯罪必須受到懲罰」而已。因此，刑罰之所以能夠作為一種「表率」，在於它代表著特定的文化禁忌是能夠多麼歷久不衰。但是針對這個層次的需求，您選擇不回應。您從來沒有向這些人說：「你們知道懲罰是什麼嗎？你們知道你們為何如此渴望懲罰嗎？」

傅柯：巴丹岱爾在特華法院做的言詞辯論終結，在我看來，在受到拉普朗許質疑的這幾個論點上，恰好是非常強而有力的。不過，我覺得，巴丹岱爾先生，針對您在法庭上的行動，您自己給予的詮釋卻是十分簡略。您向陪審員們喊話：「想想！你們的良心是不會允許你們將一個人判處死刑的！」您也針對死刑的示儆作用提出批判。不過，您的這些論點之所以可能成立，是因為刑事司法的運作，並非全然如套用法條或法典那麼直接，但也不純然是個矯正機制，必須將犯人的心理狀態以及陪審員的良知意識納入考量。

如果說我認為您的策略非常細膩，這是因為您精準地抓住了我國刑事司法運作模式自十九世紀以來的一個大問題，並且完全從字面上的意義下手。您發現到，「在我們的司法體系中，這些被隨機選出的陪審員理應代表著全體人民的普遍意識。但是，我們沒有任何理由可以相信，這十二個人能在一夕之間，受到正義女神的感召，便搖身變成絕對謹遵普遍意識的思考主體」。於是您決定以此為戰線，向陪審員們一一這麼說：「昂特勒（Untel）先生，您有您的性格、脾氣、有丈母娘、有您自己個人的日常生活。像您這樣的一個人，您能接受殺人這件事嗎？」我覺得您這樣子跟他們說話，做得非常正確，因為我們的司法就是遊走在這兩個面向間的模糊地帶：一邊是代表普遍意識的陪審員、是抽象意義的公民；另一邊則是作為個人的陪審員，他們藉由一定的篩選條件被抽選出來。

同樣地，您也說：「其實，在法庭上受到審判的，並不如大家所想的是被告的犯罪行為，而更是這個人的人格特質。」對此，最佳的證明就是法院通常會傳喚精神科醫師，或者其他能夠評斷被告人品如何的證人；檢、辯等方詢問被告的年幼妹妹，問她哥哥待她是否善良，又或者請被告父母講述被告的童年往事。在法庭上，被審判的主要是犯人，而且重要性遠大於他的罪行。關於該處以何種刑罰的決定，就是以對被告人格的認識作為依據。但您對此並不買帳，您總結道：「這次出庭的精神科醫師們甚至不曉得該如何和我們談論派翠克．亨利這個人。我們對他一點都不了解，因此我們不能把他殺了。」

在戰術上，您的論證當然都非常高明，但我認為最可取之處，在於您真知灼見地善用現行刑事體系的邏輯，以其人之道，還治其人之身，揭露死刑和此一體系中無法相容的事實。但這也是拉普朗許批評之所在，因為他認為現有體系是危險的。

拉普朗許：如果我說現有的模式是危險的，是因為它將我們帶往一個比固守法律還更嚴重的窠臼裡，那就是對標準的因循。傅柯注意到當代刑事司法的一項改變趨勢，而且自己還推波助瀾。傅柯宣稱狹義的守法主義已死，但無形中取而代之的，是種種以一個號稱理性的「標準」為依據的人為操作。這個「標準」，我們難逃它的糾纏；它像是盤根錯節的雜草根系，在法律的真空裡不斷蔓延。

傅柯：想像一個拘泥於法條的司法系統；如果你偷東西，我們就砍斷你的手；如果你與人通姦，我們就砍下你的生殖器；如果你殺人，那麼你會被砍頭。這樣的系統任意且強制地訂定行為與處罰之間的關係，並藉由處罰罪犯的人身來達到懲治犯罪的目的。在這個系統裡面，將人判處死刑是合於邏輯的。

但如果司法體系的目的是矯正，是透過對一個人內心深處的徹底了解，以達到改造他的目的，那麼情形便大不相同了。也就是說，一個人該被判處什麼罪、受何種刑，都是由人來評估、裁奪。在這種情況下，死刑是荒謬的。這是巴丹岱爾先生已經證明過的事實，在這個意義下，他的法庭結辯是無庸爭論的。

拉普朗許：那麼不僅僅是死刑變得不合邏輯，其他各種刑罰其實無法倖免。

傅柯：沒錯。我們今天的司法實踐中，存在這兩種不同的系統，互相重疊。一種是傳統的系統，認為刑罰在於懲罰犯法的行為。另一種則是比較新興的系統，它逐漸侵入了剛才說的舊傳統，認為刑罰雖然是根據法律所施行的，但它的目的在於矯正、改造，使人能夠重新出發。我們要處理的，是有偏差、不正常的人。法官的角色有如整個社會身體的治療師，或者說廣義的「公衛」工作者。

拉普朗許：我覺得，即使是為了批判對標準的過度重視，但宣稱守法主義的時代已終結、我們現在已進入受標準主宰的世界，這種講法仍不免太過刻板。無論如何，對大眾來說，正義的概念還是非常重要，依舊屹立不搖。「這樣是公平的、那樣是不公平的；這個人幹了壞事，他就該受到處罰」，我們還是可以在生活周遭隨處聽到人們這麼說著。從這些群眾的話語所顯現的，是人們對懲戒式律法的需求。今天我們的司法專家或犯罪學家皆將刑罰的「應報」概念棄之如敝屣，這真的頗令人吃驚。

我在文章中隱約提到黑格爾，正是為了試圖抵制這種趨勢、這種墮落的頹勢。黑格爾是對以下這類反對死刑的論調最先做出回擊的人：如果我們停留在物質層面，只談論諸如死亡的痛苦等這類問題，那麼，當然，我們沒有任何理由接受對殺人犯施以相同的暴行，這不過是在原有的罪行之上徒增另一個罪惡。殺了殺人犯不會改變什麼，死去的被害者總不會因此而復活吧！罪惡只會相加，不會相抵。然而，這種反對死刑的論調聽起來鏗鏘有力，但一旦我們置身到另一個層面，也就是法律的層面，這種論調就可以被超越。黑格爾強烈地告訴我們，刑罰的唯一意義在於它能夠象徵性地消滅罪行。但進一步講，這點之所以能夠成立，在於真正的犯罪其實並不在於它發生時所伴隨的實質暴力；真正的犯罪之所以存在，正是因為法律存在；離開了法律範圍、一旦沒有了法律，犯罪也就不存在了。我們人類是一群需要象徵的動物，而犯罪正如同法律一樣，牢牢地黏在我們的皮上……。

巴丹岱爾：適才我談到肩負審判責任的人和司法判決之間的關係。然後您跟我說：「法律終將勝出。」您說的當然很對，只不過，不要忘了法律上有所謂的減罪要件。同一件犯罪事實，您有可能被處死刑，也有可能被判三年徒刑加緩刑。當然，適用的量刑範圍並非無限可能，但必須說，這當中的選擇空間頗大，這使得法官掌握著相當大的權力。

事實上，我們的司法制度今天走到量刑空間的擴大，正是以往的司法前輩爭取來的。還記得孟德斯鳩[1]和國民制憲議會[2]議員們的主張嗎？他們說法官必須做「法律的代言人」。那時候的法官真是輕鬆啊！他只要問自己「這個人有罪還是無罪」就好了。如果法官確定被告有罪，他只需按照律文宣布相應的刑罰，就能夠欣慰自己又一次地落實了人民的全體意志。這想必是頗令人愉悅的。但，也太過簡便。而在我們今天的司法體制裡，法官必須能夠承擔起判決的責任，因此他會有摸索、猶豫和不確定的心

1　譯註：孟德斯鳩（Montesquieu, 1689-1755），法國啟蒙思想家，著有《論法的精神》。

2　譯註：此處指的是法國大革命後，成立的首屆國民制憲議會，任務在於起草憲法。

情。但，依我看來，這還是比以前那種為了空洞的應報，因而機械式、生硬地套用法律，來得好得太多了。

悲哀的是，我們的司法改革其實並沒有貫徹以人為中心的主旨。當然，對犯人的處置、再教育及治療等等，已是老生常談。但我們對這些措施通常只有誇大、刻板的印象。專家們談論著如何幫助受刑者重新適應、回到社會。但事實上，這些不過是藉著打擊犯罪的旗幟所丟出的政治口號罷了。這些口號聽起來很美好，但從來沒有一個政府認真想過，他們口中的理想境界究竟該如何實現。

拉普朗許：如果我理解正確，那麼我們的司法正邁開大步，走向司法的完全精神醫學化！

巴丹岱爾：不，精神醫學只是法官可決定採用的方法之一而已。

拉普朗許：我也可以說是司法的完全精神分析學化，對我來說，問題一樣嚴重。精神分析的目的，並不是應誰的要求，來替社會治療犯罪問題。

傅柯：我想再更進一步探究，到底為什麼會有一個這麼奇怪的假設，認為當一個人犯了罪，便代表他病了？這種將犯罪視為病症的想法是有問題的……。

巴丹岱爾：我沒有說過的話，請不要強加在我身上，否則，這是在粗糙地曲解我的想法……犯罪是一個社會的疾病，但把病人殺了，或將他們隔離於所謂健康的人群之外，這並不是與病魔對抗的好辦法。

傅柯：或許吧。不過，關於一八八〇年以降的犯罪學，我們並沒有刻意誇張或曲解。今天，我們的法律制度表面上看起來是處罰犯罪。但實際上，我們的司法體系不斷宣稱是以對犯罪者進行調理為目標，藉此洗白自身施刑者的負面形象。

犯罪者代替了犯罪，正是圍繞著此一替代關係，事情有了一百八十度的轉變，人們也開始這麼思考：「如果犯罪者才是司法體系需要解決的對象，那麼處罰便沒有太大意義了，除非所謂的處罰其實是治理人類行為的技術手段之一。」因此我們看到一八八〇至一九〇〇年間的犯罪學家，他們的論述十分現代，到了令人稱奇的地步：「對犯罪者來說，犯罪只是一個異常、混亂的行為。他如果擾亂社會，是因為他自己也受被擾亂之苦，因此需要給予治療。」犯罪學家由此得出兩個結論：首先，「司法機器已失去任何作用。犯罪者本身的問題屬於心理學的範疇，而且十分複雜、與法律的關聯薄弱。因此，法官們作為法律從業人員，對此已無法勝任，所以必須以精神醫學家和醫生們組成的委員會取而代之。」依循此一原則，更多的詳細實施計畫也隨著被制定出來。

第二個結論則是：「犯罪者既然是因為生病了才會對社會造成威脅，那麼當然必須加以治療。但同時，也必須保護社會，使社會免於此人的妨害。」因此才有了兼具治療犯人以及保護社會此雙重作用的收容觀念。

在一九〇〇年代，這些改革計畫在歐洲的司法、政治界引發了激烈的回響。然而，到了今天，在世界上已是普遍施行，連蘇聯也不例外，甚至是這方面的「模範生」！

巴丹岱爾：但是，我們總不能倡議要回到以往那種空洞的刑罰應報主義吧！傅柯先生，您一直在講犯罪，但接受審判的，的確是犯罪者啊！犯罪造成的後果，我們可以試圖彌補，但接受處罰的，還是犯了罪的那個人。當刑罰觀念愈趨往以治療、改造為目的時，當時的法官也無法拒絕這種趨勢。當人們試圖將犯罪者導回正途，法官們又有什麼理由反對呢？不然要怎麼做才好？把犯人丟在一個洞穴裡長達二十年之久？這不可能、不再可行了。還是把犯人砍成兩半？這也不行。所以呢？從專業司法技術人士——包含法官與律師在內——的立場來看，唯一可行的，就是試圖導正犯人，幫助他重歸社會。蘇維埃體制的國家可不見得有這麼做啊！

另一個面向的問題讓我十分好奇。當人們仰天疾呼「讓這個殺人犯去死吧！把他吊死！把他凌虐到死！把他給閹了吧！」的時候，我很想知道為什麼？我之所以讀了拉普朗許的文章後感到失望，便是因為他沒有回答這個問題。其實，探究死刑問題，唯一有意義的途徑，並非從法律的技術面或者道德論述著手，更不是從哲學家的觀點出發。我最期待未來能在死刑問題論述浮現的，是另一種觀點，而這個觀點可以告訴我們，死刑到底有何隱性作用？

在法國，只有極少數的罪犯會面臨死刑的問題。在過去的九年中，我國執行了五次死刑。看看這個數字，便可知這當中所呈現的，是多麼巨大、高漲，再也無法抑制住的狂熱激情！為什麼當您一旦發表了一篇關於死刑的文章，立刻便會收到兩百封瘋狂咒罵的信件？為了派翠克．亨利的案件，我依然持續接到類似的信函，裡面寫的不外乎是：「你這個王八蛋，你以為讓這個變態無罪釋放後（把終身監禁說成是無罪釋放，也太好笑了！），我們會放過你嗎？」接著又是一長串揚言要對我太太、孩子們不利的人身威脅。

您能解釋這種焦慮嗎？為什麼沒有犯罪的人會對贖罪獻祭有著如此強烈的需求？

傅柯：我認為您的問題結合了兩個面向。重大刑案引發大眾的恐慌，這是一定的，因為原本平凡的生活步調中，突然爆發了危險。而嗜血的媒體也絕對不會放過這個千載難逢的時機，大肆報導一番。

然而，您卻沒有辦法想像，我們平常需要花費多大的力氣，才能引發大眾對真正重要的刑罰問題稍微產生一些關注。刑罰真正發生問題的地方——我想您會認同的——在於現行犯、微罪，還有快速審判的問題；一個人可以因為在一片空地裡偷了一塊鐵件，便遭判處十八個月徒刑，以致於他出獄後一定會再犯的，諸如此類的問題。圍繞著死刑問題的種種激動情緒，其實是當權者有意營造、煽動的；這讓他們可以隱蓋住制度的真正黑暗面。

因此，呈現在我們面前的，是三個彼此重疊、卻又互相不融貫的現象：一方面，我國的刑罰論述宣稱刑罰之目的在於矯治，而非懲罰；另一方面，社會的集體意識卻在遇到重大犯行時，總是高呼著亂世用重典；而與此同時，對於無人過問的刑罰之日常，卻又一無所知，即便這些刑罰是以社會全體的名義而施行。

拉普朗許：我認為把犯罪人口和非犯罪人口區分開來，有點刻意。無論屬於哪一類，每個人內心底層的恐慌和罪惡感其實是共通的。您剛才提到，當有罪行重大的案件發生時，大眾的恐慌並非只是與害怕有關，而是源自於一個更深層、更難辨明的東西。如果說人們對死刑非常地在意，這是因為人們為自身本有的攻擊性感到著迷；他們隱隱約約地知道，每個人的身上都背負著犯罪，而現在這個千夫所指的變態殺人魔和你我其實沒有什麼不同。

至於罪犯——當然我對他們的認識沒有巴丹岱爾先生來得那麼深，他們也是很看重律法的。不然，我們就不會在監獄裡聽到他們彼此議論著：「啊！他被判太重了啦，這不公平」，或者「啊！他這是罪有應得」。

因此，不，社會中的人群無法硬生生地分成兩類，一類如羔羊般潔白，一得知發生違法情事便為之色變、要求處罰；另一類則是罪犯，他們以違法維生，甚至違逆法律就是他們的人生。好，那麼，我想針對您問題的唯一解答就是，這一股面對犯罪時所產生的、無以名狀的焦慮，它來自你我內心深處的死亡衝動，它和司法體系之間存在著落差。而正是這個落差，讓我們能夠達到某種精神上的平衡。我從不認為法律的執行是為了「矯治」罪犯。律法是一個潛藏在各處的元素，即便在違反法律的罪犯身上，也看得到。相反地，犯罪也存在在每個你我的身上。然而，一旦有人將這潛在的犯罪因子付諸實現時，如果只是把他當作一個「不負責任的孩子」來對待的話，這在心理上造成的傷害會是很劇烈的。這裡我們也許可以從精神分析的角度著手，探討這個人的精神狀況是如何隨著成長經驗中的種種問題而產生變化的。然後我們便發現，這個孩子在放任下長大。律法的不存在或部分缺乏，又或者律法的曖昧不清，在這個孩子的成長過程中，其實是非常令他感到焦慮，甚至可說是會觸發精神病的。

巴丹岱爾：我們並不是要消滅法律，而是想讓大家明白，法律不僅僅具有技術和懲戒的作用，它同時也具現了集體意識認為符合社會規範的價值，因此具有宣示作用。

拉普朗許：我會說，在最強烈的意義上，法律有一個主體性的作用，而且作用在每一個人身上，也就是我們每個人潛意識中都不敢跨越的那些禁忌，例如弒父、亂倫等等……。

傅柯：拉普朗許的意思是，主體之所以得以組成，是因為有律法。一旦消滅了律法，就沒有了主體。

巴丹岱爾：精神分析學家們似乎把人類如此渴望處罰的根本原因視作理所當然。我很遺憾他們沒有更早地探究這個問題。不過，宣稱人們對罪犯有所投射，同時又對這種投射感到焦慮，這些只是紙上談兵而已……。

傅柯：向精神分析學家請教一個社會的處罰行為有何原因與基礎，我覺得是很危險的事情。

巴丹岱爾：不是要他們回答原因和基礎是什麼，而是請他們做出解釋，使我們更加清楚明白。

拉普朗許：從佛洛伊德以來，精神分析學家便一直探討這個問題。如果真的要我大膽地用兩三句話總結精神分析學家的看法，那麼我會說，罪惡感有兩種面向。一種，是與我們對自身攻擊性所感到的焦慮共存的那份罪惡感；另一種則是藉由構成我們社會性存在的各種體制——例如語言、法律，宗教等——而表徵出的那種罪惡感。對處罰的需求，就是一種將原初焦慮轉化為一種可言說事物的方式。而且，既然可以言說，那麼就可以「協商」。能夠被抵贖的，便可以象徵性地被消除、彌補……。

巴丹岱爾：所以結論就是，我們只好接受將對處罰的需求視為理所當然，不去問有何原因。但是，當社會大眾得知有一個人即將接受刑罰，這個時候，我們便會面臨另一個、直接觸及罪犯個人層面的問題；也就是說，針對這個人，我們應該如何處置？因此，司法在滿足集體對懲罰之心理需求的同時，也不能忘了犯罪者重新適應社會的可能。當然，這不是件容易的事，而且民眾會充滿忿恨地說：「這個人被判關二十年，結果才八年就被放出來了！」但是如果一個人已經改邪歸正了，那麼繼續關押他，又有什麼意義呢？

拉普朗許：甚至有些罪犯，他們在遭受懲罰前便已確實改過自新。這樣的人，我們也可以自問，是否真的應該處罰他們？

巴丹岱爾：當然不應該，只是群眾一定會要求將他們繩之以法。而且，假使這份對懲罰的渴求沒有辦法在司法制度那裡獲得滿足，這會引起一股可怕的挫敗感，它會轉移目標，變換成別種形式的暴力。不過，話說回來，只要司法審判的這齣戲，該走的過場走了一遍之後，我們還是可以以矯治代替懲罰。讓犯人的重回社會成為可能，同時又不影響司法審判的儀式性，真是一舉兩得。

傅柯：當然，這並非容易的事。不過想想，所有環節的確都設計得很順暢！整齣審判的戲碼，其目的當然在於處罰犯罪，但是頂著圓帽、身披貂皮掛飾的主審法官總免不了俯身向被告問道：「您的童年是如何度過的呢？您和您母親、妹妹們的關係好嗎？您的第一次性經驗是怎麼發生的？」到底這些問題和被告所犯的罪有何關係？當然啦，這和他的心理狀態有關。於是，法庭總是要傳喚精神科醫生出庭作證。他們在法庭上的說詞，無論從精神醫學的角度，還是法學的角度來看，聽起來都相當聳動。而所有聽眾也跟著假裝認同這些說詞是極高度專業的闡述。在這一場法律與心理學的大型科儀之後，陪審員才終於肯心甘情願地肩負起判刑這一個沉重的職責。並且，此刻的陪審員意識到，他們做出的判決是為了保障整體社會的安全與福祉；將一個人送進牢裡監禁二十年，就是處理「惡」的方式。因此我們看到，人們在給予處罰時原有的那道難以跨越的心理障礙，在司法審判的戲劇效果下，完全消隱無跡。我們的司法體系真的運作得挺不賴的。

巴丹代爾：我比較懷疑，精神鑑定是否真的如您說的那樣，對陪審團產生關鍵影響。我認為他們的想法比較簡單：「被告曾遭母親遺棄嗎？那不要判他十年，改成八年好了。」或者：「小時候他爸爸打他？那再減個四年。他小時候是個好孩子？那就減三年。他會打老婆、小孩？那加重三年」，諸如此類。當然我講得稍微誇張了一點，但也沒有十分過分……。

拉普朗許：就我的理解，法庭上的精神鑑定，它的首要目的在於保護社會。也就是說，我們問的問題是，到底應該判被告強制住院，還是監獄關押比較有效？被告的治療不是重點。我看過一些微罪的案例，精神鑑定專家之所以建議強制住院，就是因為他知道處分輕罪的徒刑期間很短，甚至還請照護機構不要採信該機構主事醫師的專業意見，就為了防止病人被放出來……。

傅柯：有一項關於這點的函釋，發布於二次世界大戰結束以後。這個函釋規定，除了本來在法庭上便應回答的「被告於犯案時是否處於精神異常狀態」此一問題外，精神科醫師還必須回答另外三個問題：一，被告是否具危險人格？二，被告是否適合接受刑事處分？三，被告是否有治癒或重新適應社會之可能？如果我們仔細推敲，這三個問題實在太值得玩味了！它們觸及的點，在法律上都是不具任何意義的！法律從來只處罰犯罪者，沒有要處罰「危險」的人。即便在精神醫學上，這些問題也毫無意義可言，因為就我所知，「危險」並非精神醫學的範疇，「適應社會」這個概念也不是。因此這整個論述是一個奇怪的混合體，當中圍繞著的問題只有一個，那就是對社會是否有所危害。精神醫學專家卻接受一同演出這場戲，我很想知道為什麼。

拉普朗許：的確，當精神醫學決定參與演出時，它便同時擔負了懲戒與教化的雙重角色。精神分析則有點不同，它既沒有司法鑑定的權限，也不以教化為目標。犯罪這件事情本身並不是進行精神分析療程的動機，更遑論司法機關的介入根本有違精神分析的方法論。但若說囚犯在獄中接受精神分析治療，這是可以的。如果犯人提出這樣的要求，沒有理由不試著去滿足它。不過，無論如何，治療行為不能被拿來與刑罰交換，也就是說，我們不能和犯人說：「你越早痊癒，就越早放你出去……。」

傅柯：部分法律確實賦予司法機關判處強制就醫的權限，特別是針對毒癮者，或者兒童法庭管轄的案件。

拉普朗許：但這實在太荒謬了！我們都知道，就算毒癮者願意接受治療，這個問題處理起來還是非常地複雜……。

巴丹岱爾：從法官的角度來說，這並不荒謬。強制就醫總比把酗毒者關在看守所裡好幾個月來得好。

拉普朗許：您提到這點正好！如果藉由醫療讓酗毒者逃過刑責，這從心理治療的角度看來，是最壞的情況。如果心理治療自認為是在刑罰之外的一種替代方案，這無疑是殺雞取卵！

巴丹岱爾：不過，話說回來，我國的司法體系也從來沒有真正想過要以治療代替刑罰。

拉普朗許：監獄的環境當然是很惡劣的，但這不應該成為轉向精神治療的理由，更何況精神病院的環境也沒有比較令人愉悅。

巴丹岱爾：我現在談的不是精神照護的環境。我們並不是在主張要給精神科醫師所有的權限。我想要說的，只是我們不能忽略精神醫學在司法審判中扮演的角色。一直以來，這個角色主要僅限於用來證明被告無罪，而非治療罪犯。

傅柯：您似乎將精神醫學視作某種真實存在的體系，像是一個本來便存在神奇的工具，預先準備好在那的，等待人來使用；您宛如是在說「啊！要是真正專業的精神醫學家來助我們一臂之力，那該有多好啊！」但我認為，精神醫學無法而且永遠無法回應這樣的期待。它沒有辦法告訴我們某樁犯罪是否為疾病所致，也無法將壞人改造成正人君子。

司法若對自己該盡的義務撒手不顧、將責任推卸到精神科醫師身上，或者將判決視為同時依據一套過時法典以及一個仍有許多限制的知識學科而做出的跨領域決定，這會是很嚴重的事情。

巴丹岱爾：我們現在在談論的這個現象，不是司法將責任委予精神醫學，而是說精神醫學是司法運用的工具之一，而且到目前為止不常用，或者說運用的方式值得檢討。

傅柯：但它的價值正是必須被檢討的地方。

巴丹岱爾：可是，難道要將精神醫學的研究完全屏除在司法審判之外，退回到十九世紀初，那種把罪人從社會移除、關進勞改營、送到離我們越遠越好的地方，任他們自生自滅的思維嗎？若是如此，那真是嚴重地開倒車。

拉普朗許：當今的精神醫學越來越受到精神分析概念的影響。然而，無論如何，精神分析都不能斷言被告到底有罪無罪。恰好相反地，精神分析學的一項前提，就是受分析者必須重新意識到自己就是本身行為的主體。因此，試圖運用精神分析來卸除一個人的責任，真是個荒謬的顛覆。

傅柯：您要是聽過這些法庭上的「專家」如何分析一個人，您就會發現，他們說的，不外乎路上隨便一個人會說的，像是「你知道嗎，這個人有個悲慘的童年」、「這個人的個性古怪」等等。當然，專家們會夾雜些術語，但還是騙不了人的。但這一切都運作地非常完美，為什麼呢？因為無論檢察官、律師，還是主審法官，都需要一個人來幫助他拿捏、調整判刑的強度，這樣才能既按條文判決，又不至於讓自己的心裡過不去。事實上，精神科醫師在法庭上談的，並非被告的心理狀態；他實際上是在和法官的自由意志對話。因此，重點不在罪犯的潛意識如何如何，而是法官的意識層面。等到我們將過去幾年來蒐羅的精神鑑定報告出版後，大家就會發現，這些報告根本滿滿地都是套套邏輯，像是，「被告殺了一個弱小的老太太？喔，那麼此個案具有攻擊性」。這種事，有需要精神科醫師來告訴我們嗎？當然不用。但是，法官就是需要這樣的一個專家告訴他，才能感到放心。

而且，除了導向被告責任之減輕以外，精神醫學在量刑上的參與也有可能導致被告刑責的加重。我看過一些精神科專家在鑑定同性戀者時，這麼說：「他們都是品行卑劣的人。」「卑劣」，根本就不是一個公認的專業用語！在精神醫學道貌岸然的偽裝下，專家證人刻意使用這種詞彙、試圖將對同性戀的負面投射偷渡進法庭的辯論裡。然而，在法庭上，同性戀與否，又有何相干呢？達爾杜夫（Tartuffe）在愛勒蜜爾（Elmire）面前跪下，向她許諾「一場沒有醜聞的情愛，和無需害怕的歡愉」[3]。如果我們把「情愛」和「歡愉」，分別用「處分」、「刑罰」代替，這句話就成為了偽善的法律精神醫學之十足寫照。要消除審判的焦慮，沒有比這更好的解方了！

巴丹岱爾：但審判確實令人焦慮啊！如果法官無法免於這種焦慮，整個司法制度便無法運行。為了克服這份焦慮，法官必須清楚地知道，他的判決是基於什麼樣的價值。一直到近代，這件事還算簡單。雖然政權歷經更迭，但社會風氣沒有太大改變，法官還可以氣定神閒地進行審判。但是到了今日，在我們這個充滿不確定的年代，審判到底以什麼為名？根據哪些價值呢？

傅柯：我認為，當法官們獨自審判時，如果我們繼續想方設法地讓他們免受焦慮折磨、如果讓他們從此無需思考「我的審判，是以何為名？是以誰的名義作成？又是基於何種權利、何種行為？而作為審判主體的我，又是誰呢？」等問題，反而是危險的。戒慎恐懼的法官實在不多見，我們對此總是感到憂心。因此，讓他們維持在擔憂、焦慮的狀態中，是件好事。司法功能危機的大門才剛開啟，我們可別太快將它關上。

凱薩琳・大衛（Catherine David）紀錄整理

《新觀察家》，一九七七年五月三十日

3 譯註：達爾杜夫和愛勒蜜爾為法國古典大劇作家莫里哀（1622-1673）知名劇作《偽君子》（*Le Tartuffe ou l'Imposteur*）的兩個角色。其中，達爾杜夫為劇中主人翁，是一名假道學的騙徒，靠著滿嘴仁義道德而得到富商的器重，成功寄生富商家中，暗中卻試圖勾引女主人艾勒蜜爾。

論死刑

一九七七年，由季斯卡（Valéry Giscard d'Estaing）總統成立，且由亞蘭．貝赫菲特（Alain Peyrefitte）擔任主席的暴力研究委員會提出廢除死刑的建議。當時，亞蘭．貝赫菲特已受任命為法務部長，因此我認為這是一個再次向大眾更深入倡議死刑廢除的好時機。一九七七年九月，在國會以及重罪法庭即將收假的前夕，我在《世界報》上連續發表了三篇文章。

1. 政治作用與特赦

一旦碰觸到死刑議題，政治便面臨了道德問題。因此，政府成員對待死刑的態度就顯得意義非凡。

對公開支持死刑的人而言，一切非常簡單：看著死刑繼續存在、繼續被執行，不用插手。然而，假使因此便放棄人道主義的理想，心裡又不是滋味，於是便有些人欣然地表示自己在原則上反對死刑，但認為在某些特殊的情況下，死刑還是有其可行性。就這樣，這些人成功示範了如何能夠同時反對又贊成死刑制度的維持。道德家應該會對此感到愕然無語，而那些善於政治巧計的人則不禁讚嘆如此高明的手腕。

至於主張廢死者，權力的誘惑難以阻擋，因此他們承受的考驗也較為艱鉅。在廢死理念與選票考量的權衡下，他們給自己找到了台階，認為政府官員的確應該擱置個人信念。於是，這些人一邊低調地用喃喃囈語感傷死刑的殘忍，並宣稱自己在絕對的神域中是死刑的頑強敵人，一邊卻默許了它在俗世間的存在。既然據說多達三分之二的選民都想看到人頭落地，那就滿足他們吧！當然，人頭還是砍得越少越好，但也不能太少，大概每兩年砍一顆頭，偶爾可稍微增加頻率，例如十五個月內砍三顆人頭。否則，人民將大失所望。

另外還有一群人的態度比較複雜。他們儼然以孟德斯鳩門徒自居，認為在國民的心智與心理尚未能夠接受廢死前，不應該修法。因此若要廢死，必先從改變民心下手，否則個人尋仇和私刑報復勢必將氾濫成災。

這種論調十分詭異，它的言下之意是，保留死刑的動機並非為受害者伸張正義，而是為了保護犯人的利益。也就是說，國家偶一為之的合法死刑乃為了避免更多的草率私刑而設。

姑且不論這論調中矛盾之處，事實上，個人挾怨報復在實務上是不可能的。被害者家屬常常對兇手恨得牙癢癢，無不欲殺之而後快。他們會有這種情緒，是再自然不過的了。但家屬實際上根本無法傷到兇手一根寒毛，因為在偵辦、審判的過程中，可能凶手身分尚未明朗，也可能還在逃。而就算最後終於逮捕歸案，兇手也是處在警方的戒護之中，想要親手將之殺害，也為時已晚。更不用想像可憐的被害者家屬苦守二十年，就為了等到在犯人出獄的那一刻，或者到他隱姓埋名生活的地方，把他殺了洩恨。與其想像這種誇張的情節，還不如再寫一本《基督山恩仇記》[1]吧！

至於孟德斯鳩門徒們所憂慮的民眾集體私刑，執法機關基於經驗與原則，本來就知道必須嚴加防範。假使群眾私刑在現實中發生，也就代表執法機關的軟弱或縱容。發生在不同國家、不同時代的現象，不可相提並論。法國人可從來不曾把自己看作美國西部拓荒時期逞兇鬥狠的牛仔槍手。

無論如何，這些論點時常被提出作為支持維持死刑的立論。這些論點讓本質上無法消除的邏輯矛盾在表面上似乎頭頭是道。這個矛盾就是，作為部會首長，一個人如何能夠自詡為廢死的倡議者，同時又接受死刑執行的事實？畢竟，檢察長是下令將人犯交給劊子手的人，而檢察長直屬於法務部。對這些道德矛盾的人，我感到同情。

難道說，尊重民意便能合理化死刑這種殺人獻祭嗎？在法國這種人民不太有發語權，連關於國家核能政策，甚至自己的日常生活環境都無權置喙的國家，會認為在死刑問題上必須聽從民意，真是太令人匪夷所思。無論如何，國家的主政者不應從民意調查的曲線中，吸取關於如何治理國家的靈感。這種跟隨主義的做法從來都不是治國之道，因為我們終究不能將道德價值扔進政治的垃圾堆裡。

其實，廢死道路的關鍵在於國會。關於國會應扮演的角色，可以有以下兩種認知：一是黑暗面的照妖鏡，二是指出國家未來應行道路的一盞明燈。我認為，當國會稱職地扮演它的第二種角色時，民主精神的落實便更加貫徹。在其他幾個和法國一樣擔得起民主美名的國家，他們的國會長期以來皆認真地扮演燈塔的角色。這當然也需要領導者有勇氣把這樣的任務交到國會手上。反觀法國，人們總是鼓吹說關於死刑問題，

1　譯註：《基督山恩仇記》（*Le Comte de Monte-Cristo*），法國文豪大仲馬（Alexandre Dumas, 1802-1870）於一八四四年出版的長篇小說，故事內容描述主人翁復仇的過程。

必須先進行一場大辯論。但是，我們何曾看到當權者著手催生這樣的辯論？況且，做這件事並不困難。

好幾年來，關於廢除死刑的法案不斷地被提出。它們何曾被排進議事日程？可曾有哪一任法務部長，像英國或加拿大那樣，試圖在國會內促成設立特別委員會？若獲成立，此一委員會便可召開公聽會，讓長年思考廢死問題、無論持支持或反對立場的人，齊聚一堂。這個委員會也可以了解犯罪學家、心理學家、法官、律師、警察和代表性社團的不同意見；它也應該彙整多年來外國或國際機構所蒐集的資料；然後，最後，它也必須發布一本，無所謂題名為何，但關於死刑的白皮書。自始至終，法國政府從來沒有正式地、為了在我們這個民智已開的國家及其國會裡舉行一場死刑大辯論做任何準備。更甚者，當暴力研究委員會——當然，我們必須讚許這個委員會的專業與獨立性——表示贊同、建議廢除死刑時，該會主席卻在接任法務部長一職之後，旋即試圖弱化此項建議的效力，並且處心積慮地拖延實現該項建議的進程。

這是為什麼呢？這是因為事實上，死刑有一個潛藏的政治作用。只要偶爾砍下一些人頭，法國人民的安全便能有更多的保障。沒有一個人能夠真正嚴肅、認真地主張這個觀點。但，依照死刑的現狀看來，即便死刑已僅剩象徵意義，但卻沒有因此便變得不那麼可怕，政治人物依然心悅臣服地給它保留一個位子，這是因為他們知道死刑在政治上是多麼地好用。

我們不說那些每當發生駭人聽聞命案，群情正激憤時，便迫不急待在電視上疾呼用重典，就怕搶不到頭香的政治人物；他們一毛不花，便成功地在公眾心目中建立起嫉惡如仇的形象。這比公正持平的形象，在政治上有利得多。這樣的舉動，無論多麼地有技巧，反正都會隨著時過境遷而被遺忘。除了這種短暫的政治利益，斷頭台還提供另一個效果；不是像人們所想、所謂的嚇阻作用，而是死刑的執行能讓人們以為看到了政府打擊犯罪的決心。於是，死刑蒙蔽了公眾的眼睛，以至於他們無法看清，政府其實從未就犯罪的根源認真地研擬防治政策。死刑因此巧妙地掩飾了政府的無能，淪為實政的替代品。

死刑在我國的權力體系裡，還扮演另一個更加迂迴、狡猾的作用。讓人頭落下，這樣一個即使只是偶一為之的舉動，其意義在於公開向世人證明，在維護集體利益的緊要關頭上，領導者早已做好回應的準備，即便做出像殺人如此令人害怕的事，也在所不惜。因此，死刑的執行為下令行刑的人建立起果斷、堅決的形象。這種形象對於使人民信服於領袖的統御能力，實為至要，而且，當人們愈相信領袖在果斷決定行刑的當下，也做了不少犧牲時，這種堅決的形象會顯得愈加強大。於是，死囚的死是領袖特質最淋漓盡致的表現，是其他任何作為都比不上的，而在公眾的心目中，領導者的人性、感性，也不會因為執行了死刑便受到一絲絲的減損。因此，當對犯罪的害怕引發了集體恐慌，死刑不僅是對此的一種荒謬反應，同時也昭告著，還有一股巨大的力量和堅強的決心，在至關緊要的時候，任何一種犧牲都阻擋不了。這就是死刑和我國這種奠基於對領導者特質之信仰的政府體制，兩者之間不可告人的關係。

至此，我們才終於能夠理解，為何在廢除死刑的問題上，政府官員不斷告訴我們必須等待。如果說，死刑的廢除將引發道德觀念的重大改變，而這個道德觀念又是我們司法體系的基礎，那麼，廢死同時意味著，權力及其與公民之間的關係也將發生本質上的劇烈變動。由此觀之，早在第一屆國會，左派便將死刑的廢除納入修法計畫，這是無可避免的。要多數黨[2]的候選人在競選的時候，便昭告天下自己將會投下廢死的贊成票，這是不大可能的。當然，不少的左派支持者同時也擁護死刑的維持，而多數黨的支持民眾中也有許多人表明自己贊成廢除死刑。但是，如左、右立場如此重大的政治選擇，還是有它各自的邏輯、各自的道德思想。這就是為什麼，當前正進行的政治論辯，雖然會受到其他不同顧慮的影響，最終還是只會有兩種結果，不是要求即刻廢除死刑，就是將廢止死刑的時機繼續延後。

2. 替代刑是否有其必要？

暴力研究委員會表明贊成廢除死刑的立場，這是十分關鍵的。當然，委員會做出的結論，是跟隨著其他最近幾個公開宣示而來，包括天主教會、國際特赦組織、人權聯盟、法官工會等，皆在過去幾個月當中，公開表明其堅決反對死刑的立場。唯一的不同在於，暴力研究委員會的立場更加地具有意義。

的確，委員會並非掌管道德的部門，它的任務不在於認可，或為任何哲學及宗教原則進行辯護，而是研究、調查我們社會中的暴力與犯罪，並且提出減少暴力、犯罪的方法。在歷經一番研究後，委員會最後建議廢除死刑，其中，最關鍵的理由在於，如同在此前所有國際調查委員會的結論一樣，死刑作為打擊暴力犯罪的手段，是無效的。

2 譯註：此處指右派政黨。

於是，委員會不認同死刑具有其愛戴者仍一直宣稱的必要性。然而，委員會的結論還不僅於此。為防制暴力，不僅無死刑的用武之地，甚至還必須消滅死刑。因此廢死所顯示的意義，不僅僅是一種道德要求，更是讓我國司法走出新道路的必要條件。

但這些新道路是什麼呢？於是乎便激發了另一場辯論，它圍繞的課題才是真正需要關切，但是長期以來被死刑存廢此一假命題所掩蓋的問題，那就是，在廢死的同時，是否需設立替代的刑罰方式？

一旦死刑獲得廢止，研究委員會認為，若遇有情節重大的犯罪暴力，必須處以一種附帶最低保證監禁年數的特別徒刑。此種徒刑的特色在於，會有一段相當長的監禁期間——據貝赫菲特指出，將會是二十年至四十年不等——犯人必須確實服刑，沒有享有特赦或假釋的機會。如此一來，陪審團便能放心，只要他們宣判處以這種徒刑，那麼犯人便必定服刑至期滿，其執刑的時間長短不會有任何折扣。等到最低保證服刑期滿，犯人才能依一般普通程序申請有條件釋放，或者蒙獲特赦。

這種設計很明顯地是在討好民意，這在政治人物的眼裡，實屬當務之急。但我們認為這不是一個好作法，而真正的解決之道應該要往其他方向去尋。

民意難以接受廢除死刑，這是顯而易見的。我們當然可以長篇大論地，數落民意調查的種種不是與缺陷，例如，通常關於廢死的問卷調查並沒有清楚明瞭、直接了當地陳述問題。我們也可以特別指出，無論關於什麼議題，民意都是會浮動的：今天會因為一起駭人聽聞的慘案，使得支持死刑的聲浪高漲，但過一陣子，當新聞中不再出現相同強度的社會新聞後，這股聲浪又會重歸平靜。最後，我們也可以主張，國家法律該有什麼樣子？我國的司法該基於何種原則？這些問題不該取決於起伏不定的民調結果。

然而，有一個事實是不可爭論的，那就是每個人心中，乃至每個社會，對殺人此種罪行，都會感到一股深深的恐懼。這是因為殺人的行為是死亡的源頭，也是死亡的表現。死刑便是對這份恐懼的一種回應。但並不是因為有了死刑，殺人案件便能減少，而是因為在死刑執行的一瞬間，社會便能從一起重大命案引發的集體憤恨與恐懼中釋放出來。此外，雖說死刑對壞人來說不痛不癢，它的好處在於能夠讓好人安心，因為他們知道自己絕不可能犯下會遭判處死刑的惡行。可是這些安分守己者壓根沒有想到，那些殺人不眨眼的大惡人才不會這麼想，也不會這麼做！因此，如果說，認為死刑具有嚇阻作用的想法是虛幻，那麼，至少它安定人心的作用是真實的。順著這個邏輯，單純就死刑的廢止而言——也就是說沒有加上其他如替代刑之類的配套措施——，其可能的後果不是暴力犯罪發生率的上升，而是人們對犯罪的集體害怕、恐懼會更加強化，而這份恐懼感更需要有因應的方式。

目前檯面上有哪些因應之道呢？這聽起來有點像刑事菜市場上的討價還價。為了滿足集體社會的復仇本能，有人提議讓犯人在極長時間的痛苦中贖罪，以此來代替死刑。也就是說，打從刑罰設計之初，便無論如何都不願考慮，罪犯的性格在那麼長的時間當中會不會有所改變。讓我們想像一個兇殘無比的殺人犯。他今年可能二十歲，遭陪審團處以法律規定中最長且不得酌減的刑期。法務部長提到可能長達二十至四十年不等。那麼我們便取中間值，假設這個人被判監禁三十年，也就是說，他將被關到五十歲。

這樣的監禁方式，毫無疑問地，只會讓他在出獄的那一刻，不知何去何從。這當中的不人道，我就無庸贅述了。在最近的一場研討會上，德國的犯罪學家一致認為，一個人在被監禁了十五年後，不是改過自新，就是徹底地被摧毀。但在這種情況下，我們如何能夠鼓勵這個二十歲的小伙子改過自新？如何讓他保持希望，有一天他能夠在自由人的社會裡，重新找到他棲身的位子？他深知，就算關了三十年後得以活著出去，他的身心靈皆已殘破不堪。因此，當被判處很長一段、無法縮減的刑期，他真正受的刑，其實是這粗暴的絕望。而我們社會唯一能做的，就是在他的刑期期間提防著他，但卻要在他出獄後，對他伸出援手？

要找到新的處罰辦法，其實沒有那麼複雜。最關鍵的，是制定出一個最長服刑期，其歷時之長久，必須足以懲罰犯人所犯下的罪，並且足以讓部分犯人的危險性降低。千萬不可以在刑罰的設計上，給自己綁手綁腳。人是會變的。這麼簡單的道理，死刑的擁護者卻總是不肯承認。既然人是會改變的，那麼其所受之懲罰也應當有隨之更動的可能性。如果制定出一段極長的刑期，且在刑期內，刑罰的內容無論如何都不可能變動，這會扼殺犯人日常每天裡的希望——但是希望，卻是改變的催化劑——，也等於是意圖將本質上不停變動的人性，硬生生地綁死、固定。我國司法體系經歷過最艱難的進步，就是從原本的審判罪行轉為審判犯罪主體。那些提出死刑的替代刑罰的人，就是在與此進步歷程背道而馳。這一種替代刑既無用又危險，很快地，便會被人看破手腳，發現它不過是另一種落後司法的餘孽，又會淪為和死刑一樣亟需革除的制度。

既然如此，又何必替這種替代刑立法呢？就我所知，沒有任何國家採取此種作法。為何在法國，廢死之路必須走這種旁門左道呢？

事實上，妄想著藉由替代刑的設立，使大眾接受死刑的廢除，是徒勞無功的。世界上沒有存在任一種刑罰，可以緩減暴力犯罪在我們心中引發的恐慌。即便是將人活生生砍成兩半的這種驅魔儀式，或說贖罪獻祭，對此都無能為力。我們必須另闢途徑。恐懼來自於犯罪，那麼為了消滅恐懼，不是正應該從社會中犯罪的根源著手嗎？

暴力研究委員會最終做出廢除死刑的要求，是合乎邏輯的。死刑對於暴力問題根本束手無策，不過是種幻術罷了。在地平線上豎架起雙臂沾染鮮血的古老圖騰，我們怎麼能夠相信這樣就能打擊犯罪呢？可是，委員會呼籲設置替代刑，這卻又顯得空洞無力。世人內心深處的恐懼，我們不能用投機取巧的方式去對待它，我們也不應該妄想著要找一個什麼東西來取代恐懼，因為恐懼就是無可取代的。倡議廢死的人，除了讓斷頭台永遠在這個社會銷聲匿跡以外，還有別的任務。群眾們有權要求主張廢死的人，必須表現出他們也有防治犯罪的決心，並且有一套新的處置犯罪者的方法，以使社會上的犯罪減少，人民安全也更有保障。但請用誠懇、寬憫的態度，而不是巧妙閃躲的權宜之計。正視我們內心恐懼，並且試著減少恐懼起因的時候到了！在犯罪面前，我們的舉止應該像個大人。

3.「再等一會，劊子手先生！」

我國的司法走進這個悲哀又荒謬的死胡同裡，怎麼能不教人唏噓！死刑依舊存在，持續地執行中，只是非常少，少到甚至人們說死刑僅剩下象徵意義。可是，象徵什麼？到底我們想要斷頭台象徵什麼？象徵我國司法是萬能的嗎？但是，在法律上，萬能便代表著絕對不會出錯。因此，倘若一個會出錯的司法體系致人於死，便僭越了神的審判。或者斷頭台象徵著，國家之於人民是萬能的嗎？在以前的年代，君主作為神的意志在世間的化身、一切律法自祂身上而來，因此河灘廣場[3]上架起的行刑台提醒過往的老百姓，他們的生命終究被操縱在君主的喜怒哀樂之間。是什麼樣的幻覺，讓今天我們這個共和體制、政教分離的國家，以為自己也掌有一樣的生殺大權？更可

3 譯註：河灘廣場（Place de Grève）位於今日巴黎市政廳前廣場。自中世紀開始，至十九世紀上半葉止，河灘廣場為公開處決的執行地點。

笑的是，還將如此巨大的權柄全權交在一個任期不過區區幾年的人手上，讓他唯有在決定處死的時刻，擁有和路易十四一樣的特權。在一個幾乎徹底去宗教化的國家，我們施行基督宗教的司法觀；在一個共和的國度裡，我們實現的是君主傳統的律法。法國的司法真是怪誕至極！

死刑不是，或說已不再是，一種犯罪政策的表現。情況如此，說實在的，為時已久。如果我們看過去五百年中的死刑執行曲線，便不難發現死刑的衰退；雖然衰退得很緩慢，但卻勢不可擋。當然，在某些國家歷經重大動盪的特別時期，例如德軍佔領、法國解放和解殖運動時期，死刑的確有死灰復燃之態，以處決政治性質的罪犯尤甚。即便如此，死刑的頹勢依然不可能有挽回的餘地：波旁復辟時期[4]，每年處決人數為五十，第二帝國時期[5]是二十，第三共和[6]時降為十。到了第四共和[7]，又減至五人。最近的十年間，平均每兩年執刑一次。透過歷史，法國人民早已做出了選擇、法國早已循序漸進地成為了一個廢死的國家，只是它自己渾然無所覺，又或者是不願承認。

死刑衰退的趨勢擺在眼前，因此如果有人說，法國人民今天面臨的選擇，是在死刑的完全廢止和死刑的大量執行之間選邊站，他便大錯特錯了，因為這個抉擇多年來早已底定，而做出選擇的人就是陪審員們。幾十年來，就算冒著不小的風險，即使經手的是慘絕人寰的案件、面對的是最殘忍無道的罪犯，陪審員愈來愈意見一致地拒絕屈服於血債血還的律法觀念。支持保留死刑的人最喜歡高舉著民調結果，說大部分的民眾傾向維持死刑。但是回答民調問卷的人不需負擔任何責任。這樣的調查結果，又有什麼分量可言呢？這些民調都沒有切中要害：死刑的是與非，不是像上帝恩寵或者命定論此類的抽象問題，而是陪審員們必須直接面對的問題；他們必須本著良知、

4 譯註：波旁復辟時期（la Restauration, 1814-1830），這段期間內，原本於法國大革命時遭推翻的波旁（Bourbon）家族回歸重掌王權，先後產生路易十八（Louis XVIII）及查理十世（Charles X）兩位法國國王。此時期法國政體屬君主立憲制。

5 譯註：第二帝國時期（le Second Empire, 1852-1870）是法國歷史上最後一個君主制政體的時代，為拿破崙姪子路易．拿破崙於一八五一年成功政變後，旋即於翌年成立的帝制政權；路易．拿破崙稱帝，是為拿破崙三世（Napoléon III）。

6 譯註：第三共和時期（la Troisième République, 1870-1940）。一八七〇年法國於普法戰爭中投降，拿破崙三世遭到俘虜，翟貝達等共和派人士於巴黎市政廳宣布第三共和成立。直至一九四〇年，眼看納粹德軍步步進逼，此時已遷至維琪市的國會投票通過授予貝當（Henri Philippe Pétain, 1856-1951）元帥全權制定新憲法的權限，至此，第三共和已名存實亡。

7 譯註：第四共和時期（la Quatrième République, 1946-1958），成立於法國自德軍佔領的狀態中解放（Libération）之時，沿襲第三共和，採行議會制。一九五八年，在阿爾及利亞戰爭的挫敗中，戴高樂將軍（Charles de Gaulle, 1890-1970）藉由公投，成立了第五共和。

意識清楚地，替這個距離他們只有幾公尺的人決定他的生死命運。而過去這段日子以來，陪審員們愈來愈頻繁地對死刑投下反對票。這些判決等於一場場關於死刑存廢的公投，其所代表的才是真正的民意。數十年來，每一次重罪法庭開庭時，便是這場公投正在舉行的時刻：陪審員們是投票人，他們需回答的題目是直接且有血有肉的，而投票結果顯示，絕大多數的作答人皆判決死刑應該遭到廢除。

也就是說，只要使人們直截了當地與死刑正面對視，絕大多數法國人做出的抉擇都是反對死刑。一旦我們體認到這點，怎麼能對我國目前仍持續判處、執行死刑不感到痛苦煎熬呢？在過去的蒙昧年代裡，城市的入口處總是孤立著一座高聳的牌樓，上面吊掛著一具具受酷刑折磨而死的人體。但今天，在我們這個實務上幾乎已臻廢死的司法體系中，每一次的死刑宣判都比這死亡牌樓的景象來得更令人怵目驚心，更遑論死刑的執行。因為陪審員們如此大規模地拒絕判死，代表我們的司法早已不相信死刑能有什麼實質的功效，在這樣的情況下，當死刑突然再次出現，它的意義便只不過是愚昧主義令人可憎的殘存，凸顯人們在無意識中放任自己受原始恐懼的擺佈，並渴求著血腥的獻祭儀式，這真是人類難以掙脫的枷鎖。

因此，每一場死刑的執行都令人震驚：什麼？在這個世紀末的法國，死刑的執行竟然還有可能發生？一群人在破曉時分躡手躡腳地聚在一起，為的就是讓一個活生生的人在監獄中庭裡被切成兩截，而且竟然還是以你我的名義幹出這檔事！當每一次劊子手就這樣突然出現在我們的日常生活當中，對我來說，這是在標誌著我們的潰敗，一種在邏輯紊亂中實現的潰敗。

因為面對一連串的判決結果，如果我們試圖從中理出頭緒、想要找出那個足以劃開生死兩端、判決所依循的原則，那絕對是徒勞無功。被告之所以遭判處死刑，或者得以逃過一劫，是取決於情節之重大、罪行之可怕程度嗎？還是取決於被害者是否足夠脆弱？但是任何一個手無寸鐵的人在施暴者前都是一樣脆弱的；所有的被害者，無論年齡、性別或社會地位，皆令人感到同情惋惜。還是說，如果犯罪手段特別暴虐兇殘，令人心生恐懼，那麼兇手便會被處以死刑嗎？可我們又如何能夠衡量被害者所受的苦痛孰輕孰重，甚至以此來決斷此痛苦是否足以奪去被告生命？更何況，如果一個人如此惡性重大，即代表他已泯滅人性，那麼又如何能夠以人類的律法加以制裁呢？無論如何，一旦我們仔細觀察這些時而判死、時而判生的判決，我們只會看到一場可悲的賭局在眼前上演；整場賭賽毫無規則、章法可言，但籌碼卻是對一個人來說屬於重中之重的生死。我們怎能同意讓這場博弈繼續下去？延長這場遊戲，我們又能贏得什麼？

說實在的，死刑目前在法國只是苟延殘喘。死刑的廢止乃早晚的事、是我國司法演進中一項不可逆的歷程。既然如此，為何非要讓這漫長的等待因為零星的幾場贖罪血祭而蒙上陰影？有人會說，這次刀斧落下，大概是最後一次了吧！但這樣說，不但不會減少該次死刑執行的可怕，反而讓它更加沒有意義、更為使人驚駭。「再等一會，劊子手先生！」當年杜芭莉夫人[8]在斷頭台前苦苦哀求，今天我們的政府官員說著一模一樣的台詞，唯一不同的是，他們無法割捨的不是生命，而是死亡：「再等一會，劊子手先生，先不要走。」但，天知道他們挽留劊子手要作何用？

《世界報》，一九七七年九月十四、十五、十六日

8 譯註：杜芭莉夫人（Mme du Barry, 1743-1793），法王路易十五的最後情人，於法國大革命期間遭以斷頭台處死。

國際特赦組織譴責死刑

一九七七年十二月，國際特赦組織法國分會派我代表出席斯德哥爾摩會議。會議結束，當我回到法國時，我滿懷著希望，確信法國即將加入西方民主國家廢死運動的行列。

國際特赦組織獲頒諾貝爾和平獎，並且嚴正聲明譴責死刑。對身為一個憧憬瑞典式社會主義，又參與人權、廢死運動的人而言，此時置身在斯德哥爾摩，真是一件令人精神為之一振的事！其實，對我來說，此次飛往斯德哥爾摩，宛如至麥加朝聖，差別僅在於，這裡下午三點天就黑了，而且室外只有零下十度！

在斯德哥爾摩召開的國際特赦組織大會上，針對死刑議題，我總算聽到了多年來我一直渴望聽到的公開言論：沒有氾濫的情感訴求，也沒有煽情的詞藻，來自七十個國家的兩百名代表，個個清晰、平靜地進行討論，為死刑這個一般人認為只剩陳腔濫調的議題開拓新的面向、賦予更深刻的強度。

首先，國際特赦組織的創設宗旨，在於營救受凌虐的政治思想犯，對於在國際上揭發刑求、虐囚等情事，不遺餘力，之後，也開始深入追蹤各國異議份子的失蹤事件。這些努力都使國際特赦組織必然得面對死刑問題，無論何種形式，因為所有的問題都是關聯在一起的；無論是政治犯受虐、被關在拘押營中，還是遭到非法逮捕，甚至是處決，獨裁政權消滅反對勢力的決心，與一個社會不願繼續承受部分成員的存在，於是痛下殺手、將其交給劊子手處決的心態，兩者之間，有著千絲萬縷的關聯。

因此，國際特赦組織的作法，其最可取之處在於不侷限於廢死本身的問題，不將它視為可獨立分割的議題，也不認為廢止死刑便足以解決一切問題，而是將此議題置於捍衛人類基本權利的更大視野中去處理。畢竟，人生而被賦予的權利當中，生命權無疑是最首要的。

不過，將廢死運動和所有捍衛人權的抗爭關連在一起，是不夠的。我們還需要對當今死刑制度在世界每個角落實踐的情形，有一充分的了解。我們法國人太常只關心自己國內，或者幾個鄰近國家的狀況，於是總是天真地以為死刑是個道德或者哲學問題。我們會這麼想，是很自然的，畢竟在法國，死刑影響所及，不過零星幾個死刑犯而已。然而這其實只是冰山一角，而且還會阻礙我們認識到真正的問題所在。國際特赦組織深入研究了全球的死刑問題，並告訴我們一些使人震驚的事實。

死刑執行在當前世界上的真實情形，已非每年的司法統計報表可完全反映。它正秘密地在全球擴張與膨脹，幾乎無人知曉，亦無人過問，甚至屬於那種最令人不恥的死刑，亦即，政治犯未經審判，便由政府機關下令或在政府的默許下，遭到草率處決。這種死刑，每年以數萬計的規模上演著。斯德哥爾摩會議率先向世人揭露此種暴政是如何在全世界蔓延。國際專家保守地稱之為「官方性的政治謀殺」（governmental political murder[1]），縮寫為ＰＭ，真是個意味深遠的簡稱啊！[2]

世界上幾乎沒有一個地區得以倖免。首先，在南美洲，自一九六六年以來，瓜地馬拉已草率處決了兩萬名人犯，皮諾契統治下的智利則達五千之數，而光是在巴西的一個州內，例如里約熱內盧所處的瓜納巴拉（Guanabara）州，每年便有數百名犯人未經審判即遭處死。在阿根廷，自一九七六年三月的政變以來，單單一年內，便有達數

1 譯註：原文即使用英文。

2 譯註：「死刑」一詞在法文中是peine de mort，恰巧與政治謀殺的英文縮寫ＰＭ吻合。

千名人士無故失蹤。至於非洲，無論是在烏干達、赤道幾內亞，還是衣索匹亞，政治大屠殺實屬家常便飯。在亞洲也有類似的屠殺事件，若僅舉最可怕的幾起為例，則有泰國，或者情況更為慘烈的柬埔寨。這些還只是我們能夠掌握到的，而現有的資料、數據絕對是支離破碎、無法讓我們窺知全貌的。死刑、殺戮的毒瘤之深，禍及如此多的國家。它們被籠罩在高壓恐怖及嚴密的監視之中，以致於我們難以估算實際的影響範圍。總之，這個毒瘤無所不在、四處殘殺，不拘以何種形式出現。

國際特赦組織將國家警察或類似機關的任意殺戮，與那些被以審判大戲包裝的死刑執行視為同樣的暴行，是非常正確的看法。這些假意、徒具表象的審判不允許民眾旁聽，被告也無法享有實際的辯護，不過是為了剷除異己的一種偽司法手段而已，在伊朗或羅德西亞等國經常發生。此外，在諸如智利、南非等國，所謂拘押營或勞動營逃犯遭就地格殺的情事，亦十分普遍。最後，也不要忘了那些因醫療匱乏而死於牢中，或者被技巧性逼迫，而於獄中自盡的囚犯。

回過頭來看我們歐洲。這些存在於世界上最可怕的暴力行為——亦即國家殺人的暴力——，一旦赤裸裸地擺在我們面前，自然使我們感到害怕。但面對這些罪行，西方強權以及那些因未覺直接受到威脅、所以漠不關心的人們，他們有如共犯般的沉默不語更令人為之驚怖。

走出國際特赦組織大會的場地後，我漫步在斯德哥爾摩的行人徒步區。這天是星期六，人來人往的街上，大家忙著採辦聖誕節所需的物品。在回到我下榻處救世軍飯店的路上，一些年輕人在寒風中成群結隊，高舉著標語、旗幟，譴責伊朗、柬埔寨以及海地等國對其人民所犯下的暴行。臨時架起的攤位上，販售著紀念受害者的小冊子，義賣所得則會用來捐助罹難者的家屬。我看著這些心平氣和的抗議人士，他們在為一個離自身利益十分遙遠的理念奮戰。這時我知道我錯了，斯德哥爾摩的溫度一點也不冷，反而充滿暖心的熱。

《新觀察家》，一九七七年十二月二十六日

死刑是否氣數將盡？

派翠克·亨利一案終結後的幾年，對我來說，是由一樁樁接踵而至的死刑辯護案件所組成的。當事人是否能保住他們的腦袋，完全維繫於我是否能夠成功辯護。而最後，司法的命運安排也的確讓我得償所願。此時，一九七八年的九月，尚—路易·賽凡—施萊伯（Jean-Louis Servan Schreiber）邀請我於他主持的電視節目「大哉問」（Questionnaire）中接受專訪。

施萊伯：各位觀眾晚安。您面前所看到的，是法國文化中一件人們十分熟悉的物品。法國人給它取了不少綽號，像是「寡婦」、「國家刮刀」、「夏洛特的蹺蹺板」、「沉默磨盤」、「懊悔台」等等。在其他國家眼裡，斷頭台是很可怕的。的確，法國目前是西歐民主國家中，最後一個還在施行死刑的國家。即便是發明殘酷螺旋式絞刑的西班牙，最近也決定不再使用。眼下是否該是我國廢除這個古老、殘忍刑罰的時候了呢？

暑假前在國會提出廢死議案的十二名多數黨議員的確是這麼想的。因此，傳統上傾向廢死的在野左派不遑多讓，也做出了提案。理論上，情勢從未如現在這樣對廢死運動如此有利。總統個人對死刑有極度的厭惡、總理聲明反對死刑、法務部長表明死刑讓他感到害怕、法官工會要求廢除死刑，而法國主教們也在今年初首次不帶保留地譴責死刑。

唯一的問題是，大部分選民的意見剛好相左：六月初的一份民調顯示，百分之五十八的選民贊成維持死刑。與兩年前的百分之七十二相比，雖然小幅下降，但對肩負法國人民安全的政治人物來說，反對廢死的聲音仍然大到不可忽略。政治人物似乎相信，如果投出廢死的贊成票，民意便會對他們感到不滿。

雷蒙．巴爾[1]允諾將在國會舉行死刑存廢的辯論。在那之前，本節目為您邀請到最知名的死刑反對者——巴丹岱爾律師。在與死刑作戰的過程中，巴丹岱爾律師曾經歷了一次殘酷的挫敗，那就是五年前布菲及邦頓被送上了斷頭台。但他也在去年的派翠克．亨利案中贏得光榮的勝利，成功在特華重罪法庭上挽救被告的項上人頭。而全

1　譯註：雷蒙．巴爾（Raymond Barre, 1924-2007），時任法國總理。

國目前共三名死刑犯中的兩名，其案件因由最高法院發回更審，即將在幾周後進行重審，巴丹岱爾律師即為他們的辯護律師。今天的節目中，他會告訴我們，他為何希望這些犯人能成為末代死刑犯。

巴丹岱爾律師，為什麼昔日高雅、文明的法國人，到了今天，還會有高達百分之五十八的比例贊成維持死刑呢？

巴丹岱爾：不，今天的法國人依舊是高雅、文明的民族。那麼他們為什麼支持死刑呢？首先，我想先強調一點，當我們在討論死刑時，我不認為民調結果可以當作有用的根據。我先不說一時的情勢會如何左右民調結果：假設今天發生一起駭人聽聞的刑案，隔天的民調一定會顯示支持死刑者的比例大幅上漲。相反地，如果在相對太平的時期做相同的問卷，那麼支持死刑者的比例便會下降。但無論如何，我認為民調問卷是很刻意的：「請問您反對或贊成死刑？」這種問句把死刑問題視作抽象問題，好像我們在論辯上帝恩寵是否存在、命定論是否成立，諸如此類的哲學問題。而事實上，關於死刑，存在著另一種民調；它是持續在進行，並且意義無比重大，但我們給予此種民調的關注卻總是不夠。

在某個極為關鍵的時刻下，死刑問題對某些人來說是直接、具體的；我要講的就是陪審團。死刑問題不應是抽象、本質的討論，而是一種抉擇，決定是否要將某一個人判處死刑。關於此一抉擇，陪審員只能以「是」或「否」作答。如果您仔細考察歷年來他們的答案有何變遷，如果您觀察這個變化的曲線，您會得出死刑在法國氣數將盡的結論。波旁復辟時期，每年有五十人遭判處死刑，第二帝國時期則為三十人，到了第三共和時期降為二十，直到最近十年間，總共執刑了七次。也就是說，死刑的判決愈來愈少，針對是否判處死刑的此一問題，陪審團所投出的反對票越來越多。這才是真正具有意義的民意統計，和一般設計給社會大眾作答、以探知輿論的那種問卷，不可相提並論。

至於我們的公民社會該如何集體思考死刑這件事情？我會說，應該要先從讓人民知情做起。這不是件容易的事，而這也是今晚我特別高興在這裡的原因，因為我知道讓民眾完全了解死刑是什麼，是非常艱鉅的。每一次當我們想要認真地分析法國人和法國司法之間的關係，乃至法國人與死刑之間的關係存在著什麼樣的問題，馬上就會遇到人們激烈的情緒反應，以致於根本無法討論下去。

施萊伯：這種拒絕討論的態度，不正是情緒化的定義嗎？更不要提民意調查的起起伏伏：今天贊成死刑的民眾比例為百分之五十八，有可能到了明天，因為一起案件便激增至百分之八十，而我記得，大概在十五年前，這個百分比一度掉到一半以下。

巴丹岱爾：沒錯。

施萊伯：所以，到底是什麼造就了一個平凡的法國人，他在學校裡受的是一種比較自由的教育，但卻在情感上對死刑如此執著？像您經常遇到因為您的廢死立場便咒罵、羞辱您的人，那麼您如何解釋這種對死刑問題的個人反應呢？

巴丹岱爾：我認為，這當中最首要的，是人們將自己投射在被害者身上，而且精準地說，是投射在被害者家屬的身上。人們能夠對失去孩子的父母、妻子遭到殺害的先生感同身受，於是便激發了人類心中那股死亡的衝動。對遭到傷害的人而言，這股衝動是自然的，這是正常的人類反應。然而另一方面，非常明顯地，人們在情感上無法與別種受害者同理。例如，我注意到，想像自己是殺人兇手的父母親，這基本上是辦不到的，即便我知道偶爾會有些特例。要人們想「我的兒子也有可能就是那個將上斷頭台的人」，不，這不可能。因為將自己的孩子假想成殺人犯，想像他登上斷頭台，這對我們之中的每一個人而言，都是無法忍受的。因此，人們的情感永遠只會投射在被害者身上。但這是合理且自然的。當然，此刻的投射作用使得一切的想法、作為都是情緒化的，但這和死刑是否該存在在我們社會中的這個問題，一點關係都沒有。

施萊伯：如果死刑繼續存在，就算實際判死、處死的人數已極度減少，但在道德情感的層面上，它仍然有舉足輕重的地位。現在死刑在法國引發如此大的爭議，便是最好的證明。照理來講，這應該代表死刑有其作用。到底，在當今司法體系的定義下，死刑的作用是什麼呢？

巴丹代爾：我們可以注意到，死刑的擁護者總是說必須等到天下太平了，才能廢除死刑。這種想法十分奇特，表示死刑沒有任何道德價值可言，只有功能價值。其實沒有人，或幾乎不會有人，認為死刑體現某種道德價值。反倒是反對死刑的人，例如您一開始提到的幾位人士和團體，才會重視死刑引發的道德問題。然而，值得注意的是，就算我們只談死刑的功用，所有事實都指向一個結論，那就是，死刑在打擊暴力犯罪上根本一無是處。

我知道人家都不太喜歡數字，所以我就舉幾個相符的調查結果。首先有聯合國，然後歐洲委員會做出的調查報告。然後，一九六五年，英國公布了一份製作嚴謹的白皮書，內容是關於已廢死國家暴力犯罪發生率變化的調查。加拿大也進行了同樣的研究，方法十分科學。這些都是公開的資料，但在像法國這樣的一個國家裡，卻沒有人願意讓大眾知道這些調查報告的存在。我們早該在國會裡舉行辯論，讓注意相關問題的人士發聲，同時也讓支持死刑者的代表或犯罪學教授們發表意見，也可以邀請外國專家分享經驗。最後，應由國會發表一本關於死刑問題的白皮書。如此一來，民眾便能充分了解，暴力犯罪發生率的曲線和死刑的存或廢，是毫無關聯的。

法國遲遲沒有展開這些作為，是很弔詭的。因為就我所知，法國是唯一曾在此一議題上，真正有過歷史經驗的國家，十分獨特。然而，這件事完全沒有人知道，而且一直到今天，每當我提起這件事，它彷彿就是無法進入人們的意識層面，因為人們的反應總是非常情緒化。這個歷史事實就是，第三共和下的法國，曾因前後幾任總統皆認為，將死刑犯確實執行是比較好的作法，因此有過連續十年無間斷的死刑執行。接著，盧貝（Loubet）和法利埃爾（Fallières）這兩位非常平和、寬容的總統相繼上任，他們兩位皆十分憎惡死刑。

施萊伯：所以在這兩位的任期間，法國不曾執行死刑嗎？

巴丹岱爾：幾乎沒有。而且這也影響到了兩位總統的民意滿意度。但，無論如何，在前面的十年間，因為大量地把人送上斷頭台，照理說，暴力犯罪應該減少。同理，在後面那段幾乎不執行死刑的歲月中，為非作亂的兇徒應該趁此機會大開殺戒；按理，暴力犯罪的發生率應該會增加。不過，事實恰好相反。在後面那段執行次數極少的期間內，暴力犯罪幾乎減少了一半。我不會說這是不執行死刑的結果，而是想指出，死刑與犯罪的發生，這兩者之間沒有關聯，就這麼簡單。而且，後面這段時期，也就是一八九七至一九〇六年間，到了最後，當時的法務部長布里昂（Briand）決定死刑制度必須終止，法國必須準備向斷頭台告別。當時萬事俱備，結果在這節骨眼上，發生了兩起撼動全法國的驚天大案。媒體——尤其是《小巴黎人報》(*Le Petit Parisien*)——發起徵文活動，號召讀者踴躍來信表達意見。這次徵文吸引了上百萬的讀者響應，在信中高喊著「斷頭台萬歲！」此時正召開的激進派大會於是評估不適合將廢死議案排進下個國會議程。

施萊伯：然後這樣一等就是七十年？

巴丹岱爾：對，法國就是這樣錯失廢除死刑的機會。

布里昂本來有一個中程計畫：他本來想說可以先藉由刪除劊子手的預算，來達到實際停止執行死刑的目的，這樣會是最簡單的途徑。然而就因為當時發生的事件，導致他無法這麼做。

施萊伯：我們所處的社會充斥著暴力，離太平境界還很遙遠，以致於必須維持死刑，以為效尤。這樣的說法，到底站不站得住腳？

巴丹岱爾：首先，所謂社會充斥著暴力的說法，至少就與死刑最相關的命案來說，不是真的；殺人事件並沒有顯著增加。更何況，如同我剛才講的，我們現在知道，死刑之存在或廢除與暴力犯罪的發生率毫無關聯。再來，關於刑罰的示儆作用，這種理論只是用來合理化一種情緒而已，或者將它視作死刑深層隱藏的功能也可以。此種理論之所以存在，只不過是因為沒有人敢於承認死刑其實另有用途，而這個另外的用途，才是我們應該要關心的。

施萊伯：那這個用途是什麼呢？

巴丹岱爾：死刑其實具有一個隱藏的雙重作用，從來沒有人直接指明。

在像法國這樣的一個國家，死刑首先是用來釋放焦慮。所有殺人命案都令人感到害怕，這是理所當然的。這種害怕激發出我剛才提到、一種死亡衝動的情緒反應。血腥的殺人犯其實也是我們、是我們的臉孔，那張我們無法忍受直視的人類臉孔。因此，在這個當下，深陷焦慮的我們渴望得到解脫。若上溯至法律的宗教起源，我們很輕易地能夠明白，原來讓我們從暴力犯罪所引起的集體焦慮中解脫的，叫做獻祭儀式，也就是以宰殺代罪羔羊來平息眾神的憤怒。其中最引人省思的在於，我們的死刑不過是將任意選中的代罪羊替換成殺人犯，看起來好像更理智，也更師出有名，於是我們得意地稱此為「人類的進步」。但一旦我們仔細觀察死刑判決的實際過程，就會發現，這種理智只是假象。我們以為「殺人兇手將被處死」，或者以為「該為罪行負起責任的殺人犯將被處死」。然而，事實上被送上斷頭台的人裡面，也有精神不健全，甚至完全智能不足的人。

因此，斷頭斧落下的瞬間是為了釋放集體焦慮，這是理所當然的。就像遠古時期先民向圖騰供奉祭品一樣，而我們則是使用死刑，這都是為了暫時平息集體焦慮。

不過，死刑還有另一項政治功能。對於此種功能，我們身處的社會尚未有清晰的認識，所以我希望大家能夠多思考這個問題。這個政治功能是雙重的。首先，死刑在一個司法體系中的存在可以讓主政者向支持保留死刑的人表現出：「你們看，為了打擊犯罪，我們會窮盡所有方法，即便祭出極刑，也在所不惜！」而極刑，當然了，是會使每個人不寒而慄的。即便是保留死刑，甚至偶爾執行死刑的人，我常常聽到他們說起，死刑如何地令人感到可怕。但他們還是不傾向廢除死刑，因為死刑必須存在，他們才能告訴大眾：「你們看，為了打擊犯罪，我們果決地採取實質行動，就算是最可怕的行動，也絕不推諉。」也就是說，死刑讓主政者表現出一付堅定不拔的模樣。至於最核心的問題，也就是如何打擊、預防犯罪的問題，卻沒有人理會。死刑彷彿給主政者提供藉口。他們擱置關鍵問題，不去研究犯罪的根源到底是什麼，只會千篇一律地說：「我們一定會嚴懲兇犯，絕不寬貸！」真正待解決也最難解決的，便這樣子被掩蓋了。

施萊伯：但是我好奇，在這個細節上，我們真的可以這樣描述法國的狀況嗎？如果我們單看打擊犯罪的效率，法國似乎躋身模範生之列。法國警察將犯人、歹徒逮捕歸案的成績還算不錯。因此我們不能說，法國因為有死刑，所以在打擊犯罪上便特別懈怠。

巴丹岱爾：施萊伯先生，您這是將兩件不同的事混為一談。您說的是打擊罪犯，而不是打擊犯罪。也就是說，您講的是關於警察或者司法刑罰體系對人犯採取的行動與處置。但更基本的問題是找出犯罪的根源、從根加以防範、杜絕。這個問題，拜死刑的掩護之賜，長期遭到掩飾。如果跟選民說「我們會保護你們」，選民會很開心，但這其實是在欺騙他們，因為政治人物的當務之急應該是從使人民擔憂的事物之根源著手，也就是遠比犯罪事件本身更加嚴重、更深遠的社會問題。但長久以來，這種深層的問題從未被納入我國犯罪政策的討論中。

施萊伯：但我想我們應該要看看國外的情形。在鄰近的已廢死國家當中，有沒有一個國家，是您認為在杜絕犯罪根源方面——包含您剛才提到的社會問題——，是比較有成效的呢？還是說，到頭來，無論有沒有死刑，所有西歐國家的犯罪率大致是不相上下的呢？

巴丹岱爾：但是我們正在談論的，是在解釋為什麼明知死刑無用，卻仍要保留它，而如同我剛才所分析的，這箇中緣故，是因為死刑有其政治上的功能。無論死刑的有無，犯罪以及血腥暴力的問題一直都會存在，這正證實了死刑之無用。明白了這一點後，我指出我認為我們之所以仍仰賴死刑的原因。我們剛才的所有討論皆以此為出發。

除此之外，還有另一個不廢死的原因：我認為，假如您仔細分析法國的政治體系，就會發現我國政體其實是一種總統式的君主政體。在這種奇特的權力制度下，總統行使的權力即便不能說是至高無上的，但至少十分強大；所有政治事務取決於此人的個性、特質。總統擁有特赦權，也就是說他掌握了生殺大權，便隱含了這種君主專權的意味；決定是否特赦，這是現今僅存讓總統還能像路易十四那樣的時刻：老百姓的生命掌握在他一個人的手裡。這就是過去吊掛著死囚屍體的牌樓欲傳達給民眾的訊息：國王可以絞死任何一個他想絞死的人。當然，今天的狀況已非如此，但我們這個時代的君王在特定的非常時刻，仍可決定一個人的生死。於是您就會明白，原來這個制度源自我們長遠的歷史傳統。

施萊伯：我舉一個引發眾多討論的例子：龐畢度總統公開表明自己主張廢除死刑，而且我想在這點上，他是真誠的。但在任內，龐畢度總統卻三次批准執行死刑。我想請問您對此事的政治分析是什麼？一個人明知此事不該為之——因為這是個令人焦慮的道德問題，且我相信他當時的確感到焦慮——，但最後還是決定破戒？

巴丹岱爾：這是個困難的問題，沒有人能夠知道答案。每一次國家處決犯人，大家都有不少疑問：為什麼處決的是這一個，而不是另外一個死刑犯？為什麼這次有總統特赦，而那一次沒有？彷彿共和國總統瞬間變成了斯芬克斯（sphinx）[2]，人們只能想盡辦法地猜測，在這隻怪物下達的血腥指令背後，到底藏著哪些謎樣的想法？我覺得這種現象實在可憎。

探問一個行為背後有何原因，這是一種對理性的追索，也是對深層動機的試圖理解。您的提問特別針對龐畢度總統。他當時絕對是大力反對死刑的，他曾經這麼公開表示。龐畢度總統是大學教授出身，曾為社會主義青年運動（Jeunesses socialistes）的一員，他也喜歡詩人。但他卻讓三名死刑犯遭處刑，怎麼會這樣呢？我想，除了我剛才講的總統式君主政體以外，沒有其他解釋了。

我現在再講回總統的特赦權。共和國的總統，即便我們知道他本人對死刑持反對立場，但當他下令執行死刑的這一刻，等於是公開向全民展現他個人特質中堅定的一面，這讓人民有安全感。別忘了總統是唯一能打「紅色電話」的人。因此，一件他個人在情感上覺得十分可怕的事情，總統卻做到了，這展現了他靈魂的堅韌。拒絕給予特赦的他，在人民眼裡便是個為了保障集體安全、在任何阻礙面前都不會退縮的人。我認為，就這樣，我們的政治體系利用了死刑，而反過來，死刑在這樣的一個總統握有大權的體系中更加站穩住腳。這兩者是相互關聯的。我在試著解釋，不是嗎……。

施萊伯：也就是說，如果我們市儈地想，可以解釋成，對一個總統來說，不斷地宣稱自己反對死刑，其實是最有利的。相對地，假設他說他支持死刑，那麼當他下令執行時，引起的迴響反而不及前者來得熱烈。

巴丹岱爾：的確是。不只這樣，當一個總統認為決定執行死刑是件可怕的事，但仍然為了公眾利益，不得已下此決定，這反倒還會使人油然地替他感到同情與不捨呢！所以，的確，讓民眾以為自己是個厭惡死刑的人，反而能夠讓總統佔盡一切好處。我由衷地相信，龐畢度和季斯卡兩位總統是真心反對死刑的。我只是想強調，在兩位

2 譯註：斯芬克斯是古希臘神話中的一個怪物，它攔住過往路人，要他們回答謎題，答錯者會被它吃掉。

的任內，法國分別執行了三次死刑，總共是六次。

施萊伯：所有關於死刑的討論總是被籠罩在情緒的陰影中，尤其是關於死刑是否具示儆作用的命題。但是，如果死刑真有殺一儆百的作用，那麼為何不公開行刑，或者在電視上播映呢？這樣的話，示儆的作用一定會更有效吧！

巴丹岱爾：您曉得，後來國家立法規定斷頭台只能聳立在監獄之內，這代表它不是個光采的東西。當國會辯論是否應將斷頭台處刑場所限制在桑代監獄內時，鞏貝達說：「你們想要死刑是嗎？那麼請看著它！」如果某個清晨，於桑代獄內執行的死刑在電視上實況轉播，我相信，收視率一定會破紀錄。

施萊伯：您說收視紀錄。但破紀錄的，難道不是這場直播的駭人程度嗎？

巴丹岱爾：我不曉得。我對人性沒有那麼樂觀。歷史告訴我們，死刑的舞台一直都十分受到觀眾喜愛。

施萊伯：這倒是，因為總是會有群眾蜂擁而至，萬頭鑽動。我想這就是一九三九年，最後一次公開行刑時，曾上演過的劇碼。

巴丹岱爾：對，就是魏德曼被處死的那次。

施萊伯：在凡爾賽。

巴丹岱爾：那次實在是駭人聽聞。

施萊伯：行刑場周邊像是形成了一種民眾市集，吸引了一大群想要在現場直擊的民眾。您怎麼看法國人的人性？大部分的法國人天生嗜血嗎？

巴丹岱爾：不，我不認為法國人是這樣。法國人和其他民族沒有什麼不同。我們和其他西方國家的人民有著相同的情感模式。我想，死刑令人害怕，同時也令人著迷，而且吸引人的那一面似乎比可怕的那一面還強大。無論如何，我不認為讓斷頭台暴露在公眾的視野中會是個解決之道。我們不應該往這個方向走，而應該走上廢除死刑的道路。

施萊伯：但是除了那些任何時代都有的血腥犯罪以外，當代社會也面臨到新的犯罪問題。而這些新問題可以拿來作為支持死刑的理由，尤其是恐怖主義。恐怖分子，例如義大利的赤軍旅，他們無差別地攻擊無辜的人民。人們說：「沒有了死刑，社會就像是解除了武裝。因為，赤軍旅分子可以隨便抓住一個無辜的人，然後把他處決。另一方面，就算政府抓到了庫奇歐（Cuccio）和他的黨羽，最多也只能把他們抓去關，而且他們總有一天會出獄的。」恐怖攻擊這種犯罪是絕對的暴力、盲目的暴力、最令人髮指的暴力。面對這種極端犯罪，義大利政府所能祭出的制裁手段卻是那麼地不成比例。在這樣的情況下，死刑顯得更有其合理性，因為為了打擊恐怖犯罪，社會必須擁有夠強大的武器。

巴丹岱爾：當他們綁架、殺害阿爾多・莫羅[3]時，這些恐怖分子的行為毫無疑問地是劊子手的行為，也是正在釋放他們內心對死亡的衝動與焦慮。至於認為使用死刑便能終結恐怖犯罪，我覺得這只是個假象。更何況，我們只需看看國際上的經驗，便能得出這個結論，我等一下會再講回這點。

我現在先說，為什麼這只是個假象呢？這個問題十分重要。首先，關於恐怖分子，如果覺得他們會因為畏懼死亡而有所退縮，這個想法真是荒謬至極。我認為，普遍來講，人們對死亡的害怕不全然能夠左右人類的行為，否則就不會有戰爭，道路上也不會有那麼多橫衝直撞的駕駛了。更何況，恐怖分子通常是視死如歸的。在他們決定進行攻擊，例如劫機的當下，他們就已知道遲早難逃一死，但這並無法阻止他們。相反地，恐怖分子甚至對死亡有一種憧憬。這就是為什麼，認為死亡足以讓恐怖分子害怕、退縮，這只是個假象。

也許會有人說，那麼，至少可以單純地藉由死刑將嚴重危害社會的人永遠屏除於社會之外。對於這樣的想法，我的回應是，恐怖主義裡有一個獨特的地方，那就是，當你處死一個恐怖分子時，在這個當下，你幾乎是在本質上改變了這個人；至少，我會說，在將他處決的一瞬間，在某些人眼裡，那像是你透過施刑給予了他救贖，使他轉化成一個完成使命的英雄。去年，巴德爾[4]死的時候——很多人說他遭到處決——，我很驚訝地察覺，人們是多麼地忘記巴德爾曾是個可怕的殺人兇手，他犯下的每樁罪行都是如此地駭人。也就是說，當他一死，他便成了一種象徵，化身成一個充滿對革命的真誠熱情、為實現理想而死也在所不惜的殉道者。這當然是一個瘋癲的幻想，但我發現這在當時影響了不少人。這是一種昇華，死亡讓人物的形象更偉大，讓一個罪貫滿盈的兇手——甚至我認為他是個有著偏執瘋癲想法的罪犯——一瞬間變身為革命英雄。

因此，死亡非但無法嚇阻恐怖犯罪，反而還讓罪犯昇華成死士，在某些人的心靈裡引燃使命感，從而造就更多烈士。現在再來談談國際上的案例。就是為了避免美化

3 阿爾多·莫羅（Aldo Moro, 1916-1978），義大利政治家，曾任義大利總理。

4 譯註：巴德爾（Andreas Baader, 1943-1977），德國左翼恐怖組織領導人。一九七七年，他被發現死於獄中，當時法醫判斷死因為自殺。

犯罪行為，許多直接受到恐怖主義威脅的國家反而不願恢復死刑。以以色列為例，這是個最直接籠罩在恐怖攻擊威脅下的國家。但如果你拿恢復死刑的問題問以色列的領導者，他們會說：「不，我們絕不會對恐怖分子處以死刑。因為一旦我們抓到恐怖攻擊者，假使他在行動中還受了傷，而我們卻將他送上絞刑台，這只會在更多其他恐怖分子，以及更多年輕人心中，激發起更深刻的使命感，使得我們國家將面臨更多恐怖攻擊的風險。這絕非打擊恐怖主義的方法。」

施萊伯：但恕我直言，您這不正是在反向套用政治性論證，來替反對死刑的立場立論嗎？意思就是說：「既然處決恐怖分子會引起更多同情者的響應，因此不能將他們處死。」但政治性的考慮對真正反對死刑的人來說，應該還是次要的吧。反對死刑，不是因為死刑不適宜，而是因為它基本上是個道德問題。比如說，六月初那份顯示高達百分之五十八民眾支持死刑的民調，它指出兩項影響作答意向的關鍵因素；不是性別——兩性在此議題上的看法基本一致——，而是年齡層。在三十五歲以下的受訪民眾中，支持死刑者佔少數。隨著年齡增加，對暴力犯罪的恐懼也許更大。不過，如果我們觀察受訪民眾的政治理念，我們能發現，大多數支持廢死的民眾是支持共產黨的，而即便是社會黨的支持群眾中，贊成死刑者也稍微大於反對者。至於執政黨的支持者，則是壓倒性地支持維持死刑。您是怎麼看待這個純粹肇因於不同道德感的顯著差異呢？

巴丹岱爾：講到支持或反對廢死者的政黨屬性分布，我就不禁想起，在那個已宣告無效的「共同政治方針」[5]裡面，死刑的廢除也是其中一項。

施萊伯：對，但是社會黨的支持者中，贊成死刑者微微高於反對者。

巴丹岱爾：這進一步證明了社會黨人，或者一部分的社會黨人對「共同政治方針」裡的相關條款選擇保持距離。但我不認為政黨屬性可以解釋對死刑的贊成或反對。我覺得您剛才正提醒了我們影響立場的最關鍵因素，那就是，一部分的人認為死刑在道德上是一種可以被判處的懲罰形式，而另一派人則認為這在道德上是無法接受的。

今天在法國，死刑的執行已經非常罕見。但我不敢因此便說它只剩象徵性的存在。

施萊伯：我若沒記錯，上一次行刑已是去年的事了。

巴丹岱爾：對，一年了。而且，目前全國的監獄裡，已無任何一個死刑犯，這是史無前例的。但是死刑不會僅因為執行次數降到極少，便變得不那麼可怕。我甚至認

5 譯註：「共同政治方針」（Programme commun）是法國社會黨與法國共產黨於一九七二年聯名簽署的一份共同改革計畫。

為，當我們想，「這次行刑大概會是最後一次了吧？」的時候，這非但不會讓它看起來比較不可悲，反而使它顯得更加荒謬。所以死刑問題本質上是個道德問題。每個人心裡都有答案：有些人認為某些罪犯實在該殺，有人則無法接受這種想法。您一開始提到天主教會的立場。我想我可以補充國際特赦組織、人權聯盟，以及世界各地人道組織的立場：他們同樣反對死刑。

施萊伯：但是特別針對天主教會，令人驚訝的是，今年是教會有史以來第一次旗幟鮮明地公開反對死刑。人們可能訝異於，在死刑問題上，教會的訊息從未透露過如此堅決的立場。

巴丹岱爾：是的。人們甚至會覺得：「總算啊……。」關於天主教會的立場，我們還是要從歷史講起，畢竟死刑和法國的歷史有著密不可分的關係。在以前那個法國還是個天主教國家的時代，人們活在世上的生命，和救贖與死後享有的永生比起來，不甚重要。人們存在於俗世間的短暫幾年不算什麼，真正重要的是靈魂得到救贖。因此，當突然之間需要決定是否斷送某人性命時，這個問題不是非常地重要。重要的是贖罪，是這個通往永生的過渡。對我來說，最明顯的，莫過於中世紀人物吉爾．德．雷[6]臨刑前的場景。吉爾．德．雷是個令人恐懼的藍鬍子。您還記得嗎？當他走上行刑台時，他跪下來乞求在場的所有人為他祈禱。我不曉得是否有人替布菲祈禱。中世紀的這個例子中，我們看到另一種文明：對天主教會而言，走向永生的過渡以及靈魂最後得到的救贖才是真正重要的。在這個觀點下，我們可以說，死刑的作用在於激發良知、引導人們真心懺悔。但今天，天主教會意識到人生命之可貴，必須尊重他人生命。在現今這個對人命不甚重視的社會裡，這些才是最核心的價值。我認為，基於這個原因，教會終於公開表態。

我們今天身處在一個面臨價值危機的社會。每次這麼說，都讓我覺得有些造作，但這的確是實情。對生命的尊重、對他人的尊重，這就是在廢死精神裡被視為最神聖的價值。這就是為何廢死問題對我們社會而言如此之重要。這不是個單純的犯罪學問題，而是道德問題、價值問題。對於我們當中的每一個人來說，死刑與否的選擇都是至關緊要。

施萊伯：民調結果非常具體地顯示，最支持廢死的人，其中佔最大宗的是共產黨

6　譯註：吉爾．德．雷（Gilles de Rais），法國十五世紀上半葉的一名地方貴族，活躍於英法百年戰爭後期。晚年遭指控連續殺害四十多名孩童，因而遭到處決。

人，他們之中反對廢死者只佔了百分之二十七。緊接在後的就是虔誠的天主教徒。大多數無特殊信仰者皆贊成維持死刑。但是當我們看到共產黨支持群眾佔贊成廢死者的大宗，世界上卻無一共產國家廢除死刑，我們不禁質疑此一政治理念的道德價值到底是什麼？如此看來，這也是一種道德破產。

巴丹岱爾：不，這不是道德破產。

施萊伯：那麼就太令人失望了。

巴丹岱爾：是的，這的確代表了一些崇高願景的落空。但我想提醒的是，列寧於一九一七年廢除全蘇聯境內的死刑。一九一八年，死刑恢復。一九二〇年又被廢止。然後，如果我記憶正確，一九二二年，它又被恢復。此外，在蘇維埃刑法的基本原則中，有一項條款，我們的立法諸公可能會很喜歡，那就是：「在死刑正式廢止前，死刑的維持乃特例之舉。」這和貝赫菲特說的完全一模一樣！這些都是一個理念遭受挫敗的實際證明。偉大的社會主義革命燃起廢死的希望，但也隨著其他諸多理念一起幻滅。但我還是能夠理解那些繼續相信有一天終將實現改變的人。例如您剛才提到的共產黨人，他們仍繼續相信著、依舊堅守廢死的道德立場。道德立場是一切主張的源頭，也是他們絕無理由放棄的。至於共產體制已完全悖離原初的信念，這是事實。

施萊伯：我記得您成功讓派翠克．亨利逃死時，當天晚上的電視新聞，以及隔天的報紙都說：「這是對抗死刑的最後勝利。」他們之所以會這麼說，是因為派翠克．亨利是個不折不扣的殺人兇手。在他身上，人們能夠看盡一切可怕的事物，而您卻讓他得以獲判無期徒刑。這表示，在這場判決中，您使死刑被判了死刑。但在那之後，法國仍執行了幾次死刑。亨利案終審的那天，您是否覺得，您在對抗死刑的拉鋸戰中得了一分？

巴丹岱爾：那一天我就說了，我不覺得亨利逃死便代表廢死在法國的實現。當然，那是個廢死道路上關鍵的一刻，倒不是因為亨利的犯行人神共憤——他犯下的罪當然可怕，這毋庸再討論——，而是因為，既然他的罪行重大，那麼我們刻意將辯論的重點放在死刑上面。這道理很簡單：如果我們相信死刑，那麼毫無疑問，派翠克．亨利必須被判處死刑；如果，相反地，我們不相信死刑，那麼即便是針對亨利這樣的罪犯，我們也不該判他死刑。所以討論的重點在於死刑，而最後，陪審團也給死刑判了死刑。這在當下是很重要，是最關鍵的。但它不可能是廢死道路上的臨門一球，因為法庭實務有其相對性，我們不可能單憑一場大案的審理結果，便改變法律條文。當然，亨利案讓我們得了一分，但是從第二天起，對抗死刑的戰爭馬上繼續進行。您剛才說得很好，在亨利獲判無期徒刑的幾周後，嘎拉昂就被執行了。

施萊伯：但是在廢死的抗爭路途上，總是有一連串的進步。現在，您是否有感覺終點近了？畢竟，人們可能會想：「為何法國要當最後一個呢？」法國人又不是特別地殘忍嗜血。為什麼法國在廢死運動中吊車尾？而我們到底能不能抵達目的地呢？

巴丹岱爾：這場比賽當然快要結束了。如同我剛才講的，死刑的氣數將盡，只是這個彌留狀態拖得有點久了。不過，死刑終究是會終結的。為什麼呢？一直有人意識到，尤其是年輕世代，決定將一個人判處死刑，這是令人無法忍受的。意識到這點，非常不容易。為何死刑令人無法忍受呢？有兩個原因。首先是因為我們無法得知所有事情的全貌。我的意思是，法律上，沒有什麼是絕對確定的，因此我們沒有辦法百分之百肯定地說：「這個人做了一些行為。因為這些行為，他必須死。」司法的實踐具有偶然性。拉努其是個很好的例子。您知道，他被判了死刑，而我一直覺得這是起冤案……。

施萊伯：他被執行了嗎？

巴丹岱爾：是的。他之所以被判死刑，正是因為恰好在他的案子開庭前的幾天，小貝特朗的屍體在特華尋獲。也就是說，我們可以想像，拉努其的案子，是在一種群情激動的氛圍下進行的。

施萊伯：小貝特朗慘遭派翠克．亨利殺害，對嗎？

巴丹岱爾：沒錯。隨後，拉努其就被處決了。從此，他的母親積極地尋求還她兒子清白，持續調查這起案件，而她的律師們也已提起重審之訴。我希望這份重審聲請狀能夠公開刊行，讓大家看看全案是如何籠罩在諸多不確定性之中。然後人們就會發現：「天吶！不可能吧？！法院是這樣草率地判人死刑？！」僅僅因為幾天前，小貝特朗被綁架撕票，完全不相關的拉努其就被判了死刑。

施萊伯：您剛才說，人們會想「這不可能吧？」您可以說說為何會有這種反應嗎？

巴丹岱爾：因為人們的良心感到不安。拉努其一案中，關於他是否涉案的問題，存在著太多疑點。人們會覺得，司法機關的天秤早已向拉努其有罪的一邊傾斜，於是也就不太在意對被告有利的事證。這種現象在司法實務上時有所聞。被告像是被巨大的石頭壓垮一樣。之所以會出現這種現象，我認為同時有兩個原因。其一，是拉努其案中的死者是個小女孩，這讓人們感到害怕、震驚，因此燃起一種想趕快將兇手逮捕歸案的慾望。其二，就是當時全法國因為特華市小貝特朗遇害案而陷入的群眾激情。這些因素糾結在一起，使拉努其最後一命嗚呼。因此我希望大眾可以得知重審聲請狀的內容，這樣民眾便能了解，司法從業人員經常說，死刑對他們而言是難以承受的，這到底是什麼意思；其實就是司法判決本質上具有的相對性，像是大樂透一樣。因此，最高法院首席主席埃達洛（Aydalot）先生曾說：「當法院判處死刑時，就像一場血腥的摸彩結果揭曉，這是我無法繼續忍受的事。」

施萊伯：可不可以跟我們解釋一下。您的意思是，在像拉努其這樣的案子中，司法機器運作的傾向是積極尋求證明被告有罪的證據，而忽略其他事證。同時，從您剛才引用埃達洛先生的話中，我們可以感覺到，法官們越來越對死刑產生反感——而且法官工會也的確聲明了反對死刑的立場。也就是說，一方面，我們的司法體系從未停止宣判死刑，另一方面，組成司法體系的執業人員們卻反對死刑。我們到底是身處在什麼樣的錯亂時代？

巴丹岱爾：不，我認為就法官而言，雖然法官工會內部的絕大多數一致表達廢死的立場，但根據犯罪學研究所做的問卷調查，在作為個體的每位法官之間，他們對廢死問題的態度和其他法國人一樣，也是非常兩極。至於首席法官埃達洛先生的話，這代表他深切體認到，法院判人生死，這件事在根本上便站不住腳。我們知道，刑事重罪法庭必須決定是否判處死刑。但死刑到底是什麼？單憑抽象思辨，你永遠無法明白。而是要親身經歷過才能體會。死刑，就是十二個人齊聚一堂，而離他們約十公尺處，站著另一個，也就是第十三名參與者；有的時候，這個人站得更遠一些，以至於那十二個人根本無法看清他的眼神。再者，會有一份關於案情的卷宗，但只有主席法官一個人讀過。然後，這十二個人被要求必須做出決定，那第十三位參與者是否應該繼續存活於世上。最驚心動魄的地方就在於，他們對那個人根本一無所知；整個司法機器的設計，就是要讓特定的一組人，在對某個人完全不了解的情形下，就決定他的生死。當然，法庭上時常會有精神科醫師表達看法，可以當作被告之所以犯罪的解釋。但這些不是很重要，這談不上真正認識被告這個人。總而言之，重罪法院裡的審理就是把一個無限沉重的責任放到陪審團的身上。他們共十二人，當中有男有女。他們被賦予決定他人生命的權力，卻沒有辦法取得足以用來判斷的依據。更何況，這種依據根本就不存在，因為人類的想法、行為、心理等等是那麼地複雜。這就是死刑站不住腳的緣故。在這樣的情況下，死刑其實沒有發揮任何作用，反倒變成，之所以有陪審團此一設置，只是為了維持死刑制度的存在。所有的司法儀式都隱含著一種拉開距離的機制，讓人們只看罪行，不看罪人。既然罪行可怕，那麼陪審員們就會因此急於剷除那個犯下罪行的人。而與此同時，所有司法程序的設計，都是為了使犯下罪行的那個人本身遭到遺忘。這就是為什麼，司法執業人員忍不住要搖頭，說：「這樣不行，這樣是行不通的。被賦予決定生死之權的人，更應該要拒絕死刑。」

施萊伯：法國的司法制度有一個特點，就是重罪法庭的判決原則上被視為最終定讞，但在許多其他國家，被告是可以上訴的。在法國，死刑的判決，不得上訴。最多只能請求最高法院撤銷原判，但是不能提起上訴[7]。

巴丹岱爾：對，這是法國制度裡很奇怪的一點，但不是專門針對死刑，而是整個重罪審理系統都是如此地與許多國家不同。施萊伯先生，如果我偷了您的雨衣，我的案子首先會被送到輕罪法庭審理，然後我可以向上訴法院提起上訴，最後還有最高法院替我把關。但如果您殺了自己的父母，您卻只會有一次被審判的機會。也就是說，在最有可能發生冤案的重罪事件裡，法國的制度打從一開始就只給你一次機會。這也是為什麼，死刑案件是最常遭到最高法院撤銷的案件類型。總而言之，在重案審理這一部分，的確是該將審理機關分出上下兩個層級，因為錯判非常有可能發生，而且若一旦發生，後果十分嚴重。我們應該給予重罪被告和輕罪被告同樣多的受審機會，死刑案件當然更是如此。

施萊伯：另外有某一部分的人，他們認為死刑應該被保留的理由是：死刑可說是法國司法制度的基石，一旦將它廢止，會影響到我國司法體系的整體；若是缺了極刑，法國的司法便無法有效地運行。因此，如果廢死，是否意味著，這也會是個大幅改革、整頓整體司法制度的好時機？還是說，有可能只廢除死刑，而不會在其他層面有任何更動？

巴丹岱爾：由貝赫菲特先生擔任主席的暴力研究委員會也認為應該廢除死刑。但我們似乎比較關注宗教團體、人權組織的廢死聲明，而對委員會的結論不太在意，我想這不是偶然的。我們提到國際特赦組織和天主教會。基本上，這些單位反對死刑，是可以想見的。而暴力委員會就不一樣了。它由不同人士組成，他們之所以被選中受邀進入委員會，是因為他們在暴力以及犯罪問題上學有專精，並且對這些問題有著深入的思考，同時又兼顧了獨立性。委員會的任務在於向政府建言，提出真正有效打擊暴力的方針。而委員會建議廢除死刑。這表示，這些專家想說的，不僅是「死刑無用」而已。他們甚至進一步地主張：「必須廢除死刑。」而且，這項主張是委員會提供的方針之一，也就是說，廢死也被視為是解決暴力犯罪的一種方案。這意味著什麼呢？代

7 譯註：二〇〇〇年的司法改革後，刑事重罪法庭之判決，已可上訴。

表委員會裡的專家女士先生們認為，死刑的存在阻礙了我國司法體系的進步。

我剛才跟您說，我國的司法是一個只論罪行的體系。死刑正好反映了這種不管犯人狀況、只想針對可怕罪行予以回應的心態。罪行本位的司法體制忽略了人類有其複雜、不可探知之面向，不承認人類有時會無法控制自己的行為。但是如果我們換個角度，轉向去處理人的問題，事情就會有所不同。我們問的問題就會變成：「被告為何殺人？」、「該如何處置他？」最後這個問題並不代表，非得要殺了被告不可，而是表示我們應該好好想想，什麼才是最適合他的措施，讓他在經歷一段長時間後得以獲得改造。

我甚至認為，唯有透過死刑的廢除，人們才會開始真正意識到我國監獄的問題。

施萊伯：您剛才引述了暴力研究委員會的立場。這個委員會的成員也有非專業人士，還有社會學家等等……。

巴丹岱爾：有法官、犯罪學家，以及貝赫菲特先生。

施萊伯：貝赫菲特先生，他那時尚未擔任法務部部長一職。

巴丹岱爾：在那不久後，他便被任命為部長了。

施萊伯：在更不久前，另一個委員會也表達了立場，那就是刑法改革委員會。他們建議在某些特定的情況下繼續使用死刑。因此，今天在社會上十分激烈的死刑論辯牽扯到許多細節。平心而論，支持死刑的人之中，連最極端的擁護者都鮮少開誠布公地聲明他們的立場。我們比較常聽見的聲音，認為應該保留死刑，但僅限於十分罕見的重大案件。這是否也不失為一個以廢死為終極目標、向前跨出的一步呢？

巴丹岱爾：我覺得這一點意義都沒有。如果有人宣稱：「我反對死刑。但假設犯人惡性重大，那麼我會支持死刑」，這完全說不通，荒謬至極，或者可能比荒謬還糟。

施萊伯：但這就是眼下正在實施的作法。

巴丹岱爾：這道理十分簡單：世上沒有人夢想著將觸犯微罪的人抓去處死。人們總不希望看到，光是偷一隻兔子或者觸犯金融法規，就可能被押上斷頭台吧！

施萊伯：十九世紀的時候，的確是這樣。

巴丹岱爾：對，十九世紀的時候是如此沒錯。而且，值得注意的是，當英國歷史上第一次決定，侵害他人財產之行為不再納入死刑範圍時，一票老法官群起而攻之，並且警告：「這將會是英國司法有史以來所蒙受最致命的變革。」您看，任何改革總是會先引來強烈反彈。

不管怎樣，當你說：「只有情節最重大才得以判處死刑」，說穿了，你的意思其實就是：「必須保留死刑」。如果說：「殺害孩童或者老婦，必須判處死刑」，這也是非常荒謬的，因為所有的暴力死亡案件都一樣地殘忍，任何一名受害者都同樣地令人感到不捨。如果遇害的是一名四十歲的年輕媽媽，對深愛她的所有人而言，她的生命價值不會亞於一名年老婦人。假設一名成年男子遭到綑綁、凌虐，他的生命價值也不會不如一個小孩，而且他在遇害時也如同小孩一般毫無反抗能力。孩童或老婦慘遭毒手，這在我們的情感上或許會引起更多的憤怒、同情與難過。但我們不應以此衡量人生命的價值。

不，其實事情沒有那麼複雜：如果我們相信死刑，那麼就保留它；如果不相信，那就將它廢除，就這麼簡單不過！其他多餘的意見都只是些障眼法，不過是些用來討好輿論的話術。

施萊伯：關於這點，有一個人的立場十分有趣，那就是席哈克[8]先生。支持席哈克的選民大多數贊成保留死刑。席哈克本人從來沒有說過他反對死刑，這也許是他心中的小秘密，我們不得而知。但至少他說過，如果真要廢除死刑，那麼應該全面廢除。假設在某些小範圍內部份保留死刑，對他來說，是非常荒謬的。也就是說，若要保留，就必須全面保留；反之，則必須全面廢除。我想，在這一點上，您應該會同意他的看法。

巴丹岱爾：席哈克先生不過就是表達一個顯而易見的道理而已。除此之外，如果他真的能夠站上國會議台告訴大家，斷頭台在現今一九七八年的法國，除了歷史博物館以外別無其他去處，那麼我會衷心地為他喝采，即便我不是他在政治上的支持者。

施萊伯：當今政府的行為表現得非常奇怪：一方面，內閣成員中已有為數不少的人已經正式表明反對死刑；另一方面，政府至今卻都仍未主動提出廢死法案。您怎麼解釋這個怪誕的現象？內閣可能在等收假後，由國會議員自己提案。與此同時，政府像是把自己關在門裡——貝赫菲特先生就是這麼做——，不聞不問，然後說社會上大部分的民意還是希望保留死刑，因此廢死的推行可能不太容易……而且這是法國政治史上第一次有人使用這種論證。如果這種論證站得住腳的話，那麼，規定人民必須納稅的法案根本就不可能通過吧！

我印象中，在社會一面倒傾向維持死刑的氣氛中，國會仍順利通過廢死法案，這是有前例的，應該是在英國。

8　譯註：席哈克（Jacques René Chirac, 1932-），法國政治人物，於一九九五至二〇〇七年間任法國總統。巴丹岱爾此篇電視訪談播出時，席哈克時任國會議員。

巴丹岱爾：的確。當時的民調結果比您一開始講的那些都還更加反對廢除死刑。而且，曾經有三次，在重大凶案發生不久後做的民調顯示，絕大多數的人民希望恢復死刑。死刑的擁護者於是要求下議院修法，但每次都遭到否決。此外，三大黨的領袖中，每個人都按照良心投票；三人皆投票贊成維持現狀，等於再次認可廢除死刑的立場。

您剛才的問題，我認為應該直接去問那些政府官員。以旁觀者的角度而言，我覺得政府的表現實在太不可思議了！其實，我聽說，總統在私底下曾說過自己反對死刑。總理是大學教授出身，他在所有場合都時常提醒我們這點，而絕大多數的大學教授、學者反對死刑。我們的法務部長則是知名作家，他甚至曾經為文表達反對死刑的言論。我也相信國會裡的多數議員是反對死刑的，你只要把所有左派議員的票加總起來，而且我相信跑票或缺席的人應該不會太多……。

施萊伯：如果廢死法案主要是透過左派陣營的投票而通過，內閣會覺得不是滋味嗎？

巴丹岱爾：您知道這話代表什麼意思嗎？代表我們已經墮落到圍繞著政治盤算打轉，揣測著誰能從廢死法案中得到最多的道德利益。這一點意義都沒有。我要重申，死刑問題是有待當代社會解決的最後一個道德問題之一。在我看來，這也是為什麼這個議題引起那麼強烈的情緒反應。這個問題和經濟成長沒有關係，它自始至終就是一個純然的道德問題。「讓法國躋身歐洲已廢死國家之林，這個功勞，怎麼能讓反對黨整碗捧去呢？我們才是促成這項歷史革新的一群人」；相較於死刑問題裡嚴肅的道德關懷，如果執政黨真的有這種想法，那麼就太可悲了。我不認為他們真有這種態度，我比較相信政府單純地缺乏勇氣、缺乏違逆輿論的勇氣。人們內心中對暴力犯罪的焦慮感十分強烈，因此，向死刑宣戰是吃力不討好的，這我有切身經驗。要政治人物單為了捍衛一個道德訴求，寧願從此不討人民喜歡，是有難度的。我在想，也許等到假期結束，新的會期開始後，我們就能夠得到答案。但我持保留態度，我不認為大家期待的國會辯論會真的實現。

施萊伯：最後一個問題：無論如何，您是否認為自己即將成為最後一批需在重罪法庭上力保人頭的偉大律師？

巴丹岱爾：施萊伯先生，我總是說，沒有什麼大律師、小律師的區別。

施萊伯：總是有名氣大小的差別吧。

巴丹岱爾：有部分律師因為參與了轟動一時的大審而變得知名，這只是情勢造就的。除此之外，律師就是律師，沒有什麼差別。不過的確，我相信，如果老天讓我長命，讓我在十五或二十年後還有機會向學生敘述一場死刑執行的過程，並且向他們解釋，我曾經需要面對一群要求判處死刑的檢察官，甚至在我面前的陪審團也的確曾經宣判死刑，在這些學生的眼裡，我肯定是個從另一個時空走來的人！他們會以為我比實際年齡還老。

施萊伯：因此您的意思是，即使您不認為死刑的廢除馬上便能實現，但至少快了嗎？

巴丹岱爾：這是無法避免的，而且我會說，我相信死刑很快地就會遭到廢止。

施萊伯：非常感謝您，巴丹岱爾先生。

電視節目「大哉問」（法國國家電視台第三頻道），一九七八年九月十一日

往前一步、後退兩步

一九七九年春天，眼看著社會各界對死刑存廢問題日漸關心，法務部長亞蘭・貝赫菲特決定在國會召開一場關於廢死議題的意向辯論。他當時提出了一些方案，包括將死刑的適用範圍限縮在少數案件類型內，以及長達二十五年的確定關押刑期。這些提案皆與暴力研究委員會所作出關於廢除死刑的建議背道而馳。然而，貝赫菲特卻曾擔任過該委員會的主席。於是我投書於《新觀察家》，為文表達我的失望。

在某些多數黨議員眼裡，這場關於死刑存廢問題的「意向」辯論（沒錯，政府就是如此命名的），大概是場詐騙大會。不過，它至少讓大家把意見說清楚、講明白。亞蘭・貝赫菲特，以及他所代表的政府，甚至總統的立場，現在終於昭然若揭，那就是：在接下來的幾年當中，法國仍會持續保留死刑。

經過這場辯論後，我們終於得知政府的官方立場，而不再只是一些贊成死刑的個人傾向或感想。亞蘭．貝赫菲特的話再直白不過了；身為部長的他和身為作家的他，兩者的言論截然不同。

確實，如果只是將在司法實務上，絕不會有人求處或提起「死刑」二字的案件從適用死刑的範圍中移除，這並非向全面廢死跨出新的一步，而只是替這垂垂老矣、疲憊沉重的刑法法典重新上妝而已。

五年內暫時停止實施死刑，原本可以是個關鍵的一步。主張廢除死刑者不會反對此一謹慎的做法，因為他們確信，五年後，大家會發現，如同其他已廢死的歐洲國家一樣，法國暴力犯罪的消長與死刑之廢除其實毫無因果關聯。然而，部長非但沒有提出此種實驗性取消死刑的想法，更甚者，他竟然拋出一種近乎以物易物的概念，亦即，針對某些特定案件類型，死刑將暫停實施，取而代之的，是確定關押期長達二十或二十五年的替代刑。在陳述這項方案的同時，部長也就其宗旨進行說明：「此項措施並非如多數人所擔心的，不代表刑罰將走向鬆弛。而是如有些人已能夠預見的，是走向更嚴格的懲治。」一言以蔽之，部長認為，既然陪審員有愈來愈不願意宣判死刑的趨勢，便必須制定一個更加有效的處罰方案，以代替死刑這個已經不合時宜的刑罰。

換言之，在部長的構想中，指引著廢死道路的竟是對更嚴厲刑罰的追求，而非人道精神的落實。這十分弔詭，但同時也非常耐人尋味。無論如何，這樣的想法絕對不是那一脈相承的偉大廢死倡議者——從雨果、到卡謬，或者從貝卡利亞到布里昂——所宣揚的理念。

更何況，部長提出的以物易物方案根本無法引領我們到達廢死的終點，因為當遇有情節重大之案件，或者發生警察、獄政人員遇害案件時，死刑仍然可以適用。這樣會在我們的法律裡產生一個保護地帶、一個堅固無法摧毀的堡壘，讓死刑得以窩藏。

依我之見，沒有別的作法會比部長提出的方案更加矛盾了。因為如果我們相信死刑具有嚇阻作用，那麼便應該要求予以保留、維持死刑制度的現狀及所有面向，不作任何更動，或者越少越好。此外，如果真的相信死刑的作用，那麼便不應該依據被害者的人物屬性之不同，任意地決定判處或不判處死刑，更遑論針對被害者的身分加以區分，是多麼殘忍的一件事。警察或者監獄人員的性命固然十分令人敬重，但任何一個人，無論是計程車司機還是銀行行員，他們的性命也應該受到相同的尊重。幼童或者老年人若遭到殺害，手段固然兇殘，但假使是年輕婦女，或者肩負全家生計的壯年男子遭遇不測，這樣的犯罪亦同樣地殘忍。我們不應該特別強調某些受害者的身分，任何一種被害者都令人唏噓不捨。

相對於這些顯而易見的道理，法務部長的提案非常耐人尋味。首先，他提議將某些犯罪類型從死刑的適用範圍中移除。然而，實務上，這些類型早已被視為罪不致死。第二，用更加嚴峻的刑罰來代替陪審團已不願再判處的死刑。最後，只因為不敢與輿論相抵觸，部長提出針對容易引起群情激憤的案件，或者施壓團體以最強力道要求死刑的案件，予以保留死刑。亞蘭·貝赫菲特認為這些措施是引領我國邁向廢死的道路。我想這會是一段既漫長又詭異的征途，因為在這條路上，我們的行進軌跡是往前一步、後退兩步！這不就是政客慣用的伎倆嗎？

《新觀察家》，一九七九年七月二日

「死刑辯論」

一九七九年九月，我和亞蘭・貝赫菲特在《世界報》上繼續針對死刑的問題進行筆戰。此時，一九八一年的總統大選在即，我們二人的舌槍唇戰見證了死刑存廢辯論的日漸激烈。

但願不再有無轉圜餘地的判決——侯貝・巴丹岱爾

貝赫菲特之前在《世界報》上表示：「廢死運動真正的敵人，恰好正是它最狂熱的支持者。」於是我們現在知道，在法國，死刑最極端的擁護者是哪些人。

但憑良心說，廢死的倡議者可以用「狂熱」來形容嗎？我們什麼時候看過他們走上街頭遊行、舉辦大型造勢晚會，或者在法庭內正在審理死刑案件的當下，於法院外面台階上露宿過夜？我們又何曾看過天主教主教在講道台上對死刑的支持者口出惡言？也不曾看過人權聯盟主席或者國際特赦組織的秘書長帶領示威群眾，一路從共和國廣場走到巴士底廣場。當貝赫菲特進行國會演說時，法國廢死協會的成員亦從未包圍過國會。關於死刑存廢問題，如果真的有狂熱的言行，那麼很可嘆地，應該是在支持死刑的陣營裡比較能夠看到。法院外聚集著滿坑滿谷的人，群情激昂，用「狂熱」二字形容，再適切不過了。我對此種景象的記憶猶新。這些群眾的憤怒不僅朝著殺人犯而來，也宣洩在任何一個膽敢在此時起身反對死刑的人身上。貝赫菲特先生顯然對這些事情一無所知。關於司法實踐的真實世界，他唯一了解的，是每年開審前的法院誓師典禮，正如一個除了國慶閱兵以外，對軍事實際情形一竅不通的參謀總長一樣。

貝赫菲特文章的字裡行間透露出，在他的認知裡，死刑存廢問題原本已經藉由協商而達成共識，廢死的倡議者卻偏偏出來攪局、堅持己見，不願接受替代刑此一配套措施。貝赫菲特的言論有如那些慣老闆們；他們總是急於告訴社會大眾：「你們看，阻礙社會進步的，就是這些勞工代表。他們的主張『不切實際』，只會使談判陷入『僵局』」——這些都是貝赫菲特的用詞。就這樣，他們把造成談判停滯不前的責任丟到對方陣營身上，殊不知，真正一開始便拒絕對話的是他們自己。基於以下兩個理由，我認為在一場關於死刑存廢的辯論裡使用這種政治的老把戲，極度地不合時宜。

首先，在法國，提倡廢除死刑的人士並沒有構成一股政治勢力，也沒有集結成一個施壓團體。這些廢死的倡議者來自十分多元的宗教、哲學及社會背景。他們之間唯一的共同點，就是死刑必須廢除的這個道德信念。此一道德信念尚不足以將他們凝聚成一股有組織的力量，與政府分庭抗禮。

其次，死刑的存廢論辯所牽涉的是道德問題，僅此而已。因此討論死刑存廢，不能像在討論基本工資是否調漲那樣，期待達成一個各方談判、讓步後的結果。死刑存廢問題其本質中的道德性使得任何討價還價、以物易物的意圖都不能被允許。針對道德問題進行談判不僅是荒謬的，更是極為不妥的。

事實上，廢死的爭議十分容易解決。依據法國的體制，所有的法律修正案只須經由國會同意便可實施。因此，廢死與否的問題完全與政府的職權無涉，即便法務部長如此激動的反應可能會引起誤會，使人們以為他在此案上有決定權。

由此觀之，既然國會是唯一被人民委以立法權的機關，那麼，在國會係由大多數支持廢死議員所組成的情況下，如果持續拖延不向國會提出廢死法案，這便等於是在阻撓人民主權的正當行使；反對法律委員會將廢死議案付諸議會表決，這是對代議制度以及民主規則的嚴重藐視。

而的確，與貝赫菲特先生所宣稱的恰好相反，國會裡大部分議員是贊成廢死的。先說法國左派絕對不會在此一歷史關鍵時刻缺席，而且他們的立場會是一致的。再者，在兩百八十位多數黨議員當中，至少要有五十位希望看到斷頭台走入歷史的灰燼。這又有何難呢？總理和葳爾夫人[1]不是已公開表示支持廢死了嗎？在死刑這樣一個關鍵的社會抉擇上，多數黨議員的立場與其陣營領袖之間，應該不至於存在著過分極端的差異。

更何況，難道我們真的相信，多數黨的議員寧可冒著被法國甚至全歐洲的輿論戲稱為「砍頭黨」的風險，仍會一面倒地投下廢死案的反對票嗎？這個在諸多議題上毫不掩飾其內部矛盾的黨派，難道真的甘心遭到揶揄，被說成是個只有在拜倒於斷頭台腳下時才難得團結的政黨嗎？就算是這樣好了，那麼，投票的結果將會是：死刑的廢除象徵著國會左派的全面勝利。但這並非為貝赫菲特所樂見。這也就是為什麼貝赫菲特的構想充滿了矛盾：他只接受進行一場觀念上的辯論，而抗拒實質的辯論。他的想法可以如是總結：「我先聲明自己反對死刑，再來想方設法地保留它。」

貝赫菲特先生提出的方案，其精神的確是保留死刑沒錯。首先，他說要全面檢視、修正刑法法典。現行的刑法當中，有不少條文給予法院判處死刑的可能性，但在實務上，已許久未有因犯下這些罪而遭處死刑的實例，或者甚至司法人員連想都沒過要求處死刑。這些條文，貝赫菲特先生主張應該予以刪除。如此一來，在法條上——如同在實務上——，縱火犯、海盜以及持械搶劫者都不用再面臨死刑的威脅。此一刪改法典的作法，充其量不過是替刑法重新上妝，讓它與實際情形接軌而已。如果認為，這麼做就是朝向廢死又邁進一步，此種想法實在令人匪夷所思。而事實上，正好相反。因為既然刑法典中存在著這些已不合時宜的死刑條款，就表示極刑是落伍時代的產物，它所從屬的司法體系已應遭到揚棄。在此情況下，如果只是自滿於將刑法法典重新粉飾一番，而其中某些特定的犯罪範疇仍適用死刑，這等於是讓死刑在當代再次獲得認可，正式成為新時代可接受的產品。

除了刪除過時條文之外，貝赫菲特先生也計畫區分兩種不同的犯罪類型。針對第一類犯罪，根據修正版刑法中的條文，仍可求處死刑。只是五年內暫時不實施，且將以一種特殊的替代刑取而代之，直到刑期屆滿。第二類犯罪，因屬於情節極端重大之

1 譯註：西蒙・薇爾（Simone Veil, 1927-2017），法國女性政治家，曾於季斯卡總統任內出任衛生部長，促成墮胎除罪化。逝世後，於二〇一八年入祠先賢祠（le Panthéon）。

罪行，死刑則可繼續予以施行。

綜觀法務部長提出的各項方案，他的立場呼之欲出：首先，針對已有好幾十年，實務上早已不適用死刑的案件，廢除死刑。其次，針對現下大部分陪審員已不願判處死刑的案件，暫停死刑之執行。最後，針對那些仍有可能被判處死刑的案件，或者那些有最多團體向司法行政部門施壓、籲求保留死刑的特殊案件，例如殺警或殺害監獄人員的案件，則維持現狀。多麼完美的一套廢死計畫啊！

當然，貝赫菲特先生的方案的確規劃了以廢死為終極目標的進程。例如，五年後，原本僅是暫緩實施死刑的案件類型會完全從死刑適用範圍中移除。而那些情節極度重大的案件，原本保留了死刑，屆時則會改成五年內暫緩施行。這個五年的期間屆滿時，即使針對情節重大之案件，死刑也有可能獲得全面廢除。換言之，完全廢死的重擔將落在貝赫菲特先生及季斯卡總統的繼任者身上。之後在一九八一年總統選舉時，他們可以告訴主張廢死者：「我們已經啟動了走向廢死的程序。」另一邊，他們又可以安撫死刑的支持者說：「這只是些暫行措施，事情尚未塵埃落定」，總歸一句，死刑仍然存在。這種政治算計可以在完全對立的道德立場間兩面討好，真是令人讚嘆！

然而真相只有透過事實才得以顯露。在法國，死刑已經被判了死刑。理由有二。

而這兩個理由雖然背後的邏輯截然不同，但它們的效應是彼此疊加的。第一個理由是：法國人不再相信死刑的效用。關於這點，很多人總是會搬出民意調查結果。很詭異地，這些民調總是在對支持死刑者有利的時間點大量湧現。但這些民調與重案法庭陪審團的意見相比，根本無足輕重，因為陪審團的決定才是真正代表法國人民的意志。貝赫菲特先生宣稱，大多數支持廢死的人來自中上階級，特別是巴黎的布爾喬亞知識分子。這代表，貝赫菲特先生完全不了解，在法國各處，人民陪審團向死刑說不，從未停歇。過去這幾年的數據十分具有意義。自一九七七年起，法國法院共八次宣判死刑。其中兩個案件的撤銷原判聲請遭到最高法院駁回，因此人犯也已處決。除此之外，曾有五次，最高法院撤銷原判，而且在這之後的五次重審中，陪審團皆拒絕再次宣判死刑。因此我個人堅信，如果法國的重大刑案審理制度具有上下兩層級的司法管轄權，也就是說，假使所有刑事被告，無論殺人犯、竊賊或者詐欺犯都享有二次審理的權利，那麼法國就根本不會再有新的死刑犯了，僅剩下那些不幸仍在獄中煎熬等待的死囚。

在此一民意持續且深刻地拒絕死刑的趨勢之外，還存在著另一項使得廢死在所難免的要素，它有點弔詭地源自於對制裁以及打擊犯罪的強烈意圖。通常一般大眾不曉得這點，但相關法律人士卻知之甚詳。法國目前是西歐國家中唯一仍有死刑的國家。

然而，近年來的趨勢顯示，重大犯罪愈來愈具有跨國性質，在未來也會持續如此。因此，為了打擊犯罪，國際間的互助合作是十分必要的，而各國之間簽署的引渡協定，便是此一合作的具體表現。然而大部分法國和西歐國家簽署的協定已然過時，無法滿足當代國家打擊犯罪的需求。正因為法國仍有死刑，所以無法與已廢死國家，尤其是歐洲的已廢死國家，簽署任何引渡條約。的確，這些國家將死刑視作一種野蠻的刑罰，認為它侵害了法律的基本原則，所以他們常因法國仍保留死刑之故，拒絕引渡那些到了法國後，可能面臨遭判處死刑風險的罪犯。由此觀之，非常諷刺地，斷頭台非但不能使危險的歹徒聞之喪膽，只要歹徒作案後成功逃到國外，死刑反而還形成了一種保護傘，讓他們得以不受法律制裁。而且我猜想，不出多久時間，歐洲各國刑事法律應該整合劃一的議題，很快地便會在史特拉斯堡的歐洲議會被提出討論，屆時法國勢必得廢除死刑。

至於替代刑的問題，貝赫菲特先生堅持這必須作為廢除死刑的交換條件。但我想嚴正地告訴他：這兩件事根本毫無關聯。

死刑本質上就是一個不可能被任何替代品取代的刑罰。今天造成問題的，並非死刑的廢止——因為它在事實上已然幾乎不存在。今天造成問題的，是我國刑事法律無法與時俱進的此一事實。而我們必須設法解決的，應該是如何讓我們的法律能夠跟得上日異月新、層出不窮的新興犯罪型態。

然而，為了遏止情節重大之犯罪發生，貝赫菲特先生提出了那些方針？那就是，在廢除死刑的同時，設立一種名為確定關押刑期的新式徒刑，亦即，將會有長達二十五年的時間內，受刑者無論如何皆無法享有特赦或者假釋的可能。講到這點，我們必須注意一點：一九七八年十一月，貝赫菲特先生將一項法案送至國會表決，並獲得通過。這項法案針對無期徒刑增設了一段不可縮減的刑期，最高可達十八年。那麼，如果今天貝赫菲特先生認為，為了保障法國人民的安全，二十五年的確定關押期有其必要，為何不逕向國會提案呢？從去年到現在，法國犯罪的狀況毫無差別。去年十一月，十八年的確定關押期對貝赫菲特先生而言是足夠的。那麼，為何在短短八個月後，貝赫菲特先生又覺得必須長至二十五年才足夠呢？這平白無故多出的七年，使得刑罰更加嚴峻，卻沒有任何理由論據，只是為了魅惑輿論，用來交換一個充滿不確定性的廢死承諾。廢死的倡議者絕對不會替這種行徑背書。

事實上，死刑一旦廢除，不代表對犯罪的制裁即落入真空狀態。相反地，罪行最重大的案犯將會被判處無期徒刑，與目前司法實務上的情形一模一樣。至於受刑人實際被關押多長時間，這必須依照其所受之判決以及獄政管理法規的規範。無論如何，必須讓受刑者知道，如果他行為表現良好，那麼他早日獲得釋放的機會愈高；我們千萬不能扼殺一個人心中的這份希望，因為希望是改變的種子。因此，若判處某人四十年的徒刑，其中有二十五年的確定關押期，此種措施置人類的心理機制於不顧。假設一個人在三十歲時被判以二十五年的確定關押，在這漫長歲月中，無論他盡了多大的努力，都無法改變他的命運，這不啻是在他面前豎立起一道巍峨又光滑的高牆，粉粹了他所有希望，他內心任何一點改變的企圖遂在頃刻間消亡殆盡。

當然，有些罪犯實在是泯滅人性，對社會具有極度的威脅性。此類罪犯只有在多年的監禁，並且透過層層謹慎嚴密的稽查和防範後，才有可能得以釋放。但的確也存在著許多犯下重大案件的人，在案後真正地體認到自己的罪行是多麼地可怕，於是在心裡油然而生一股極欲悔過自新的企圖心。眼下政府提出的替代刑方案，在我看來，恐怕不只無法帶給法國人民更多安全，反而還會種下更多絕望、反叛的因子。更何況，的確存在著不少案子，其在重罪法庭審理、宣判時，其實受到各種來自外部的偶然因素影響。而一旦一時極欲懲惡鋤奸的狂熱得到平復後，人們突然意識到刑與罪其實並不相符，被告確實是被過度重判了。然而，一旦走到此一地步，便為時已晚了，任何事情都不能再有所改變，而被告一入監就是整整二十五年、整整四分之一個世紀啊！

在司法上，我們不能預設法官是絕對正確的。死刑史給我們的一個教訓就是，不應該再有任何一種無可轉圜的刑罰存在於世上。在眼下這個死刑即將走入歷史的時刻，讓我們千萬不要再開啟另一個不義刑罰的新篇章，因為對於自身的不正義，司法制度絕對只會袖手旁觀。

《世界報》，一九七九年八月二十一日

反對零和遊戲——亞蘭．貝赫菲特

巴丹岱爾律師八月二十一日於《世界報》上刊出的那篇文章精彩絕倫。全篇都在抨擊我的立場，使我感到非常榮幸。雖然巴丹岱爾律師的辯才無庸置疑，但其文章中仍有諸多內容有失精確。職責所在，我不得不提筆指出這些有待商榷之處。

一、巴丹岱爾律師說「國會是唯一被人民委以立法權的機關……持續拖延不向國會提出廢死法案，這便等於是在阻撓人民主權的正當行使；反對法律委員會將廢死議案付諸議會表決，這是對代議制度以及民主規則的嚴重藐視」。

巴丹岱爾律師所擅長的是刑事法律，他似乎對憲法比較不熟悉；他竟然將法案和議案混為一談。只有政府可以提出「法案」。至於「議案」（顧名思義，其來源是國會）能否被排進議程，必須取決於它是否能夠被編列進補充議程中，即便議案的內容可能已經獲得專責委員會的同意（專責委員會僅扮演諮詢的角色）。補充議程的訂定則須經由政府及程序委員會[2]的雙重同意（前者的角色在於公開揭櫫此一議程，而後者則是負責將該議案正式排進議程）。

針對廢死議案，政府已經同意將其編進議程，是程序委員會不同意。程序委員會是個完全自主、獨立於政府的機關（最好的證明就是，委員會經常與政府作對），其做的各項決定乃經由民主投票而產生。政府正是有鑒於程序委員會拒絕將廢死議案排入議程，因此按照憲法賦予它的權限，舉辦了這場關於廢死的意向辯論。而且這場辯論極具意義，讓彼此對不同意見都有更深入的了解，只是巴丹岱爾律師假裝沒有認識到這點。

總而言之，「代議制度」和「民主規則」並沒有遭到漠視，反而受到極度的尊重。

二、巴丹岱爾律師的說詞裡充滿了矛盾，但這卻不妨礙他口若懸河的辯論。他先是宣稱，廢死的倡議者「並沒有構成一股政治勢力」，但卻又毫不猶豫地將多數黨放置在左派政黨的對立面，完全不擔心這番話正是十足政治化的表現。他呼籲多數黨議員，不要讓自己的「道德信念」屈服於黨的路線，卻又鐵口直斷，認為社會黨和共產黨議員會全數「一致」投出廢死的贊成票；這難道不是讓黨的路線凌駕於自己的「道德信念」之上嗎？而且我們已知的是，有不只一位的反對黨議員公開聲明，他們就是堅信，唯有死刑才能遏阻某些類型的犯罪。別人不說，光是社會黨黨團召集人德費爾（Defferre）先生，他自己就曾在一九七一年六月八日的《普羅旺斯人報》（*Provençal*）上發表一篇引起許多迴響的文章。文內，他表示希望將走私販賣毒品納入死刑範圍，並且說到，由於囚犯可能享有減刑，因此他不相信徒刑是個有效的刑罰。

三、巴丹岱爾律師似乎誤以為法國國會單由下議院組成。有一些人，他們總是會因為上議院是否和他們意見相同，而跟著改變其支持或反對雙議會制的立場。就算下

2 譯註：該委員會之法文名稱為「主席大會」（Conférence des présidents），由國會正副主席、各委員會及各黨團召集人等組成，其職掌類似於我國立法院內的程序委員會。

議會議員中的絕大多數贊成廢除死刑，不帶任何附加條件（這點還有待結果揭曉才能見真章），也難保能順利在上議院獲得通過。

而在如此重大的社會問題上，政府不能違背大多數人民清楚表達的意見，以及國會上下兩院投票的結果。

四、政府之所以提出此一循序漸進、逐步走向廢死的方案，其目的正是為了努力消融這至今仍無法化解的兩派對立立場。巴丹岱爾律師指控我們只想「進行一場觀念上的辯論，而抗拒實質的辯論」。正好相反。我們提議舉行觀念上的辯論，正是為了避免實質的辯論如過去兩個世紀以來一樣，被硬生生地截斷。

自一七六四年開始，貝卡利亞[3]的著作《論犯罪與刑罰》引起擁抱「啟蒙」主義的法國思想家的熱烈回響，尤其是伏爾泰以及百科全書派[4]。跟隨著這位義大利犯罪思想家的腳步，這些法國知識分子認為死刑沒有嚇阻作用，並且要求廢除死刑。此一觀念在當時的知識界流傳十分廣泛。當時還是年輕律師的羅伯斯比[5]，比巴丹岱爾律師領先了兩百年，就在其家鄉阿拉斯（Arras）的羅薩提哲學俱樂部（Club philosophique des Rosati）中，儼然廢死理念的捍衛者。一七八九年，主張廢死者以為自己屬於多數派。然而，儘管制憲會議對羅伯斯比、孔多賽[6]、勒培勒提爾．德．聖法爾久[7]等人的訴求多麼地嚮往，最後仍然否決了廢除死刑的提案。

經過此次失敗後，廢死議題整整延宕了半世紀，才重新由雨果及拉瑪提涅[8]兩人再度提起。但是，和一七九一年那時一樣，沒有人著手規劃該如何逐漸過渡至廢死的目標，也沒有人提出關於替代刑的設計。因此，再一次地，在一八四八年的國會中，廢死的倡議者雖然在觀念、論理上贏得勝利，卻仍在投票結果上重遭挫敗。接著，廢死的推動又再度經歷了超過半世紀的空轉。

---

3 譯註：切薩雷・貝卡利亞（Cesare Beccaria, 1738-1794），義大利哲學家、法學家。其於一七六四年出版的《論犯罪與刑罰》（*Dei delitti e delle pene*）表達並論證其反對死刑的立場，為西方思想史上的第一人。

4 譯著：伏爾泰（Voltaire, 1694-1778），法國啟蒙時期重要的思想家。百科全書派（les encyclopédistes）指的是啟蒙時期一些思想家藉由編纂《百科全書》而形成的學術社群。伏爾泰亦為其中一員。

5 譯註：羅伯斯比（Maximilien de Robespierre, 1758-1794），律師出身，為法國大革命重要的領導人物之一。

6 譯註：孔多賽（Condorcet, 1743-1794），法國啟蒙時期哲學家、數學家及政治家。

7 譯註：勒培勒提爾（Louis-Michel Le Peletier de Saint Fargeau, 1760-1793），法國大革命時期重要政治人物。貴族出身，但支持大革命，擔任國民制憲會議主席，提案廢除死刑。

8 譯註：拉瑪提涅（Lamartine, 1790-1869），法國詩人、一八四八年革命以及第二共和時期的政治人物。

一九〇八年，我們看到一模一樣的經過。尚・饒勒斯[9]和布里昂同樣引起了許多情感上的響應，但卻沒有得到應有的票數。於是我們再一次進入另一個半世紀的空白。

難道今日，一九七九年，我們要再上演一次相同的腳本嗎？我們要繼續不顧這過去整整兩世紀裡，議會生態給我們的教訓嗎？自一七六四年以來，在法國呼籲廢除死刑的各界人士都是全歐洲最具才華的，卻也是意見最不被採納的。難道我們要維持這個弔詭的境況嗎？我們還要繼續固執地不願承認，所有在廢死道路上領先我們的國家都是先經歷過實務上的種種試驗，才一步一步地漸漸取得人民的認可，始達到最終法理上的廢除嗎？

在一九七九年的今天若四度失敗，就會使得關於廢死的討論再度被冰封，不知何年何月才會再被開啟。正如賽林[10]所言，「歷史不會端上同一盤菜」。或者，至少，歷史只有在過了漫長的歲月後，才會重新加熱這盤剩菜。

主張廢死的人通常對法國歷史，甚至全人類的歷史，只有片面關於幾個意識形態、刻板印象的了解，猶如——如果使用巴丹岱爾的話——「一個除了國慶閱兵以外，對軍事實際情形一竅不通的參謀總長」。

請不要再盲目地不願面對現實：「零和政策」從來只會遭致抵抗，最後失敗。拒絕接受循序漸進的作法，只會逼使人們在貿然躍身於未知以及不改變現狀此二選項間做選擇，而通常這意味著，最後出爐的決定就是固守成規。為了能夠繼續爭取死刑的廢除，寧可拋棄逐步前行的折衷作法，這種態度如何能夠叫人信服？

五、巴丹岱爾律師認為死刑是我們這個時代的最大恥辱。

當然，死刑引發一個十分嚴重的哲學問題，而我急於解決這個問題，這是過去兩世紀經歷了十七個政權的更迭以來，我的前任者當中無一人能夠、想要或者知道怎麼做的。

但我們不應該誇大死刑問題的嚴重性。世界上更悲慘的事還有很多。六年來，我國處決了三名死囚（他們三個都犯下了情節極度重大的罪）。在這段期間內，有九萬個法國人在車禍中喪生、赤色高棉屠殺了一百、兩百，甚至三百萬名自己的同胞——具體數字無人能夠知曉。即便在法國我們不常聽聞有任何人起身譴責這些屠殺，難道這

9 譯註：饒勒斯（Jean Jaurès, 1859-1914），法國第三共和時期的代表政治人物。擁護共和體制、於一九〇二年參與法國社會黨的創立、參與起草政教分離法案。一九一四年因其反戰的立場遭人暗殺。

10 譯註：賽林（Louis-Ferdinan Céline, 1894-1961），法國作家。

些無辜的受害者就該被忽略嗎？

六、依據現行刑法，高達數百項的案件類型皆屬可判處死刑的範圍之內，但實務上已許久不曾判處死刑。我們打算針對這些案件類型廢除死刑之適用，但巴丹岱爾律師認為這不僅無用，而且非常危險。我想，他似乎遺忘了幾個重要的資訊。

首先，法律與事實脫節總是不好的。這會使得法律終究遭到蔑視。堅持保留法律的古老形式，無異於鼓吹一種消極、差勁的政治。

再者，針對制度大開倒車的風險加以預防，這難道真的是無用的嗎？基於一些政治的考量而廢除死刑，難道也是一無是處嗎？近年來在人道、人權主義上好不容易才獲致的進步，需要好好加以鞏固、保護。最近許多國家的人民讓我們看到了歷史倒退是多麼地可怕。因此在法律上建立起一道防護牆，防止野蠻的衝動行為再度大舉回攻，實屬必要。

此外，這些仍存在於刑法內且可適用死刑的犯罪類型，嚴重損及我國的品牌形象，造成國際引渡實務上的重重困難。因此，我們提出的刑法修正案正可解決此一問題。的確，面對國際上的質疑，目前我國政府唯一能做的就是保證，針對這些已許久未曾實施死刑、將來也不會判處死刑的案件類型，被引渡回法國的人犯絕對不會被宣判死刑（當然這等於是削弱了陪審團以及總統特赦所表徵的司法主權）。

最後，針對這數百項犯罪類型予以廢除死刑（加上在此之外的其他犯罪類型中，會有大部分將在五年內暫緩實施死刑，甚至可能在五年後予以廢除），此一舉措將會是廢死意向的一個極具決定性的指標。人民將習於生活在沒有死刑的國度，且同時感到安全。

七、針對五年內暫緩實施死刑的犯罪案件，我提議以二十五年的確定關押期替代，這引來巴丹岱爾律師的強烈反對。為了證明此一替代刑的無用，他的立論主要基於我去年秋天向國會提出、且最後獲表決通過的法案，亦即，現行的確定關押期制度最長可為期十八年。巴丹岱爾律師言下之意是認為，只要設置了這段最高達十八年的不可縮減之刑期便足矣，一切問題便能迎刃而解。

但是去年秋天，巴丹岱爾律師和他的盟友們不遺餘力地抨擊這項措施。一年後，他們總算明白，此項改革務實地為困境提供一個解套的方法，因此標誌著邁向廢除死刑所跨出的第一步。不過，當時國會通過這項措施，是作為無期徒刑的替代方案，而非死刑的替代方案。

目前法國只有在遇到情節特別重大、兇手對社會具有極端危害時，才會求處及宣判死刑。犯罪學的研究指出，此類犯案者即便在關押了十八，甚至二十年後，再犯的機率仍非常地高；這種惡性重大的人，必須關押至少二十五年，甚至三十年，才有可能罷手。這就是為何暴力研究委員會與刑法改革委員會相繼提出以長時期確定關押取代死刑的做法。

長期受到監禁的人，面對著這堵「光滑的高牆」，其所受的煎熬與痛苦，我們並非無動於衷。我們只是對無辜的受害者有更多的憐惜：最近上了斷頭台的三名罪犯，他們姦殺多名才剛發育完成的少女，而他們老早以前便犯下相同的罪行，也曾被判刑；還有親手勒死親生女兒的父親，他在多年前便已謀殺了自己的妻子及情人。面對這些再犯事件及其被害者，我們身為必須負責的政府人員無法坐視不管。我們也希望巴丹岱爾律師能替被害者們多說些什麼。

八、巴丹岱爾律師希望制度能夠回應兩個可能出現的情況：一是罪犯若改過自新，將如何重獲自由？二是假若出現冤案，該怎麼辦？

永久刪除任何一種無轉圜餘地的刑罰，這是廢死倡議者心中最高貴的企圖。但是，我提出的替代刑方案並非無轉圜餘地的刑罰。假設所有的跡象顯示受刑人確實悔過自新，並且這個狀態並非一時，而是長期持續的，那麼，憲法所賦予總統、無任何限制條件的特赦權便能發揮作用。於此之外，於替代刑服刑期間，一旦有冤案的疑慮，隨時都可啟動重新調查的程序。

總而言之，任何一個嚴謹、客觀的人，在深入了解此次政府提案後，都會同意，循序漸進的廢死政策才是真能改變公眾觀念的作法。在零和之外，找到第三條有建設性，且經過深思熟慮的路線，仍屬可能。可惜少數幾位偏激的廢死倡議者，他們的過度躁進反而給了反廢死者最好的理由。

巴丹岱爾律師的回應——巴丹岱爾

在行文風格上，貝赫菲特先生對我十足地寬容。我在此也回敬他這些文學讚美，然後將直接進入主題。

一、目前在國會的情勢是：只需要其諾[11]先生配合法制委員會的意願，廢死議案

11 譯註：其諾（Roger Chinaud, 1934-），法國政治人物，一九七三至一九八一年間為國會議員，同時擔任法國民主聯盟（UDF）國會黨團召集人。

便能付諸議會討論、表決。然而，其諾先生堅決反對。如果說，身為法國民主聯盟於程序委員會的代表，其諾先生的這個決定違背了總統和內閣的意志，這話有誰會相信？此一形勢再明顯不過了：政府根本就不希望看到一場廢死辯論進行。

二、貝赫菲特先生寄望於一些左派政黨議員的軟弱，以使國會否決廢死法案，而主張廢死者則寄望於多數政黨的贊成票，以使法案得以通過。多麼弔詭的政治局面啊！只有付諸表決，我們才能見真章。那麼又為何如此百般阻撓呢？

三、貝赫菲特先生對上議院表現出的尊重絕對是第五共和時期絕無僅有的。從來絕無任何一個閣員對上議院如此敬重。貝赫菲特先生真是令人大開眼界。他認為上議院是反對廢死的，而我個人對此一問題則是無從得知。總歸一句，唯一一個得知上議院意志的民主方法，就是直接請他們作答，就是那麼簡單。

四、人會變，國家民族也會變。一九七九年的法國不見得和一九〇八年一模一樣。貝赫菲特先生的命運也不必然會步上布里昂的後塵。我們無需聽取賽林的訓誡。我想，一旦論及歷史的意義，賽林應該是沒有什麼資格評論的。讓我們終結這個古老的斷頭台吧！只有克魯尼中世紀歷史博物館（Musée de Cluny）才是它應該去的地方。

五、我從來不認為死刑在法國是「我們這個時代的最大恥辱」，也不曾在文章中這麼寫道。此種看法不僅荒謬，甚至會令人震驚不已，畢竟本世紀存在著這麼多的痛苦與不義。

事實上，我的立場和所有廢死的倡議者，尤其是人權聯盟以及國際特赦組織的成員們一樣。以廢除死刑為訴求的抗爭只是人權運動中的一個面向。人權運動所涉及的層面非常廣泛，無論在何處，無論在何種情況下，我們都應該為人權得以聲張而戰、都應該挺身反抗國家施於人民身上的過度暴力。

六、主張廢死者常常受到這樣的抨擊：「你們只想到殺人犯的人權，怎麼不想想被害者也有人權？」貝赫菲特先生再度搬出這套司空見慣的言論來指責我。

此種批評中所夾帶的羞辱和民粹思想，我姑且不論。我只想提醒一下，我領先貝赫菲特先生的任何一位前任部長好幾年，率先發難，檢討我們的社會將犯罪受害者棄而不顧的慘狀。當時我也呼籲政府設立基金，以保障受害者能夠得到賠償。一九七七年，這項建議部分被政府採納。

但是彌補、賠償並非最重要的，因為無論如何試圖補償被害者所遭遇的創傷，永遠都是不夠的。最重要的課題在於如何防止犯罪。我之所以竭力阻擋確定關押期此一漫長又毫無轉圜的刑罰，正是因為我認為它不僅對受刑者十分不人道，甚至會為社會帶來極大的危險。

將一個二十五歲或三十歲的男子判處監禁，並告訴他，無論他在獄中表現如何，無論他的個性、為人經過了什麼樣的轉換，皆無法改變他必須在克萊爾佛或者其他監獄裡紮紮實實地關上二十五年的事實；他沒有任何一點改善自身命運的希望，於是他被推入絕望的深淵。但是，一個人不能沒有希望，因為希望是改變的種子。犯罪者當中有形形色色的人，但唯一不變的，就是人都會變。這是如鐵般的事實，但確定關押期的設計等於不承認這樣的事實。舉例來說，如薇歐蕾特．諾基埃爾[12]這樣的被告不可能和一個禽獸不如的兇犯得到相同的處置。然而，假設在確定關押期此一刑罰的框架下，二者同樣都將面臨確定監禁長達二十五年之久的命運。既然立法創設關押期制度的人將它設計成一段無論如何皆不得減縮的刑期，那麼無論前者再怎麼地行為表現良好，司法機關亦無能為力。確定關押期此種制度忽略受刑者之間的個案差異、置人類心理之實情於不顧，這正是我認為萬萬不可採取此法的緣故。

七、最後談談貝赫菲特先生所提到的「減刑」管道，亦即，總統的特赦權。總統的特赦權完全操在一人之手，其行使也不需要理由。我認為，作為政府首腦的共和國總統，不應該由他出面來彌補過重判決的後果。政府力量對司法運作的介入應該要越少越好，而不是反而讓它更加強大。刑法修正案的前導計畫中，規劃設立一個由法官組成、專責檢視執刑情形的法庭。如果由此一法庭負責依據受刑者的狀況，並且在確保被害者權益不受損害的情況下，審奪是否給予特赦或假釋，則會是比總統特赦更好的做法。總統的特赦權其實與過去君權神授觀念下的君王體制不可分割。總統可以完全憑一己之意志，不需向任何人交代特赦理由，這些種種特殊安排，正如同死刑一樣，皆為落後時代在今天所剩餘的殘留。如果隨著死刑的廢除，特赦權也一併消失，這才是合理的方向，而不是反過頭來強化總統的特赦權。

八、追根究柢，貝赫菲特先生似乎認為，法國人對死刑懷著一種特殊的鍾愛，以至於廢死的大業必須一步步慢慢來，才能成功使法國人戒斷死刑之癮。在貝赫菲特先生的眼裡，法國人猶如中了斷頭台下的蠱。這並非我的同胞們在我心中的形象。但無論如何，如果貝赫菲特先生果真是這樣看待他的同胞，且若他真心希望見到廢死的理

12 譯註：薇歐蕾特・諾基埃爾（Violette Nozière, 1915-1966）為一九三〇年代法國知名的弒父女犯。作案時僅十八歲。此案當時震驚整個法國社會，媒體爭相報導偵查與審理過程中的每個環節。一九七八年，法國大導演夏伯爾勒（Claude Chabrol, 1930-2010）將此案搬上大螢幕，片名即《薇歐蕾特・諾基埃爾》（*Violette Nozière*）。

念實現，那麼他大可請求國會同意，針對任何類型的案件皆實施五年暫緩死刑的試驗期。如此一來，五年後，死刑的廢除即便仍未有法理的效力，但至少在事實上已然達成。至於其他種種多餘的考量，不過是些政治盤算罷了，說說而已。

《世界報》，一九七九年九月十九日

少了一條冤魂……

一九八〇年三月，我在土魯斯（Toulouse）重罪法庭上替諾貝爾・嘉爾索（Norbert Garceau）辯護。他起先遭貝吉耶爾（Béziers）重罪法庭判處死刑，後來此一判決遭到最高法院裁定駁回。嘉爾索案的重審是在一種衝突緊張的氣氛下進行。嘉索爾是累犯，他之前曾因為犯下相同的罪行而遭判處二十年的有期徒刑。在連續三天的激烈辯論後，土魯斯法庭的陪審團最終排除了死刑這個選項。對我而言，這是繼派翠克・亨利案之後，第五次於重審法庭替原判死刑、後經最高院撤銷的被告辯護，並且陪審團決定刀下留人。而這也是最後一次。一年後，密特朗（François Mitterrand）當選總統，死刑廢止的時刻終於來臨。

《新觀察家》：您成功的保住諾貝爾・嘉爾索的人頭。您可以跟我們說說，您對嘉爾索這個「人」有什麼想法嗎？

巴丹岱爾：老實說，我對他這個人的認識有限。去年十二月，他希望由我替他辯護。之後我就見過他兩次而已。對我來說，嘉爾索就是犯罪赤裸裸的化身。他是一個很普通的人，之所以成為罪犯，並沒有任何社會性的因素，他的童年沒有特別的不幸。然而，在這樣一個普通的人身上潛藏著犯罪，然後分別在兩個時間點爆發了。是什麼緣故讓他最後痛下毒手？我們並不曉得——雖然我們很想知道。因此這個問題十分值得深入研究。我們必須窮盡一切努力地去逼近那個關於犯罪行為的真相。就好比以前稱之為歇斯底里的病症在一百年前被視為一種可恥的疾病，或者也有人認為患者只是在演戲；然而前人的研究讓現在的我們了解了此一病症的真實原理……。

《新觀察家》：被關了二十年，這難道不能解釋嘉爾索後來再度犯案嗎？

巴丹岱爾：他這個案例並非如此。對嘉爾索來說，這二十年等於是白費了。他在第一次即將要開始服刑時才二十八歲，是個模範勞工。進了監獄後，也成了模範受刑人。此人沒有什麼複雜的背景，在牢裡也不惹麻煩，不會有人對他特別留心。您知道，監獄可沒有提供精神分析的療程……。

《新觀察家》：您似乎不太喜歡嘉爾索這個人。替一個自己不喜歡的人辯護，這有可能嗎？

巴丹岱爾：替客戶辯護不代表必須愛上他，而是必須喜歡辯護。我替許許多多我既不欣賞也不同情的人辯護過，但我的辯護依然充滿熱情，為何？也許正是因為我能深刻感受到，在被控訴的這件事情本身之中，便含有某種過度，也就是不公正的成分吧。我想這種感受就是辯護最重要的動機之一。

《新觀察家》：在法庭上，嘉爾索表現得非常冷靜。是您建議他這麼做的嗎？

巴丹岱爾：絕對不是。面對一個可能頭顱不保的人，我總是這樣跟他說：「放膽地說吧！把你所有想說的都喊出來吧！」

《新觀察家》：原先陪審員裡有一些年長者，您把他們都剔除了。

巴丹岱爾：這是我第一次把我可以剔除的人數配額都用完了。我剔除了一些女性人選，一部分是因為她們在職業上容易對被害者產生投射，也就是行政祕書；另一部分則是因為她們的居所和被害者鄰近。我也剔除了一位有著一副厄里倪厄斯（Erinye）復仇女神臉孔的女士……這只是一種直覺而已……有的時候，直覺也會錯的。派翠克·亨利案那一次，我剔除了一名小學女教師，因為考慮到亨利是在學校門口將被害者綁走的……結果，後來我才知道，這名女教師積極參與人權運動，而且堅決主張廢死！

《新觀察家》：您反對死刑，但您也不信任政府提出的替代方案。

巴丹岱爾：無期徒刑嗎？不，這不可能有效。扼殺希望，只會讓監獄處於岌岌可危的狀態，隨時都有可能一觸即發。或者您指的是名為「確定關押期」的徒刑，也就是說，會有一段絕不縮減的固定刑期嗎？我反對這項措施。人是會變的。也許一樁驚天大案一時之間讓所有人都為之震怒，但在這之後，也許這個犯人對社會一點實質「危害」都沒有……。

《新觀察家》：對，但是大眾還是會擔心，法官在刑罰執行的這個方面，太過縱放。有些人因此希望能夠賦予獄政系統更多的裁奪權力。

巴丹岱爾：這不就等於是將司法決定權讓渡給行政權了嗎？而依據法國的慣例，這意味著，行政機關可以恣意妄為、不受公開監督！不，絕對不可以這樣！但如果是創立一個所謂的「執行法庭」，那麼我樂見其成。也就是說，當一個人被判刑了，我們就會知道他監禁期間的上限為何。接著，依據此一上限的不同，我們可以訂出不同的周期，執行法庭則按照這個周期定時開會：假設一個人被判處非常長的刑期，那麼也許可以每五年，或者每十年，召開一次會議。會議中，法院當然需要聽取獄政系統的看法，不過也需要了解觀護人、精神科醫師，以及受刑人本人（由律師陪同）的意見。檢察官也可以列席，沒有什麼不可的。這個會議並非又一次的審判，而是一個機會，讓持正反意見的兩方坐下來討論，到底什麼方案才是最適合的。

《新觀察家》：嘉爾索案重審時，有一部分的觀眾為您的辯護詞鼓掌叫好。您對此感到震驚還是高興呢？

巴丹岱爾：震驚。我覺得對在場的被害者家屬非常不尊重，甚至很沒水準。我十分努力地想要「打破」這種公開審判的戲劇性，我希望大家能夠走出這種觀看一場司法大秀的心態，不要再期待那些空泛的話。就算審判是個儀式，我仍然極力地讓我的真心話被聽見，讓每一個陪審員都清楚意識到，他所背負的是什麼樣的責任。然而審判的戲劇性不免還是存在！

《新觀察家》：被害者的兄弟對您口出惡言，而被害人的父親甚至對您做出肢體攻擊。當下您有什麼感覺？

巴丹岱爾：這對我來說不是第一次了。我覺得被害者家屬有這樣的反應是正常的，因為他們承受著莫大的焦慮與痛苦。不過，這種現象是近幾年才出現的。以前，即便在藍度[1]或魏德曼大審的時候，不會有人想到要攻擊為這兩人辯護的律師啊！

《新觀察家》：毫無疑問地，這和人們心中愈來愈強的不安全感有關；或者至少，這是政府試圖讓民眾相信的，而且搞不好正是為了使死刑得以被保留。

巴丹岱爾：死刑是沒有用的。所有犯罪學家都贊成這個觀點。不管有沒有死刑，我們都無法杜絕犯罪的發生。我很悲觀，我認為人類社會裡註定會有犯罪。法國人必須了解，——不單是法國人，全世界的公民都必須了解——青少年犯罪（也就是說，犯罪者的年齡界於十三到十四歲之間）是隨著什麼樣的曲線在成長。如果您將這個曲線拉到未來，您會發現它只會繼續往上成長，為什麼？因為我們的監獄就像一座教導如何犯罪的職業學校一樣，受刑人出獄後再犯，在所難免。沒有一個政治人物有勇氣提起青少年犯罪的問題，因為這樣會讓大人們難堪，但這個社會的災難將會變成我們的日常。我們身處的社會是犯罪的製造機：「正當防衛」的濫用是一個很好的例證。為了保護自身財物，不惜把竊賊或搶匪給殺了，人們覺得很正常。這不是令人難以置信嗎？至於犯罪者該受到什麼樣的處置，只有兩種可能：將他同化，或者與他隔絕。隔絕是第二帝國時期，國家採取的方案；那個年代的政府發明了勞改、流放和斷頭台。但這些做法到了今天已不再可能施行，因此，必須選擇同化之途，也就是說，讓犯罪者回歸社會，讓我們學著和受刑者共存，因為總有一天，他們會再回到你我之中。

《新觀察家》：所以您認為，死刑終究是會被廢除的嗎？

巴丹岱爾：是的，我這麼認為。如果左派再度執政，那麼死刑肯定會被廢除——雖然我不常聽到哪位左派的重要人物掛心這個問題。即便左派沒有再度執政，死刑還是會被廢止，只是廢除的原因就不會是基於道德或意識形態，而是基於現實的考量，因為我國死刑制度的存在已經成為國際打擊犯罪的一大阻礙。犯罪手法的國際化趨勢日漸明顯，因此亟需建立一個涵蓋全歐洲的司法疆域，這是目前我們很常聽到談論的一個議題。然而，法國是唯一一個仍保有死刑的歐洲國家，這種孤立的狀態使得建立歐洲司法疆域的計畫窒礙難行。因此我確信死刑的枷鎖總有一天會被撬開。當這一天來臨時，相信我，我會為此感到雀躍歡欣，即便這背後的動機並非基於什麼高尚的情

1 譯註：藍度（Henri Désiré Landru, 1869-1922），二十世紀初知名法國連續殺人犯。他在一九一五至一九一九年以交往、結婚計畫為由，誘騙單身、獨居的女性，再趁機殺害，以奪取財產，被害者高達十一名。

操。只要不用再在法庭上忍受那種被死亡窺探伏伺的感覺——這種可怕的覺察幾乎是一種肉體的感受——，就已經是莫大的解脫了！

安娜·蓋亞爾（Anne Gaillard）紀錄整理

《新觀察家》，一九八〇年三月十七日

不再有殺人的司法

新科總統密特朗甫上任，便給予菲利浦・莫里斯（Philippe Maurice）特赦。莫里斯於一九八〇年十月被判處死刑，而他的原判撤銷聲請亦遭到最高法院駁回。此次特赦與密特朗在競選期間公開表明的廢死立場相符。不過必須等到一九八一年六月國會改選後，廢死案才有望獲得立法上的通過。

《快報周刊》：菲利浦・莫里斯的特赦意味著什麼？

巴丹岱爾：密特朗在競選期間便已公開聲明反對任何死刑的執行。那麼，在當選後，信守他在選舉期間的承諾，這是再正常不過的了。

《快報周刊》：除了菲利浦・莫里斯以外，其他七名死囚將會有什麼樣的命運呢？

巴丹岱爾：跟大家想的恰好相反，其實目前在法國的監獄裡，並沒有任何一個等待處決的死刑犯。因為，現有的死刑犯當中，有些人的判決已被最高法院撤銷，等待重審。另外一些人則正在向最高法院提起撤銷原判的聲請。因此，在最高法院做出決定之前（通常需費時數月），總統的特赦權當然不可以介入。

《快報周刊》：假使最高法院駁回他們的聲請呢？

巴丹岱爾：那麼總統就會行使他的特赦權，跟莫里斯案一樣。

《快報周刊》：所以情形會變得相當弔詭：一方面，我們的法律提供了死刑這個選項，而且陪審團也宣判了死刑。結果另一方面，我們的總統一律給予這些死刑犯特赦。

巴丹岱爾：相同的情形在我們的鄰國比利時已經存在著上百年了。一百年來，法院判處死刑，但從未真正執行過。但這並非適用於法國的解決之道。我想再次提醒，法國是歐洲共同體成員國家中，唯一仍實行死刑的國家。

《快報周刊》：我們會走向廢死嗎？

巴丹岱爾：我認為，今年秋天，政府就會向國會提出廢除死刑的法案。

《快報周刊》：為什麼不舉行公投呢？

巴丹岱爾：這是因為我國憲法不允許這麼做。如果政府想舉辦廢死公投，就必須先舉行一場修憲公投，然後才可以辦廢死公投。

《快報周刊》：只有三分之一的法國人贊成廢死。那麼，單純地廢除死刑，沒有任何附帶條件，是不是會違背大部分人民的情感呢？

巴丹岱爾：的確，在死刑問題上，法國人總有一種特別激烈的情緒。我想這是資訊不正確所造成的。前任法務部長總是逃避，不願在國會舉行死刑問題的辯論。然而假使當時成立一個專門的委員會，冷靜地針對廢死議題進行調查，公開聽取正反兩方的意見，並且充分了解無數個國際組織已完成的研究結果，那麼，法國人民便會體認到兩項事實：一，「暴力犯罪」的增減與死刑的存在與否，兩者之間沒有因果關聯。二，一方面，輕、中度犯罪的發生頻率的確大幅增長；另一方面，重大暴力案件卻沒有增加。

《快報周刊》：但如果我們最後廢止了極刑，那麼應該要用什麼方法替代呢？

巴丹岱爾：極刑沒有替代品。不過我們應該要看清問題的真正本質，而不是任由不切實際的幻想擺布。在目前我國約四萬零三百名的監獄人口中，只有極少數人的命運與死刑連繫在一起。因此，說什麼「斷頭台可以保障法國人民安全」，都是騙人的。至於這少數幾位死刑犯，他們之中每個人的狀況不同。我認為，如果能有一個「執行法庭」，定期追蹤每位無期徒刑犯者的情況是否有所改變，這是至關重要的。如果此一法庭評估受刑者對社會仍存在著威脅性，此人便不應該重獲自由；而若在長年服刑後，有實據足以保證受刑者的狀態已適合重返社會，則應該釋放。一個人會改變，這個可能性是刑罰制度絕對必須納入考量的。

《快報周刊》：那針對被害者，您會怎麼做？

巴丹岱爾：司法體系當然必須努力不懈地打擊犯罪，但我不能接受一個會殺人的司法。

《快報周刊》：所以即便拋棄了「殺人償命」這種觀念，法國人仍然可以感覺到「正義實現在人間」嗎？

巴丹岱爾：看看義大利人、英國人和德國人怎麼反應？就算面對著像恐怖主義如此重大的罪行，他們可沒有恐慌焦慮到將死刑再搬出來呢！我們沒有辦法想像，法國人仍非得要看到斷頭斧開鍘，才能化解心中的不安。這種觀念把人民當成只有原始反應的嬰兒，我們必須脫離這種將人民幼稚化的司法。

《快報周刊》，一九八一年五月二十九日至六月四日

廢除死刑的國會演說[1]

一九八一年六月二十三日，我獲任命為法務部長。同年九月，我在國會演說，說明廢除死刑的法案。

國會主席：現在由法務部長發言。

法務部長：主席，各位議員女士、先生，很榮幸代表共和國政府請求國民議會廢除法國的死刑。

此時此刻，在座每個人都在衡量廢除死刑對我們和我們的司法所產生的影響。首先，我要感謝法制委員會，因為它全然明白此項草案的精神。其次，要特別感謝法案

1 譯註：此篇譯文的部分內容取自刊於《台灣廢除死刑推動聯盟電子報》之節譯並酌加修改。網頁https://www.taedp.org.tw/story/10893（閱讀日期：二〇二一年五月一日）。

審查人雷蒙・伏爾尼（Raymond Forni）先生。這不僅因為雷蒙・伏爾尼勇敢堅毅、才華洋溢，同時也因為他多年來致力於廢除死刑。除了感謝伏爾尼先生之外，我也要向他看齊，向早在此次關鍵性政黨輪替之前，許多年來，特別是在歷屆法制委員會中，不分黨派，為促進廢除死刑而努力的所有議員們致意。

這種超越政治分歧的思想契合充分說明了，今天在座各位所面對的，在本質上是一場良知的辯論。每個人都必須做出選擇、做出個人承諾。

適才，伏爾尼睿智地強調，一段漫長的奮鬥旅程即將在今天到達終點。從一七九一年，勒培勒提爾在法國史上的第一次國民議會大會上要求廢除死刑以來，至今已過了近兩個世紀。

讓我們回望這一路走來的法國。

法國是偉大的，不僅因為她擁有強大的實力，也因為實力之外所散發出的法蘭西思想、理想和寬容的燦爛光輝，使她在歷史關鍵的時刻卓越不凡。

法國是偉大的，因為她是歐洲第一個廢除酷刑的國家。儘管當時的法國，不乏謹小慎微之人警告反彈：沒有酷刑，法國司法將手無寸鐵；沒有酷刑，良民將受害於不法之徒。

法國是世界上最早廢除奴隸制度的國家之一，這個罪惡的制度至今仍是人類文明的一大恥辱。

然而，儘管法國有過去諸多無畏的努力，卻是西歐最後廢除死刑的國家之一，甚至——這我不敢大聲張揚——，其實幾乎是敬陪末座；但法國以往卻常在西歐國家間扮演核心的角色。

為何法國會如此落後呢？這就是我們首先要問的問題。

問題的癥結不在於缺乏進步思想。其實，最振奮人心、擲地有聲的真知灼見，經常是從法國，而且就是從這個半圓形的議事殿堂裡響起的，以最振聾發聵的雄辯，捍衛著廢除死刑的信念。伏爾尼先生，您剛才提到雨果，十分正確。而在支持廢除死刑的作家行列中，我要加上卡繆。此刻我們置身國會之中，又如何能省略不提鞏貝達、克萊蒙梭[2]，特別是那偉大的饒勒斯呢？他們都曾起身為廢除死刑發聲，都曾支持廢除死刑的理念。那麼如何解釋長久以來，我們的國家一直處於靜默，遲遲未能付諸行動呢？

2 譯註：克萊蒙梭（Georges Clemenceau, 1841-1929），法國政治人物，曾任國會議員、部會首長等職。

同樣地，我也不認為這是民族特性使然。基於經驗，我可以確定，與其它國家人民相比，法國人民絕不至於更加酷愛嚴刑峻法，或比較缺乏人道精神。法國的法官和陪審員的寬容也不遜於其他國家的。因此，答案不在這裏。我們必須往他處去找。

我認為，箇中理由在於政治因素，何以見得呢？

我剛才提到，兩百年來，在廢死的理念背後，集結了來自各個政治階層的男男女女，乃至不分階級的全國國民。

但如果仔細觀察我國的歷史，我們會發現廢死作為一個議題，始終被歸為法國左派的遠大理想目標之一。我口中的左派，請不要誤解，指的是改革的力量、進步的力量、有時甚至是革命的力量，總而言之是推動歷史前進的力量。（掌聲從社會黨議員、許多共產黨以及部分法國民主聯盟議員的席位間傳來）

請各位單純地審視事實，就能一目瞭然。

先前我提到一七九一年的第一屆國民制憲議會，這個崇高偉大的制憲議會。誠然，制憲議會沒有成功廢除死刑，但至少拋出了這個議題，以當時的歐洲來說，可謂一個出乎意料的大膽提議。而制憲議會仍限縮了死刑的適用範圍，限縮的幅度高於所有其他歐洲國家。

法國史上第一屆共和國國民議會，也就是共和四年霧月四日（一七九五年十月二十六日）的國民公會宣告，自全面恢復和平之日起，法國即全面廢除死刑。

伯夏議員（Albert Brochard）：大家都知道這個廢死的決定讓馮代內戰[3]付出了多大的代價！

數位社會黨議員：保皇的舒昂派[4]！安靜！

法務部長：後來法國的確恢復了和平，但此刻新起的政權是波拿巴皇權。而新政權頒布的刑法典中仍保有死刑。此部刑法一直沿用至今，但此狀況不會再持續太久了，這是真的。

讓我們繼續跟著歷史的步伐。

受到一八三〇年七月革命的影響，一八三二年，全面放寬減罪條件之適用，被判處死刑的案件數量隨即減半。

3 譯註：馮代內戰（Guerre de Vendée），指的是法國大革命期間，保皇的反革命人士與共和派的革命政府間的內戰，主要發生於法國西部，羅亞爾河（la Loire）南岸。

4 譯註：舒昂派（les chouans），原指與馮代內戰同時，於羅亞爾河北岸與革命政府對峙的保皇派人士，後引申為保皇黨人。

一八四八年二月革命廢除了政治犯的死刑。一直到一九三九年大戰前，這一措施從未遭到質疑。

此後，一直要等到一九〇〇年的後幾年，當左派躋身法國政治舞台中心時，民意代表們才再一次面臨關於廢除死刑的討論。就在我們現在所處的地方，巴雷斯[5]和饒勒斯兩人在一場慷慨激昂的辯論中對決。法國的辯論史至今仍崇敬地保留這段鮮明的記憶。

我以在座各位的名義向饒勒斯致敬，在所有善於論述的左派人士中，從未有人能如他一般將感性的訴求與理性的闡述帶到最崇高、最深遠以及最高尚的境界。他為社會主義、自由和廢除死刑做出的奉獻，無人能出其右。（從社會黨席位以及數個共產黨席位響起熱烈掌聲）

饒勒斯……（被法國民主聯盟黨和共和國聯盟黨[6]議員打斷）

難道在座當中仍有人對某些名字感到不自在？（社會黨和共產黨的議員拍手鼓掌）

諾何議員（Michel Noir）：這是挑釁！

柏嘉荷議員（Jean Brocard）：這裡不是法庭，是國民議會殿堂！

國會主席：反對黨議員們，請自重！饒勒斯和其他政治人物一樣，名留法國青史。

（社會黨和共產黨議員席間響起掌聲）

科何茲議員（Roger Corrèze）：對，但巴丹代爾絕不會名留青史！

瓦涅議員（Robert Wagner）：您現在是法務部長，不是法庭裡的辯護律師！

國會主席：部長先生，請繼續。

法務部長：議員諸公，我剛才也向巴雷斯致敬了，儘管在這議題上，我倆的觀點南轅北轍。這一點，不需我再強調了。

但我必須重提饒勒斯曾說過的話，因為顯然地，他的話語至今仍深植人心：「死刑有悖於兩千年來人類思想中最崇高、最神聖的理想。它既不符合基督精神，也違背法國大革命精神。」

一九〇八年，布里昂試圖要求議會廢除死刑。出乎意料地，他捨棄他雄辯的口才，僅向議會提出一個簡單的事證。此一事證的揭露，是當時實證主義派犯罪學最新的一

5 譯註：巴雷斯（Maurice Barrès, 1862-1923），法國政治人物、作家，是法國民族主義的代表人物。

6 譯註：共和國聯盟黨（Rassemblement pour la République），存在於一九七六至二〇〇二年間的法國政黨，屬於戴高樂主義的偏右政黨。

項研究成果。

布里昂向聽眾們指出，在當時那個社會和經濟非常穩定的年代，由於歷屆共和國總統個人對死刑有著不同的觀感，死刑制度的實踐在前後的兩個十年間，發生了巨大的變化：一八八八年至一八九七年間的歷任總統都執行死刑；一八九八年至一九〇七年間，當時在任的兩位總統，盧貝及法利埃爾都厭惡死刑，因此一律特赦死刑犯。當時的數據資料顯示：前一個規律執行死刑的十年內，共發生了三千零六十六起命案；然而，在第二個的十年間、在那個由於人性的慈悲、由於對死刑的嫌惡，使得死刑退居幕後，不再是制裁犯罪手段的年代中，殺人案件降至一千零六十八起，將近是前一個十年的半數。

這就是在道德原則之外，布里昂向議會請求廢除死刑的理由。此時的法國總算意識到死刑並不具有威嚇性。

當時部分媒體立即發動了一波強烈的輿論攻擊，譴責支持廢除死刑的人士，也因此，當時國會裡的部分議員毫無勇氣登上布里昂遙指的崇高峰頂，就這樣，一九〇八年，死刑繼續存留在我們的法律以及司法實務之中。

從當時到現在，歷經七十五年，國會便沒有再受理過請求廢除死刑的提案。

我深信自己的口才不如布里昂——各位聽到我這麼說，想必十分高興，但我確信各位將更具有勇氣，這才是至關重要的。

伯夏議員：這就叫做勇氣嗎？

歐蒙議員（Robert Aumont）：這樣子打斷演講，真是為反對而反對！

科何茲議員：這段時期也有左派政府啊！

法務部長：人們可能會問：「為什麼我們在一九三六年沒有任何作為呢？」原因之一是左派執政時間不長。另一個原因很簡單，那就是當時人們已能察覺到世界大戰即將引爆，而戰爭時期不是提出廢除死刑議題的適當時機。事實上，戰爭與廢除死刑的的確確無法同時進行。

到了法國解放時期；我個人認為，解放時期的法國臨時政府之所以沒有提出廢除死刑議題，是因為在那個動盪年代，歷經戰爭罪行與被德軍佔領的嚴苛考驗，人們的心理狀態還沒準備好。當下人們所急需的是戰火的平息以及心靈的平靜。

此一分析同樣適用於去殖民化時期。

的確，也唯有在經歷了這些種種的歷史考驗之後，廢除死刑此一重大課題才能夠被提到國民議會討論。

「法國為何遲遲未能廢除死刑？」在此一問題上，我不再繼續深究，因為伏爾尼已經作了解釋。但在上屆議會任期間，法國政府為何始終不願向國會提交廢除死刑的法案呢？何況該屆的法制委員會與在座的多位都曾勇敢地要求就此問題進行辯論？政府當中的不少部分內閣成員，也曾以個人名義表態支持廢除死刑。然而無論如何，當時手握提案權的官員們，他們的發言給人一種感覺，那就是，在這項議題上的當務之急是必須繼續耐心等待。

等待！我們已經等了兩百年，還得繼續等待！

等待，好像死刑或斷頭臺就像樹上的一顆果子，需要等待它成熟才能採摘！等待？實際上我們非常清楚，政府裹足不前的原因在於畏懼民意。更甚者，議員女士、先生們，一旦諸位投下廢除死刑的贊成票，便會有人控訴各位無視民主規則，因為您們忽略了公眾意見。然而事實絕非如此。

當各位投下廢除死刑的神聖一票時，您們比任何人都更遵守民主規則。

談論至此，我並非要引述一個由一位英國偉人創發的概念；此一概念將議會比喻為一座照亮國家道路的燈塔。不，我想特別提出的，是民主的根本來自人民在直選中所表達的意志，所有當選人都應予以尊重。

然而，我必須強調，是否廢除死刑，此一問題其實已有兩次讓公眾直接表決過了。現任共和國總統曾告知全國選民，他個人於私憎惡死刑，而且非常清楚地表達了他的意志：如果當選，他將要求政府向議會提交廢除死刑的要求。全國人民透過投票做出的回應是：贊同。

緊接著是國會大選。競選期間，所有左派政黨都將廢除死刑列入公開政見……。

伯夏議員：什麼政見？

法務部長：廢除死刑。人民投票的結果使左派成為國會的大多數。也就是說，在投票的當下，選民非常清楚地知道，這等同於對政見表達同意。而此份政見中，居首要道德義務之位的，就是死刑的廢除。

人民與當選人之間的關係是個嚴肅的盟約。此一盟約將當選人的意志繫於全體國民，當選人的首要職責就是履行對選民的承諾。因此，當您投下廢除死刑的神聖一票，就是在實現對人民直選結果以及民主機制的尊重。

或許又會有另一批人說，既然廢除死刑是一個全人類良知應面對的問題，那麼應該訴諸人民公投。如果可以選擇，這個問題當然值得深究。但在座的你我都非常清楚，而且伏爾尼剛才也說了，公投這條路與憲法不符。

我想提醒議員諸公——不過說實在地，我有需要提醒各位嗎？——，戴高樂將軍是第五共和的創建者，而他不希望社會問題，或者更適切地說，道德問題交由公投決定。

同樣地，我也不需要再次提醒各位，議員女士、先生們，懲罰墮胎婦女的刑責和死刑一樣，都是明文寫進刑法的。而依據憲法，各位是唯一擁有修改、更動刑法之權利的人。

換言之，在廢除死刑的議題上，如果被動地等著遵從人民公投結果，或者，等著把公投的答案當作自己的答案，這無疑是在刻意藐視憲法的精神與條文，也是一種畏於輿論因此逃避作答的詭計。（掌聲從社會黨議員以及幾位共產黨議員席位傳來）

過去數年我們在啟發輿論方面毫無作為。相反的，我們不願學習已廢除死刑國家的經驗！我們從未思考一個基本事實：為何我們的週邊國家、我們的姊妹國家、我們的四鄰，作為西方民主大國都能在廢除死刑後平安無事？我們也忽略了所有大型國際組織做出來的研究，比如歐洲委員會、歐洲議會、聯合國犯罪研究委員會等。我們無視這些研究一貫不變的結論。至今從未有任何根據可以證實，刑事法律中死刑的存廢與血腥犯罪率曲線變化之間存在著任何關係。但是，我們不但不去解釋和強調這些顯而易見的事實，反而繼續鼓動焦慮、刺激恐懼、造成混淆。同時，我們蒙蔽了一個更亟需面對的問題，那就是隨著經濟、社會環境的變遷，輕、中度犯罪的發生率確實節節攀升，令人憂心。而輕、中度犯罪本來就無涉於死刑。相比之下，所有理性客觀的人都同意，法國的血腥暴力犯罪則從未發生曲線變化，甚至，如果以法國人口為計算基礎，血腥犯罪的發生率甚至趨於停滯狀態；但對此，我們卻選擇噤聲不談。一言以蔽之，在輿論方面，出於選舉考量，政治人物們鼓動著集體焦慮、剝奪民意捍衛理性的機會。（掌聲從社會黨議員及部分共產黨議員席間傳出）

事實上，對於想理性分析死刑議題的人而言，死刑的問題是很單純的。死刑問題不是有無威嚇作用的問題，也非關遏止犯罪的手段，而是一個政治及道德選擇的問題。

雖然剛才已經說過，但是由於以往一貫的沉默，我想再強調一次：犯罪學家們進行研究所得出的唯一結論就是，死刑和暴力犯罪率的變化之間毫無任何關聯。我還要再提醒各位，國際上各方做出的許多研究成果：一九六二年歐洲委員會的調查報告、英國政府發表的白皮書。這份白皮書是基於對所有已廢死國家所進行的嚴謹研究。在此之後，英國決定廢除死刑，後來還曾兩度拒絕恢復死刑。另外還有加拿大的白皮書，它的研究方法和英國一樣。聯合國設立的預防犯罪委員會也進行了相關調查，最新的文字報告於去年在委內瑞拉的卡拉卡斯（Caracas）完成。最後，歐洲議會也提出調查結果，而且我認為魯迪[7]女士是幕後一大功臣。這份調查結果最後促使歐洲議會以壓倒性的多數、代表歐洲，當然，也就是西歐，表達了希望死刑全面在歐洲消失的立場。也就是說，所有的研究報告都一致指向同一個結論，也就是我剛才說明的那個結論。

死刑存廢與暴力犯罪發生率的變化之間毫無關聯，因此，死刑其實不具有威嚇作用，即便許多人總是急於證明死刑有遏阻犯罪的功能，但總是無法提出有力的證據。這些道理，如果我們是真心誠意地想要討論死刑問題，那麼，其實都不難理解。這點我等一下會再回來談。請各位先簡單地想一想，最令人髮指的罪行、最容易激起公眾情緒的犯罪行為，或者我們稱之為最殘忍的罪行，都是因為一時受暴力衝動或殺人衝動的驅使而失去理性的人所犯下的。在瘋狂的這一刻、在殺人衝動最高漲的這一刻，所有的刑罰，無論是死刑或是無期徒刑，在殺人者的身上都起不了任何作用。

不要跟我說，這些一時衝動殺人的，不會被判死刑。只需瀏覽一下過去幾年的判決紀錄，就會發現，事實正好相反。奧立維耶（Jean-Laurent Olivier）被處決後，透過他的驗屍解剖報告，我們才發現他的腦前半部有些異常。這幾年被判死刑的還有嘎拉昂、盧梭（Michel Rousseau）及嘉爾索。

至於那些心思縝密的犯罪者，他們懂得估算風險、懂得在獲利與刑罰之間權衡。這種冷靜型歹徒，你們是不會在可判死刑的案件中看到他們的。這些人是智慧型竊賊、皮條客、販毒者或者集團式犯罪者、幫派份子，以及置身犯罪幕後、但是真正從犯罪中獲益的藏鏡人。你們絕對不可能在死刑案件中遇見這類人士，絕不！（社會黨及共產黨議員席間傳出掌聲）

透過司法的判決年報，我們才能窺知死刑的實情。如果您翻閱這些年報，便能察覺，過去三十年間被判處死刑的被告當中，沒有任何一個「大牌」的黑幫份子——如果我們可以用「大牌」來形容這類人的話；從來不曾有過任何一個真正的「全民公敵」被判死刑。

伯夏議員：那梅斯利涅[8]呢？

桑托尼議員（Hyacinthe Santoni）：那布菲呢？邦頓呢？

7　譯註：魯迪（Yvette Roudy, 1929-），法國女性政治人物，社會黨員，曾任歐洲議員、女權部部長等職。

8　譯註：梅斯利涅（Jacques Mesrine, 1936–1979），一九七〇年代犯下多起搶劫、綁架案的江洋大盜，當時有「千面人」、「全民頭號敵人」之稱。

法務部長：他們是屬於另一個類型，也就是我剛才說的，充斥在死刑判決紀錄中的那類人。

事實上，相信死刑有嚇阻性的人們並不瞭解人類本性。犯罪衝動和其它高尚的激情一樣，都不會被死亡的恐懼所澆滅。

如果對死亡的畏懼能夠嚇阻人們的某些行為，那麼大家就不會看到偉大的將士或者賽車選手了。我們欣賞這些人，正是因為他們在死亡之前毫不畏懼。受其他激情驅使的人，也一樣毫不猶豫。只有在針對死刑時，人們才杜撰了「對死亡的恐懼能遏止極端激動的人」的說法。這是不正確的。

此外，既然有人提到了布菲和邦頓的名字，這兩名已遭處刑的死刑犯比任何人都適合被拿來做為最佳案例，說明死刑其實並沒有嚇阻作用。就在布菲、邦頓二人步出特華法庭時，在那圍堵叫囂著「布菲去死！邦頓去死！」的群眾中，站著一位年輕男子，他的名字是派翠克．亨利。相信我，當我得知此事時，我大吃一驚。在那頃刻間，我明白了一件事：這就是死刑所謂的嚇阻作用嗎？（社會黨及共產黨議員席間傳出掌聲）

米構議員（Pierre Micaux）：那您去跟特華的民眾解釋啊！

法務部長：在座的各位都是政治人物，都清楚自己的職責所在。與我們友好國家的主政者，他們肩負著引領西方民主大國命運的重責大任；自由國度人民對道德價值的追求十分熱烈堅持，因此這些主政者背負著人民極嚴厲的期待。在這樣的情況下，假使死刑真有那麼一丁點兒的嚇阻作用、假使它真的對打擊暴力犯罪有絲毫的用處，那麼，這些負有重任的政治人物怎麼又會廢除死刑，而且拒絕將它恢復呢？光是這麼想，對他們來說，就已經是莫大的恥辱了。

伯夏議員：那加州呢？雷根肯定是個跳樑小丑！

法務部長：我們會把這話轉達給他。我相信他會很喜歡這個標籤！

無論如何，我們的前任總統承認他個人對死刑有一種厭惡，雖然他通常是在私底下這麼說。但我們可以具體地想想，假設法國在一九七四年便廢除了死刑，那麼對現在的我們而言，其實際的影響會是什麼？

如果一九七四年我們便廢除死刑，也就是說，到了今天一九八一年，正好是一屆總統七年任期的結束。那麼，這會對法國人民的安危意味著什麼呢？意味著這段期間內遭判處無期徒刑者的人數會由三三三名，再增加本來該判處死刑的三位，於是變成三三六名。就這樣。多出三位，僅此而已。

哪三位呢？讓我來幫各位複習一下。首先是拉努其。不需要我強調，人們對拉努其的案子仍然有許多疑問。但對所有渴望正義的靈魂來說，光是這些疑點就足以將拉努其判處死刑。接著是嘎拉昂。他智能不足、酗酒成性。他的罪行無疑十分慘忍，但犯案時，他在全村人眾目睽睽之下牽起小女孩的手，不久後便將小女孩殺害。這代表他根本不曉得是什麼樣的力量在驅使他做這樣的事情。（共和國聯盟黨與法國民主聯盟黨議員席間傳來一些耳語）最後是將度比（Hamida Djandoubi）。將度比只有一隻腳，而且無論他的罪行多麼地駭人——這個形容詞一點都不誇張——，他很明顯地展露出所有患有精神異常的跡象。但他還是被押上了斷頭台，在行刑前，還被人卸下了義肢。

這三個人已經死了。我無意向各位乞求對他們起憐憫心，這實在不是適合的時機，也非恰當的場合。但我只希望您們稍微想想，這三人當中，第一位是否的確有罪，仍是一個懸而未決的問題；第二位智能不足；第三位有肢體殘缺。

我們真能大言不慚地說，這三個人此時若關押在法國監獄裡，會對法國人民的安危造成任何程度的威脅嗎？

伯夏議員：這真是教人難以置信，這不是在法庭上好嗎！

法務部長：這就是具體考察死刑實務而得出的真相。再簡單不過了！（社會黨及

共產黨議員席間傳出長時間的掌聲）

柏嘉荷議員：我要離開這個重罪法院了。

國會主席：這是您的權利。

伯夏議員：您是法務部長，不是律師！

法務部長：而這個真相……

科何茲議員：這只是屬於您一個人的真相。

法務部長：……似乎會把人嚇跑。

我們都知道，無論從威嚇性還是遏止性來看，這些問題都不存在。死刑問題是一個政治選擇，更是一個道德選擇的問題。

死刑帶有政治意涵，此一事實，只需看看世界地圖，便能知曉。我很遺憾在這個國會議場裡，沒有辦法像在歐洲議會那樣向大家展示大圖。但如果有圖的話，大家就會發現，已廢死國家和未廢死國家的分布與自由國家和不自由國家的分布剛好吻合。

米歐賽克議員（Charles Miossec）：真是混為一談！

法務部長：事實擺在眼前。絕大多數西方民主國家，尤其是歐洲國家，不僅在制度上，自由獲得保障，實務上也完全尊重落實自由精神；在這些國度裏面，死刑已然消失。

馬庫斯議員（Claude Marcus）：美國可沒有。

法務部長：我剛才有特別強調西歐國家。不過您提到美國，這是很有意義的。已廢死國家和自由國家的分布幾乎完全吻合。自由國家的普世法則就是廢死，死刑在自由國度中的存在屬於例外現象。

科何茲議員：社會主義國家不是這樣。

法務部長：我完全同意。在世界上所有藐視人權的獨裁國家，無一例外地，您都能看到斗大血淋淋寫著「死刑」二字。（社會黨議員席間傳出掌聲）

科何茲議員：共產黨人對此心知肚明！

夏瑟蓋議員（Gerard Chasseguet）：共產黨人還欣然接受呢。

法務部長：這就是第一個明顯的事實：廢死幾乎是所有自由國家的普遍原則；而死刑則是極權國家的慣例。

這個世界分為兩極，並非巧合，而是有因果關聯的。死刑真正的政治意涵在於認定政府擁有支配公民的權力，程度之大，甚至可取其性命。由此可知為何死刑存在於所有集權體制內。

關於這一點，各位也可透過司法的實務面，或者伏爾尼的描述中推論出死刑真正的意涵。從司法實務面來看，死刑是什麼？就是十二位男男女女，他們只能透過幾天的開庭，在無法追根究底的情況下，卻擁有無比沉重的權力或者義務，必須在短短數十分鐘內，甚至幾分鐘內，做出被告是否有罪的困難決定，並由此延伸至對一個人做出他將是生是死的決斷。在一個民主社會裡，十二個人擁有權力決定孰生孰死。我要說，這樣的司法觀念帶有集權政治的意涵，正因為如此，此種觀念不能相容於自由的國度。

此外，誠如伏爾尼適才所言，我們也應該認真反思總統的特赦權。在那個君王被視為神在地上的代理人，因此國王即位時須受受膏禮的年代，君主擁有的特赦權是有其合法基礎的。在一個任何制度、任何層面皆深受宗教影響的文明與社會中，神的代理人掌生殺大權，這是很容易便能理解的。但若是在一個共和體制、民主的國家之中，無論一個人的功績如何偉大、無論他的內心多麼良善，他都不該擁有任何一種在承平時期操控他人生死的權利。

法拉拉議員（Jean Falala）：除了殺人兇手以外！

法務部長：我明白——而且這也是今天最大的問題——，部分人士把死刑視為終極手段，一種捍衛民主的最極端形式，以面對恐怖主義所造成的嚴重威脅。這些人認為斷頭臺不僅不會使民主蒙羞，甚至可以維護民主。

此一說法來自於一種對事實的無視與完全曲解。事實上，歷史告訴我們，如果有一種犯罪即使面臨死亡的威脅也毫不退縮，那就是政治犯罪。確切地說，如果有一種人，無論男女，即使面臨死亡的風險也不退縮，這種人一定非恐怖主義分子莫屬。首先，因為他在進行暴力行動的時刻同時挑戰著死亡；其次，因為他們內心深處感受到來自暴力和死亡的煽惑，無論是施加於他人的暴力和死亡，或是自己甘願承受的暴力和死亡。對我而言，恐怖主義是破壞民主的嚴重罪行，如果它在法國萌芽，則必須予以壓制、嚴正以對。無論受到哪一種意識型態催化，恐怖主義是一個以死亡為號召的集結行動，正如西班牙內戰時期法西斯份子高喊的「死亡萬歲！死亡萬歲！」所以，如果相信可以用死亡來阻止恐怖分子，無疑是不切實際的幻想。

進一步而言，如果鄰近的民主國家，即使深受恐怖主義之苦，仍然拒絕恢復死刑，不僅是基於道德的堅持，同時也是基於政治的考量。各位想必知道，在某些人，尤其是在年輕人的眼裡，行刑、處決會使一個恐怖主義份子昇華成烈士，他這個人和他所幹下的犯罪事實會被剝離、分成兩個獨立的部分，使之美化成一個背負著使命、一路走來始終如一，直到生命盡頭為止的英雄；他為自己所信奉的理想犧牲，失去生命在所不惜，即使這個理想是這麼地可憎。如此一來，將恐怖分子判處並執行死刑，會導致一個巨大的風險，那就是，處決了一個恐怖份子之後，在他身後的陰影之中，反而會牽引出二十個受到迷惑的年輕人起身跟隨。這個風險正是我們友好的民主國家領袖們所權衡思考的重心。也就是說，死刑不僅距離打擊恐怖主義的這個目標十分遙遠，甚至反而助長了恐怖主義。（社會黨議員以及少數共產黨議員席間傳來掌聲）

以上是基於事實的理由。除此之外，還有道德因素。用死刑對抗恐怖份子，對一個民主體制來說，無非等於效法恐怖主義的價值觀，將它挪為己用。恐怖主義份子綁架受害者，施以折磨恐嚇以取得口供，在對司法程序進行了一番卑劣且粗糙的模仿後，他們將被害者處決。此時，他們不僅犯下了令人髮指的罪行，同時也對民主設下了最狡詐的陷阱、一個死亡暴力的陷阱，迫使民主國家訴諸死刑，好讓恐怖份子欲顛覆價值觀的意圖能夠得逞、強逼民主戴上與他們一樣血腥的面具。

我們必須拒絕死刑暴力的誘惑。民主社會絕無法容忍暴力，絕不可讓民主社會與恐怖主義的極端暴力謀合。

於是，當我們排除了死刑問題引起的情緒反應，意識清晰地釐清所有面向後，我們會發現死刑的存廢之間，無論對我們的社會或個人來說始終是一個道德選擇。

我不打算引用什麼權威人士的立場作為論據，因為這在國會殿堂裡實在不合適。但我們不能不提，過去幾年間，法國的天主教會、改革宗教會會議以及猶太教的拉比們皆高聲反對死刑；也不能不特別強調，許多在世界各地不遺餘力捍衛自由與人權的重要團體，諸如國際特赦組織、國際人權聯盟與人權聯盟等等，皆大力鼓吹廢除死刑。

伯夏議員：除了受害者家屬以外。（社會黨議員席位持續傳來竊竊私語）

法務部長：在現下這個我們不斷談論道德價值危機的年代，宗教機構和世俗團體，敬神之人與熱愛自由者在同一個議題上能夠不謀而合，這是極具有意義的。

科里格議員（Pierre-Charles Krieg）：還有百分之三十三的法國民眾！

法務部長：對於支持死刑者與他們的選擇，廢死的倡議者，包含我在內，都予以尊重。遺憾的是，這份尊重通常得不到對向的回應。仇視的情緒背後，經常隱藏者一項深刻的信念，而對於自由人類的信念，我將永遠予以尊重。我曾說，支持死刑者心中的信念，就是認為處決罪犯才能滿足對正義的要求。對他們而言，某些慘絕人寰的罪行只能以剝奪施暴者的性命才能償還。

受害者的死亡與痛苦，其遭遇是如此地不幸且令人恐懼，以至於必須再殺一個人、再使一個人痛苦才能加以抵銷。若非如此，按照不久前某任法務部長曾說過的，重大犯罪所引起的社會焦慮以及激憤將無法平緩。我認為這樣的講法等於贖罪獻祭的概念。對支持死刑者而言，受害者的死亡非以罪犯的死作為代價不可，否則正義無法伸張。

說得更直白一些，這表示即便經歷了數千年，血債血還仍將持續是人類司法的唯一且必要的法則。

在我的生命中，我經常思忖、揣量受害者所受的不幸與深刻的痛苦，頻率遠遠超過那些大聲疾呼、批評廢除死刑等於不尊重受害者的人們。我比任何人都明瞭犯罪是人間苦難的交會處，是一切不幸的軌跡。不止是受害者本身不幸、其父母與親友的不幸，同時也是罪犯父母的不幸。推論到最後，經常也是犯罪者自身的不幸。是的，犯罪是一種不幸。任何一個有勇氣、具理性和責任感的男士、女士，無不希望消滅犯罪。

但是，在內心深處與受害者感同身受，用盡一切方式讓社會的暴力與犯罪降到最低，這種意念以及打擊犯罪的決心不必然非得要致犯人於死地，始能實現。受害人的父母、親友基於人類在受害時的自然反應希望罪犯被判死刑，這一點我十分理解。這是人類會有的反應，很自然。但是，司法歷史上的所有進步都以超越私人報復為訴求。

如果不能先揚棄血債血還的觀念，如何能夠超越私仇呢？

事實是，人們之所以對死刑情有獨鍾，箇中有一個更深層的動機，通常沒有人會公開承認，那就是，將罪犯永遠消滅、以絕後患的企圖。讓很多人不能接受的關鍵點並非殺人犯在牢獄中活著，而是擔心有一天他會再犯。為了避免這樣的事情發生，這些人認為，唯一的保障就是將他處死，也就是說，死刑犯是被預防性處決的。

由此觀之，司法殺人並非出於報復，而是出於謹慎、預防。如此一來，除了贖罪性的司法外，還出現了將人予以消滅的司法。在司法天秤的背後，聳立著斷頭台。兇手之所以不得不死，就僅僅為了防範他再次犯案。這一切道理如此簡單明瞭，而且這麼地恰如其分！

但是，當我們以正義之名，接受或提倡這棄絕他人生命的司法，我們必須明確地知道自己所選擇的，是屬於何種道路方向。即使對支持死刑者而言，若要一個會殺人的司法被眾人接受，那麼必須在處死罪犯時，清楚明白地意識到自己在做什麼。我們的司法所幸不殺精神異常者。但它卻沒有能力絲毫不差地判斷被告是否精神異常，以致於在司法實務中，必須仰賴所有專家領域當中最主觀、最不確定的精神醫學來判斷。如果精神醫學的分析判斷對被告有利，他便能逃過一死，而我們的社會也能夠接受，即便被告的確具有某種風險，亦無人會對此感到憤怒不公。相反的，如果精神醫學的判斷不利於被告，那麼他就是死路一條。一旦我們接受了這種棄絕他人生命的司法，肩負重責的政界人士便必須深刻思考，我們所認同的是哪一種歷史邏輯。

我現在講的，並非那種毫無差別，將罪犯、精神異常者以及異議份子一視同仁、皆作為社會「腐化」因子看待而意欲全數消滅的社會。不是的，我現在講的，是民主國家的司法制度。

在棄絕他人生命的司法制度背後，隱藏著、覆蓋著深深的種族歧視，隨時伺機而動。如果說美國最高法院曾於一九七二年傾向廢除死刑，這主要是因為它發現百分之六十的死刑犯都是黑人，然而黑人只占美國人口的百分之十二。對一個法律人而言，多麼地教人坐立難安！至於我國，我小聲跟各位講，不要忘了，自一九四五年以來死刑定讞的三十六名罪犯中，有九位外籍人士，占了四分之一，但他們只占全國人口的百分之八。其中有五位來自北非，而北非移民僅占全國人口的百分之二。一九六五年以來，共九名罪犯死刑定讞，當中有四位外籍人士，包括三名北非人。他們所犯下的罪行難道比其他罪犯所犯下的更殘酷？又或者是因為在犯罪的當下，此類犯罪者更令人感到害怕呢？這是一個疑問？僅僅是一個疑問！但這問題是如此的急迫、如此的令人困惑，赤裸又殘酷地向我們不斷逼近，實在是只有廢除死刑才能終結這種窘境。

歸根究底，廢死是一個基本原則的選擇，代表某種人性觀及正義觀。渴望著司法能夠殺人的人，其內心受到兩種信念的驅使：首先，他們相信世上存在著十惡不赦的人，他們必須對其惡行負起完全責任；同時，他們也堅信，有一個絕不出錯的完美司法，能夠絲毫不差地決定孰生孰亡。

到了我現在這個年紀，上述這兩種認知對我而言皆為錯誤。不管一個人的罪行多麼殘忍、多麼可惡，世上沒有任何一種行為是必須由行為者自己單獨承擔所有責任的，也沒有任何一個人是絕對完全無可救藥的。不管司法多麼謹慎，無論做出判決的男士、女士們如何地小心謹慎、戰戰兢兢，司法終究是人為的司法，終究免不了發生錯誤。

我所說的並不僅限於嚴格定義下的冤案。也就是說，執行死刑後，才發現被告是無辜的這種情形。這種悲劇到今天仍在上演著！而正因為死刑判決乃以整體社會之名而做出，所以等於整個社會——也就是我們當中的每一個人——集體地犯下殺人罪，因為這個社會的司法造就了最極致的不正義。除此之外，司法判決中還存在著不確定性與前後矛盾。比如，被告一審被判死刑，但因程序瑕疵的問題，死刑判決遭到撤銷，於是發回重審。同一名罪犯，其犯罪事實不變，卻在二審時逃過死劫。這無疑是在宣示著，司法上，一個人的生死可以取決於法院書記員筆下的一個偶然錯誤。或者，另一種偶然性在於，有些罪行較輕的被告遭判處死刑，而罪行較重大的犯人卻可能因為法庭審判現場公眾的情緒、氛圍，甚或某些人過激的行為而反而能保住性命。

這種司法無疑是個抽獎式的司法，教人無法忍受——當我們在談論人的生死時，使用「抽獎」一詞形容，真是令人礙難啟齒。法國最高法院院長埃達洛先生將其一生漫長的職業生涯奉獻予司法，長時間在法院服務。在卸任前，他表示，由於量刑上的任意與不確定性，死刑對做為法官的他而言，成了一種難以承受之重。因為沒有人能夠以一人之身，為自己的行為承擔起所有責任、因為沒有任何司法是絕對完美無缺，因此，死刑在道德上是無法被容忍的。在座當中有上帝的信徒，只有祂有權選擇我們死亡的時刻。所有支持廢除死刑的人絕不可能相信人類司法能夠擁有這種決定死亡的權力，因為他們瞭解司法是會失誤的。

所以，各位的良知現正面對的選擇題，十分簡單明瞭：一是我們的社會應該拒絕殺人的司法，並且以那些彰顯我國文化之偉大且值得尊敬的核心價值之名，接受並承擔這個選擇，也就是接受，那些犯下恐怖罪行的人，無論罪大惡極還是精神異常，或者兩者皆是，他們都可以保存性命，這就是廢除死刑的選擇；二是這個社會選擇無視數世紀以來累積的經驗證據，仍要繼續相信，隨著犯罪者的消失，犯罪便會同時絕跡，這是殺人以永久隔絕殺人犯的思維。

這種棄絕他人生命的司法、這種焦慮與死亡的司法、帶著偶然與不確定性的司法，我們嚴正拒絕。我們拒絕它，因為對我們而言它是反正義的，它代表著激情和恐懼戰勝了理性和人性。

此次偉大的廢死法案，其基本精神與靈感來源，我都說明得差不多了。伏爾尼剛才也闡述了本法案的綱領，這些方針都是簡單且精確的。

正是因為廢除死刑是個道德的選擇題，所以作答必須明確。政府請求議會諸君針對廢除死刑與否進行投票，不夾帶任何額外限制，也沒有任何附加條款。當然，未來會出現各種相關限縮廢死適用範圍的修正提案，可能將特定犯罪類型排除在廢死之外。這些修正提案的動機，我都能理解，但政府的立場會希望看到各位予以否決。

箇中理由，最首要的，是因為歸根究柢，如果贊成廢除死刑，但排除「情節重大之案件」，這和支持死刑其實並無二致。在司法實務上，從來也只有情節重大案件的被告會面臨判處死刑的風險。既然如此，那還不如捨棄這些詞藻上的權宜之計，大膽明白地宣告自己是死刑的支持者。（社會黨議員席間傳來掌聲）

此外，亦有論者主張，死刑的廢除不應適用於特定類型之被害者遇害的案件，尤其針對無反抗能力者，或者遇害風險較高的特殊族群。關於這種排除條款，政府也希望議員諸君予以否決，即便這些條款背後的動機來自於對他人的同情體諒。

因為這些附加條件忽視了一個顯而易見的事實：被害者的遭遇令人感到不捨，而每位遇難的死者都同樣地令我們同情。當然，在我們心中，如果死者是名幼童或長者，比起若是一名三十歲的婦女，或者一位背負某種責任的成熟男子，來得更容易勾起我們的情緒反應。但就人類感受的實際情形而言，後兩者所經歷的痛苦程度不會小於前二者。任何一種所謂依照受害者痛苦程度而做的劃分，都是不公平的！

警員及獄政人員代表團體也要求，針對此二種人員遇害的案件，不應廢除死刑。政府十分理解這些團體的憂慮與訴求，但同樣要求此類排除條款能夠遭到否決。

警察及監獄管理人員的安危必須加以保障。所有能夠保護他們人身安全的措施都是必要，且必須落實的。然而，在今天這個二十世紀末的法國，為了達到保護警察和監獄人員的效果，我們不應該動不動便祭出斷頭台。警察和監獄人員遇害的案件，其兇手當然必須加以制裁。但在我們的法律裡，此一制裁手段的強度不應該比一般身分者受害的案件來得重。講白一點，法國法律不能容許給予特殊職業或群體任何刑事上的特別待遇。我相信警察和監獄人員都能明白這點。請他們理解，我們十分關切他們的安危問題，但絕不會因此便將他們劃分成共和國裡的一個特殊群體。

同樣為了清楚表明我們的立場，此次廢除死刑的法案不設置任何一種替代刑。最首要的理由是基於道德考量：死刑是種酷刑，我們不應以另一種酷刑代替酷刑。其次是政治以及立法清晰性方面的考量：目前普遍在談論的替代刑，指的是一段確定關押期，也就是說，法律需明文定出一段期間，期間內受刑人無法獲得假釋或任何一種暫停執刑的待遇。這種設置已經存在在我國的法律中，明文規定此確定關押期不得超過十八年。

我現在不希望國會開啟對是否修改此一關押期年限的辯論，是因為兩年後，政府將會向國會提出一項刑法修正案——就刑法修正過程所需的時間來看，兩年相對是個較短的等待。這部新刑法會更適合二十世紀末的法國，甚至，我希望，它也能符合我們對二十一世紀的展望。屆時，在座各位再來重新定義、建立並衡量，什麼才是今日與未來法國社會需要的刑法體系，會比較適宜。因此，我希望各位先不要將關於替代刑，或者更精準地說，關於確定關押期的討論，與今天我們所論辯的廢除死刑之原則，混在一起討論，否則這個討論不僅時機不對，而且還會是無用的。

之所以說時機不對，是因為為達整體的一致性，刑罰體系該如何規劃，必須有全盤的考量，而不能僅取決於針對單一問題的論辯，尤其是我們今天論辯的主題有其特殊性，必然牽動著許多情緒，以致於現階段我們只能解決部分的問題。

至於之所以說無用，則是因為，在未來的兩到三年內，也就是在在座女士、先生們全面重新建構我國的刑罰體系之前，所有被判無期徒刑的受刑人都將適用現行的確定關押期限規定[9]，因此目前我們不會討論關於這些人釋放條件為何等等的問題。各位都是立法者，您們都知道，未來新刑法內若減輕刑罰，那麼上述這些受刑人都可適用新法，此乃新法若減輕刑罰則可溯及過往之原則。或者假使未來新刑法加重刑罰程度，那麼便代表所有被判無期徒刑者都會面臨相同的待遇，不會再做任何區分，所有人都適用相同的假釋條件。因此，無論如何，今天實在沒有討論確定關押期年限的必要，請不要在現在這個時間點辯論這個問題。

同樣為了法律的清晰性與簡單性，本案中我們沒有提及任何關於戰爭期間的特殊規定。政府十分清楚地了解到，當對人命的輕視以及死亡暴力成為普遍法則、當承平

9 譯註：亦即前文提及最多十八年的限期。

時期的一些重要價值被其他價值，像是保家衛國的必要性所取代時，那麼整個戰爭期間，廢除死刑的精神自然便會從集體意識中抹去。

但是，政府認為，在現下這個我們有幸享有和平日子、各位正在決定是否廢除死刑的時間點上，卻同時討論假設發生戰爭，是否該恢復死刑的問題，顯得非常地不適當。這個問題——如果戰爭真的來臨的話——應該留待非常時期的政府和立法機關決定，因為屆時，國家會需要一系列的特殊條例，也就是戰時特別法的設置。相形之下，在我們廢除死刑的此刻，同時規劃戰間期的特殊法，完全毫無意義。在經過長達一百九十年，各位終於要決定廢死之際，討論戰爭時該有什麼樣的特殊作法，實在是過分離題了。

該說的，我都說完了。

我剛才從頭到尾所說的每一句話，所有我提出的理由、論據，這些事情，各位的心、您們的良知其實早就告訴您們了，就像我的良知告訴我的那樣。在這個我國司法史關鍵的一刻，我適才的一番話，只不過是以政府的名義跟各位再提醒一次您們內心早已深知的事實而已。

我知道，依據我國法律，這個重大的決定僅取決於在座諸公的決心與良知。我知道在您們之中有許多人，無論朝野，都曾為廢除死刑努力過。我也清楚，其實國會可以完全憑一己之力、以一己的權限，就能夠將死刑趕出我國的法律之中。然而各位接受由政府向國會提出廢死的法案，付諸國會投票，讓政府以及我個人得以躬逢其盛。讓我在此向各位致謝。

明天，多虧了您們，法國的司法將不再是殺人的司法；明天，因為各位，法國監獄裡不再有於黎明前的幕夜中悄聲執行的死刑。這是我們共同的恥辱；明天，因為各位，我們的司法將永遠翻去血腥的一頁。

此時此刻，我比任何時候都更意識到我所承擔部會首長的責任意義何在，此即它古老的意義、崇高甚至最高貴的意義，那就是「服務」。明天，各位將投出廢除死刑的一票。法國的立法者們，我由衷感謝各位。（從社會黨、共產黨、部分共和國聯盟黨、法國民主聯盟議員席間傳來熱烈掌聲。幾位社會黨、共產黨員起身鼓掌，許久方休）

《政府公報》，國民會議辯論紀錄，一九八一年九月十七日第一場

請求國會認可歐洲人權公約第六號議定書之演說

一九八五年，公眾輿論仍然多數對死刑的廢除充滿敵意。即便當時我確信，以歐洲整體的環境來說，若想開廢除死刑之倒車，已是難上加難，我還是認為，一九八三年，歐洲委員會通過《歐洲保障人權和基本自由公約》的第六號附帶議定書，禁止簽署國家使用死刑，這對鞏固廢除死刑的原則而言，時機點實在是恰到好處。由於國際條約的地位高於國內法律，那麼只要簽署這份議定書，法國國會事後若想試圖恢復死刑，便屬不可能。我一向密特朗總統稟報此事後，他便要求政府即刻簽署第六號議定書，並呈請國會許可。此事最後在一九八五年的春天告成。在我請求國會認可的演說中，趁此機會，我再次強調人權與廢除死刑之間密不可分的關連。

《歐洲人權公約》的第六號附帶議定書，在座各位已熟知其核心內涵。外交委員會的法案審查人以及我的同僚——外交部長先生，已向各位介紹過該議定書的內容及其動機，也分毫不差地向各位強調，議定書的精神與法國長久不變、致力於保障人權的政策互相吻合。

就此，我只想針對議定書簽署後對我國內部法律的影響，以及它在捍衛人權上，具有何種意義，做一些補充說明……

一、第六號議定書的適用範圍並無與我國法律牴觸之處。議定書第一條中明廢除死刑的基本原則。但第二條給予已由該國國會認可議定書之歐洲委員會成員國，於戰爭期間，或者在面臨戰爭即刻爆發時，在法律中保留或設置死刑的可能性。

也就是說，在戰爭狀態下——我們現在只是理論性地假設戰爭發生，真是大幸——，國會和政府有權制定一切在非常時期實屬必要的特殊法律。議定書沒有禁止其簽署國在交戰時期，且針對特定的犯罪行為，恢復死刑。

至於處於戰爭非常可能隨時爆發之狀態的國家，議定書第二條所提供的但書考量到，一個受到戰爭逼近威脅的國家，的確有必要在戰爭尚未真正開打前，便頒布、施行必要的非常條例。這樣的狀況和適才說的戰爭期間，皆屬特殊情況。依此，議定書裡的但書並不會對我國實證法造成任何問題。

二、部分法學學者質疑議定書的某些規範可能違憲，尤其與憲法第十六條牴觸。各位知道，總統已向憲法會議詢問過憲法第五十七條的立法理由。憲法會議於一九八五年五月二十二日做出的裁定非常清楚，完全沒有模糊地帶，其決定如下：「此項國際承諾與國家須遵守體制、穩定運作，以及保障人民權利與自由等職責，並無不合之處……是故，……第六號議定書不會損及維持國家主權的重要條件。」

身為法務部長，我無權對此裁定有何評論，但各位想必非常明白此一結論對廢除死刑的意義重大。法律的立場已經十分清楚：這份今天政府請求國會諸君予以認可的議定書毫無違憲的疑慮。這點我們不需要再說明了。但是，若就死刑的角度來說，第六號議定書若能獲國會認可，這肯定是件在道德上意義非凡的事。

第六號議定書的道德價值，首先來自於它所依附的《歐洲保障人權和基本自由公約》。此公約標誌著歐洲歷史以及人權運動史上的一個重大時刻。第二次世界大戰對歐洲來說，除了是個強權間的爭奪戰以外，同時也是意識形態的劇烈衝突；一邊是追求人權的國家，另一邊則是以種族主義、獨裁統治和死亡暴力作為最高價值的政治體系。一九四五年的勝利也就代表著人權價值的凱旋，而這也是民主國家賴以維繫的基礎。自此刻起，民主國家只要在保障人權方面有所失職，便都是一種自我否認。更甚者，歐洲民主國家還必須持續發展人權政策，讓人權的保障更加健全，才能充分證明自己的確是個民主國家、的確實現民主國家的本質內涵，亦即法治的國家，或者說得更精準一些，即人權國家。

《歐洲人權公約》在幾年後跟隨著一九四八年聯合國《世界人權宣言》的腳步。這一點使得它意義非凡。這代表，作為人權概念的發源地，歐洲希望能夠繼續作為世界上人權條件最完善的國度。此外，《歐洲人權公約》創設歐洲人權法院，是史上首創的超國家人權保障機制，賦予原本僅為一種倫理規範的人權保障原則一個法律上的地位。這在自由歐洲實屬一項重大革新，從此，人權成為歐洲自由國度的基石。

今天向議會諸公請求認可的議定書，在原有公約的條文基礎上，增加了禁止使用死刑的規範。議定書的第一條開宗明義這麼寫道：「死刑已然廢除」，並稱：「任何人皆不許被判處死刑，亦不得執行。」

我想強調，這項宣告、這項禁令，並不是如一七八九年八月四日的夜間[1]那樣，

1 譯註：此處指的是一七八九年八月四日夜間，國民制憲議會通過廢除封建貴族制度。

由於議會一時情緒湧上，於是在衝動之下做出的結果。不，第六號議定書的內容從一九五七年開始便經歷了漫長的準備工作，而且是從一九七八年開始才有了顯著的進展。一九七八年六月，歐洲各國的法務部長在哥本哈根召開第十一次大會。藉由共同發表的第四號決議，歐洲法務部長大會向歐洲外交事務委員會建議「將關於死刑的諸多問題提交專責的歐洲理事會機構進行討論」。該理事會的代表隨後諮詢了歐洲犯罪問題委員會以及人權指導委員會。之後，一九八〇年四月召開的歐洲議會建議理事會將《歐洲人權公約》第二條的條文朝對廢除死刑有利的方向進行修改。

一九八〇年五月，歐洲各國法務部長在盧森堡召開法務部長大會的第十二次大會。會後提出的第四號決議再度建議歐洲委員會中的專責委員會「研究關於起草新增廢除死刑條款之可行性」。我提醒各位，當時代表法國出席歐洲國家法務部長大會的，是亞蘭·貝赫菲特先生。而根據此次會議的紀錄，在各代表對第四號決議進行投票時，我國代表並未投出表達保留或者反對的一票。

第四號決議催生了今天第六號議定書的後續準備工作。最後，議定書的內容於一九八二年完成。一九八三年四月，開放各國簽署這份議定書，目前已有十五個國家簽署，其中包括法國。時至今日，已有五個國家的國會正式認可，而議定書也已經於今年三月一日正式生效。

因此，我們今天希望各位批准的，不是一時興起的想法，而是經年累月、反覆思索後的成果，也是歐洲人愈發意識到死刑終究與人權相悖的結果。

從歷史的角度來看，這項提案可能會令人感到訝異。直到今天死刑從西歐國家完全消失以前，歐洲的民主政體實施死刑，不也維持了很長一段時間嗎？死刑是經由司法機關判決的一種刑罰；在法治國家中，如果所有確保審判過程公平的規範都有受到遵守，那麼，死刑怎麼會是忽視人權的表現呢？

這種反應雖然近乎自然，但忽略了一個最重要的環節。而只要我們深入反思人權的概念與內容，便能意識到這個環節。

人權此一概念的核心，包含著以下這個顯而易見的道理：在民主國家中，人，也就是對人的尊重，是一切社會群體的源頭，也是界線。就算殺人兇手犯下了滔天大罪，我們也不能因為這樣便允許自己也殺人，否則便代表我們也同樣地故意無視人權的第一原則，那就是對人的絕對尊重，而最首要的，當然就是人的生命。在一個民主國家裏面，沒有人能夠以法律為名剝奪任何人的生命。在人權觀念逐漸興起的最初，思想界的先驅，特別是洛克[2]和貝卡利亞，都曾探究過死刑的問題，從而開啟這條反省死刑的路程。而早在法國大革命伊始，革命派的立法者也向自由的人們傳遞同樣的訊息。當時他們呼籲，法國應在恢復承平日子之後，隨即廢除死刑。然而，接踵而至的戰爭與斷頭台上的處刑淹沒了這則訊息。但是，相同的理念卻沒有被世人遺忘。無以數計的思想家、文學家、演說家繼續為廢除死刑的目標奮鬥著。他們希望人們意識到，尊重人權即意味著國家應對個人有絕對的尊重。此一觀念在經歷了二戰那種考驗、受到重創而身心俱疲的歐洲，逐漸鞏固。

我們只需稍微觀察廢死國家在世界地圖上的位置，就能明白，在歐洲，甚至在全世界，除了幾個美國的州以外，廢死國家的分布地圖和民主國家是完全一致的。這個巧合，或者應該說其中的因果關係，是非常容易理解的。獨裁政權所表達的精神，正是國家之於人民，存在的是一種絕對的壓迫關係；臣民的生死操之在國家掌權者的手上。

民主政權則完全相反；它所奠基的原則是，國家的基礎在於人民的自主權。人民託付予國家的種種權力必須在每位公民的基本權利面前止步，而這些基本權利就是人民自主權的來源。

但是，這些在民主國家中不可侵犯的基本人權，其最首要者，就是每個人人格完整性應當受到尊重的權利，因為若此項權利沒有受到保障，便遑論其他各種基本權利的行使。

我們當代的許多社會禁止一切形式的酷刑虐待，便是基於此項權利。等一下在座各位還會針對《聯合國禁止酷刑公約》進行是否予以批准的投票。我確信，各位的投票結果會是一致通過，也就是說酷刑的禁止將透過諸位的意志再次得到確立。

長達數個世紀，肉體凌虐一直作為一種酷刑，在執行極刑之前，施加在死刑犯的身上，或者有時用以代替死刑。死刑與這樣的酷刑在本質上又有何區別呢？兩者皆對人格、人身以及人的身體完整性有所損害。唯一的差別在於，死刑造成的侵害更加嚴重、更加無法挽救，因為它不僅要使受刑者受苦、讓他的身體殘缺，更要奪

2 譯註：約翰・洛克，（John Locke, 1632-1704）英國哲學家，啟蒙運動的代表思想家之一。

他性命。

直到今天，世界上仍有國家將酷刑和體罰作為法定的刑罰方式。這些國家當中，沒有一個能夠宣稱自己為公認的人權之國。而在我們這些民主國家中，沒有人膽敢出聲提倡恢復酷刑。因為我們不相信，身體受酷刑就能夠讓罪犯贖罪；我們也不相信，一個施行酷刑——即便施加在罪犯身上——的國家能夠號稱是個尊重人權的國家。這些信念在我們心中，是強烈且深刻的。那麼，為什麼有些人會對廢除酷刑與廢除死刑表現出兩種截然不同的立場呢？這些人一方面堅決反對酷刑；酷刑就是旨在損害身體的肉刑體罰、是「以牙還牙、以眼還眼」的最直接表現。至於死刑，它雖作為極刑，但若推原其故，它唯一的道德指導原則也還是同一個「以牙還牙、以眼還眼」的觀念，但這些人卻能夠接納死刑的存在。

我之所以將酷刑與死刑放在一起講，正是因為今天，我們希望在座諸位能以人權及普世良知為名，同時針對酷刑與死刑表達出堅決反對的立場。

只要關係到人權，就不能只有選擇性的進步。如果沒有辦法尊重所有基本人權，那麼便與不重視人權無異。今天，政府同時向各位提出關於廢除死刑及禁止酷刑的兩項批准案。既然今年是雨果年，且讓我幫各位複習雨果於一八四九年，在同一個議會殿堂裡說過的話：「十八世紀見證了酷刑的廢除。十九世紀肯定將看到死刑廢除的那一天。」詩人雨果的預言早了一個世紀，最後是由我們實現了這個預言。雖然遲了一點，但我們終究兌現了自由與人類良知所訂下的約定。

《政府公報》，國民會議辯論紀錄，一九八五年六月二十一日第二場

十年之後

一九八六至一九九五年間，由於時任憲法會議主席，因此我刻意避免在公開場合發表關於死刑的評論。唯一的例外，就是以下這篇一九九一年由《十字報》（*La Croix*）製作的簡短訪談。時值法國廢除死刑的十周年，我在訪談中特別強調，死刑的廢除是不可逆的。

《十字報》：今年十月九日，法國廢除死刑就將屆滿十年。我們可以說，死刑的一頁已經被永遠地翻過去了嗎？

巴丹岱爾：我是這麼堅信的，除非法國或者歐洲發生了什麼劇烈的變動。假使恢復死刑，那便等於是轉身背對歐洲，放棄我們許多的共同價值。當然，假設現在出現一個獨裁政權，那麼，無論它怎麼樣地包裝自己，死刑一定會被恢復，這是肯定的。但是，我不認為這樣的事情會發生，至少就可預見的未來而言，死刑是已徹底從法國和歐洲消失。

《十字報》：所以說，您認為，那些時不時再次挑起死刑存廢論辯的人，他們只不過是在討好選民而已？

巴丹岱爾：對我來說，比較重要的，是觀察歐洲以及全世界的整體走向。這才是至關緊要的。我們可以斷言，除了在美國以外，死刑在世界上的節節敗退從來沒有停歇。在歐洲尤其如此。您需要我舉幾個例子嗎？

每一次英國下議院討論是否恢復死刑時，絕大多數的議員都是反對的。一九九〇年十二月十七日，反對票票數高於前次，也就是一九八八年議決時的反對票數。同樣地，在東歐，捷克斯洛伐克、匈牙利和羅馬尼亞，這些國家在脫離集權主義的同時，也加入了廢死國家的行列。

土耳其的國會最近則大幅度限縮死刑的適用範圍。總而言之，死刑已不再屬於歐洲的刑罰體系，這是事實。除了少數幾個例外，包括保加利亞、蘇聯（但今天的蘇聯算是哪個國家呢？），但實際執刑的案例已大幅減少。另外還有波蘭。

《十字報》：為什麼波蘭特別不同呢？

巴丹岱爾：這個問題和備受爭議的墮胎問題有關。一些波蘭的政界人士希望把禁

巴丹岱爾於1986至1995年出任法國憲法會議（Conseil Constitutionnel）主席，此為1988年攝於憲法會議主席辦公室。

止墮胎和廢除死刑綁在一起，另外一些人則希望這兩個議題可以分開討論。這是目前大致上的情形。但我相信，在死刑問題上，我們的波蘭朋友不會希望成為歐洲的邊緣人。

《十字報》：那法國呢？

巴丹岱爾：如果法國想要開倒車，恢復死刑，那麼首先，我們的國家必須先譴責《歐洲人權公約》。這個公約，我們和其他十四個國家皆已將它納為國內法。的確，藉由在歐洲委員會之架構下，於一九八三年簽署，並於一九八六年完成國會批准的第六號議定書，禁止於承平時使用死刑的規範已成為《歐洲人權公約》不可分割的一部分。如果法國要指責這項公約、脫離人權歐洲，對我來說，是完全無法理解的。

《十字報》：您認為法國在廢除死刑的這個議題上，並沒有發揮主導廢死潮流的角色，而只是跟隨一個比較大的趨勢。但一九八一年法國廢除死刑，難道不是至關鍵的一年嗎？

巴丹岱爾：法國選擇廢除死刑，構成了第六號議定書得以成形並且實行的條件。一九八一年以前的法國保有死刑，這的確對整個歐洲的司法進步造成嚴重阻礙。從這個層面來講，一九八一年法國廢死確實發揮了有利的影響力。但真正在議定書的制定過程中，扮演最重要角色的是奧地利的法務部長克里斯安・布洛達（Christian Broda），他是個偉大的人文主義者、偉大的歐洲人。

廢除死刑的國際趨勢不僅於此。一九八九年十二月五日，經德國提案（廢除死刑的精神被列入德國憲法），聯合國大會通過在一九六六年《公政公約》後附加《第二號任擇議定書》。這是個關鍵的時刻，因為這份議定書是以死刑在世界上全面消失為目標。

當然，廢除死刑的原則已然獲得聯合國採納，可判處或可執行死刑的案件類型也已大幅度地限縮，並且禁止對未成年人與懷孕婦女判處或執行死刑。這一份新的議定書野心更大，它總結了長達十年的深入討論，標誌著一個具關鍵性的發展。

《十字報》：但是，如果我們看美國的例子，就會發現倒退回去那個有死刑的年代，仍然是可能的。

巴丹岱爾：是的。自一九七五年以來，美國的趨勢走向剛好相反。不過，美國的暴力犯罪的頻繁、密集，與我們在歐洲所經歷的，完全無法比擬。不要忘了美國是一個擁槍的社會，也就是說，他們與死亡的關係和我們歐洲人非常不同。然而，即便如我們現在所看到的，美國加重了刑罰卻仍然無法替節節攀升的暴力犯罪提供任何解方。

《十字報》：您談到世界整體的廢死趨勢，那麼，美國的態度是不是會拖累這個趨勢的進程呢？

巴丹岱爾：絕對是。這也是今天我們廢死運動的主要戰場，也就是說這場奮戰尚未結束。

《十字報》，一九九一年十月九日

教宗與死刑？

一九九九年二月，教宗若望保祿二世成功向密蘇里州爭取一名死囚的特赦。當時，新版的天主教教義問答在廢死問題上表現出相對保守的態度，與天主教會投入廢死運動的積極熱情，形成強烈對比。此次教宗介入爭取死囚特赦，證明教義問答裡的那種消極態度並非天主教真正的立場。

《十字報》：密蘇里州州長回應了教宗的呼籲，於上星期五特赦了一名死刑犯。您是如何詮釋這項決定的？

巴丹岱爾：我認為這只是一種政治手段。密蘇里州是一個頻繁宣判且執行死刑的州。這一次，既然教宗都已親自來到密蘇里州，請求州長給予達洛・米斯（Darrel Mease）特赦，而州長最終也選擇特赦，很明顯地，不過只是想在他的天主教徒選民心中，留下一個寬容恤刑的形象。我想提醒大家，自一九七六年以來，截止目前為止，美國處決人犯次數已達五百次，眼下仍有三千五百一十七名罪犯被關在監獄中的死囚牢房裡。這是所有主張廢死者一致譴責的現象。今日的美國與中國並列死刑定讞最多的國家。

《十字報》：這次的特赦對若望保祿二世來說是場勝利嗎？

巴丹岱爾：我們為教宗的行動替他感到高興。他的一句話的確救了一條性命。他的言辭如此堅定，關於這點，我也想向他致意。教宗除了論述米斯的個案以外，也再度向世人強調一項重要的原則：死刑是個殘忍且落後的刑罰。我們必須尊重任何一個人的生命與人性尊嚴。

但是，教宗的行動對美國的影響有限，這也是很令人詫異的。若望保祿二世分別於一九九二、一九九六及一九九八年，請求維吉尼亞州和德州州長特赦死刑犯，結果都是徒勞無功。同樣地，就在密蘇里州州長同意教宗要求的同時，奧克拉荷馬州宣布即將處決一名死囚。這名死囚在一九八五年犯下三起凶殺案，當時他十六歲，案發時處於吸食毒品後的狀態。因此，我們可以知道，全球性地廢除死刑是必要的，這也是聯合國奉為圭臬的原則。

《十字報》：天主教的教義問答表明，不排除死刑可以作為一個社會正當自我防衛的機制，但認為在現實面上，死刑缺乏合理性。您怎麼看這一種立場？

巴丹岱爾：我承認我不是很明白如此曖昧的立場。這裡搬出正當自我防衛，又能代表什麼呢？任何社會都必須確保其成員受到保護，但憑什麼自我防衛就可以拿來當作支持保留死刑的理由呢？為了讓社會自保於犯罪，明明有其他懲罰犯罪者的方式，就像我們在已廢死國家看到的那樣啊？我必須強調，已廢死國家是當今世界上的多數。死刑問題是一個道德問題，對它的回應也是道德的回應。我在此引用教宗的話：「殘忍且無用」。透過這個評論，若望保祿二世修正了教義問答對於死刑的全面廢除所透露出的保留態度，這點是十分令人滿意的。而法國天主教會，有別於教義問答的模糊曖昧，也表現出符合教宗言談意旨的道德立場，這點我感到非常欣慰。

貝爾納・葛爾斯（Bernard Gorce）紀錄

《十字報》，一九九九年二月一日

美國與死刑

法國廢除死刑後，全球的廢死運動持續進行。隨著柏林圍牆倒塌、共產政權垮台，死刑在全歐洲遭到放逐。美國是唯一仍然持續使用死刑的西方民主國家。因此，美國的領土也成了為廢死理念抗爭的主要戰場。

這個貼滿方形磁磚、光滑平順、無菌、完全密閉的房間看起來不似牢房，反而比較像個實驗室。一個男子，看上去很年輕，被綁坐在座位上。透過牆上大扇的玻璃窗，房間的內部得以一覽無遺。中午十二點十二分，氰化物晶體落入擺放在座位正下方、一個裝滿硫酸液的容器裡。瞬時，毒氣開始瀰漫在整間房間裡。男子開始咳嗽，然後呼吸困難。幾分鐘後，他的頭垂下。忽然又咳起嗽來，比剛才更大力。然後，他最後一次揚起頭，隨即殞命。十二點三十分，適才全程緊盯監控儀器的醫生們宣告罪犯犯華特・拉格杭（Walter Lagrands）臨床上死亡。

拉格杭年紀三十七歲。和他的兄弟卡爾（Karl）一樣，出生於德國的奧格斯堡（Augsbourg）。他們的母親嫁給一名在德國駐守的美國士兵，後來帶著兩個年紀尚幼的兒子移居美國。一九八二年，在一次試圖持械搶劫亞利桑那州一間銀行的行動中，兄弟倆殺害一名銀行員工，另一名員工則受了傷。當時他們一個二十歲，一個十八歲。兄弟倆都被判處了死刑，在死囚牢房裡度過了十六年。在最後一次的非常救濟遭到駁回後，卡爾被執行了死刑，執行方式按照他所要求的，採取藥物注射法。華特則拒絕藥物注射。對他來說，這像是最後的挑戰：既然美國法庭判他該死，那就用毒氣室的方式將他這個德國公民置於死地吧！也許當時華特以為，亞利桑那州州長珍．霍爾（Jane Hall）會顧慮到毒氣室的象徵意義過於強大而最後決定特赦他吧？但他猜錯了，三月三日，華特被帶到毒氣室。

他的結局在當時的美國並沒有引起人們特別注意。自一九七六年以來，美國已有超過五百位的死囚遭到處決。三千五百一十七名罪犯正在死囚牢房中經歷漫長等待。可是拉格杭兄弟一直保有德國公民身分，而且死刑在西德甫成立之初便已廢除。在德國的集體意識中，死刑與納粹之間，總是存在著千絲萬縷、糾纏難解的的關聯。毒氣室依然是希特勒政權危害人類的罪行之象徵。這個可怕的記憶一直縈繞在德國人的意識裡，揮之不去。一個德國人在美國被以毒氣室的方式處死，這在德國人的心中，有如一種侮辱。法學家們指出，美國在這起案件中違反了《維也納公約》。依據《維也納公約》的條款，外國人若涉有司法案件，須保障其可接受母國機關的協助。然而，拉格杭兄弟遭到逮捕的十年後，德國領事才被告知此事。當西德的相關單位向亞利桑納州州長抗議時，州長僅回應表示，在司法審理的過程當中，兩兄弟完全享有任何美國公民享有的權利。海牙國際法庭在最後的緊要關頭受理華特．拉格杭的案子，並在行刑的幾個小時前，向美國政府提出非常要求，希望後者能夠「窮盡其所有權限」，阻止這場箭已在弦上的執刑發生。這項要求卻徹底地被忽略了。今天的美國，當它正要執行死刑時，哪怕是國際間的聲援，還是國際法庭的權威，誰能有置喙的餘地呢？

拉格杭案所反映的是一個普遍情形，而這個個案本身只是此一情形的一個比較令人印象深刻的例子。實際上，整個美國的司法體系就像是一台死刑犯的製造機。

所有的司法案件，在最初時，先是有一起或多起犯罪，它們屬於犯罪事實發生地所屬的州法院管轄。按照美國基本上屬於控告制的司法程序規則，地方警察必須展開調查、彙整可起訴的內容。所有人，一旦受到懷疑，都可以立刻尋求律師的協助。如此看來，控方與辯方兩邊的機會平等，似乎皆受到保障。

然而，事實上，檢察官掌握了警力所提供的強大資源。警方的調查工作十分有組織。他們蒐集證據、匯集證詞、分析線索。至於被告，他的辯護資源取決於他的財力高下。但是絕大多數面臨死刑威脅的被告，都是那些被排拒在社會之外的邊緣人，其中包括吸毒者、心理變態、不識字的、貧民窟長大的、黑人、波多黎各或墨西哥移民等等。這類人唯一的選擇，就是由政府出錢支薪的公設辯護人。可是所有涉及死刑的案件，其辯護工作都需要花上數週的準備和出庭。公設辯護人得到的酬勞少得可憐，特別在美國南部尤其如此。阿巴拉馬州規定，死刑案件公設辯護人的酬勞不得超過兩千美元。在密西西比州，替死刑案件辯護的公設辯護人，時薪不到十二美元。大家不要忘了，辛普森（O.J. Simpson）可是花了上百萬的律師費，才換來他的無罪釋放……。

至於控方，他們不僅可支配龐大警力，還有當局希望看到被告遭判死刑的強烈決心。不要忘了，美國的地方檢察官，也就是警察的頭頭，是民選且可以連任的。只要在選舉時拿出自己過往成功求處的死刑判決，就像在戰鬥機機身刻上擊落的敵機數量一樣，還有什麼能比這項政績更具有說服力呢？

控方和辯方之間的資源不平等，又因為陪審員抽選制度的緣故，更加嚴重。根據美國法律，死刑案件的陪審員必須是「有能力判斷死刑判決是否合理」的人。在實務上，這代表所有堅決反對死刑的人，也就是說那些基於宗教或道德原則，反對任何形式之死刑的人，都會被排除在外。

接下來，我們談談司法救濟途徑。在此一方面，過去幾十年當中，美國的司法體系同樣賣力、不停地限縮被告的權利。在美國，許多州的上訴法院僅負責審查判決的合法性，而不介入重新審理案件。然而在實務上，要讓司法單位承認自己引用法律錯誤，是很困難的。而且，在這個階段，低薪公設辯護人的無能和一副漫不在乎的態度再次增加被告尋求救濟的障礙。

當被告轉而向聯邦司法機關、尤其針對判決的合憲性進行申訴時，一樣會碰到相同的阻礙。美國最高法院認為，前審判決後，只有在「強而有力的證據能夠**確實**、**明顯**地指出被告實為無辜」的情況下，聯邦法院才得以出面重新審理。這種苛刻的條件實在難以滿足，更何況最高法院自己也強調，「啟動行使該權利的門檻肯定非常地高」。因此，最後被告還能嘗試的，僅剩各州的特赦委員會以及州長的一己之念。但這兩者皆涉及許多政治考量。例如，在德州，死刑特赦只發生過一次，而同時期內，該州已執行超過一百五十件死刑。

上述種種程序規定所導致的後果實在令人怵目驚心。自一九七二年以來，共有七十五名死刑犯被證明其實是無辜的，他們並沒有犯下那些致使他們被判死刑的罪行。這當中有些人甚至是在執刑的前幾天，才終獲清白。比較晚近的安東尼．波特（Antony Porter）案即為一例。一九八三年，波特被指控犯下一樁雙屍命案，因而遭處死刑。多虧了一位新聞系教授，和他的學生們以及一名律師的同心合力，進行反調查、抽絲剝繭，最後找出真正的凶手，波特才能有幸在受刑前的最後關頭獲得釋放。但是，到底有多少無辜者被處決了呢？根據芝加哥大學最近做的一項研究，在四百五十名已決死囚中，有七分之一在死後才獲得平反。為了避免這種悲劇發生，美國國會於一九八八年開始致力於死刑犯辯護委員會的催生。一九九五年，國會卻刪除此委員會每年兩千萬美元的補助。大部分的委員會因此被迫關門大吉。不過，在這些委員會運作的期間內，有百分之四十經過重審的死刑判決案件，最後都被法院證實為冤錯案件。

柯林頓總統則簽署了一項旨在加速死刑執行程序的法律。從今以後，死刑犯只能擁有一次機會，向聯邦法庭對死刑定讞提出抗告。而且必須在州法院判決死刑後的一年內提出。如此一來，死刑犯辯護方成功取得必要證據，以證明被告「確實蒙冤」的機率，便大幅減少。

此項政策導致一個結果，那就是，美國自一九七二年以來，一直到一九九八年七月一日，這當中總共有五千八百二十二名被告遭判決死刑定讞。美國身為世界上歷史最悠久的民主國家、世界第一霸權，總是自大地到處證明自己在軍事、經濟、科技與文化上皆居領先全球之位，在死刑執行的排行榜上也同樣名列前茅，與中國和伊朗齊名。整個美國社會似乎捲入暴力與死亡的瘋狂漩渦裡，但卻沒有因此而得免受犯罪之苦。他們只不過在殺人電椅之外，又增設了毒氣室，將更多的死亡加諸死亡。

《新觀察家》，一九九九年三月八日

屠夫布希

二〇〇〇年夏天，德州州長小布希（George W. Bush）批准執行蓋瑞・葛蘭漢姆（Gary Graham）的死刑。葛蘭漢姆在作案時仍未成年，僅十七歲。在行刑前，他已在監獄裡的死囚區住上了整整十九年。這種嚴重藐視國際法以及人類尊嚴的行為，讓我提筆寫下這篇文章，譴責這位當時已宣布角逐美國總統大位的候選人。

這世間上，有法律，也有人；有給予判人死罪之權限的法條，也有實際宣告判決的法官。而一旦法槌敲下，就會有一個人被帶走，像被捕狗隊抓走那樣。這就是死刑的真實情形。

德州州長小布希——他的父親曾任美國總統，而他本人目前也正尋求同樣登上大位——表示，自己不過是依法行政。他還補了一句：「如果這次執刑會讓我賠上政治前途，那就賠上政治前途吧！」這個偽善的政客就是這麼說的。他不僅想要攏絡選民，還儼然擺出一副法律使者的模樣！

好吧，既然那個批准處死葛蘭漢姆的人說，這麼做都是為了法律和正義，那麼就讓我從法律和正義的觀點做出反擊吧！

不！德州的司法機關並沒有依法行政。因為國際公約明文禁止將作案時未成年的犯罪者判處死刑。當然，當年美國國會在認可此項公約時，自行保留了處決未成年人犯的權力，而且美國時常濫用這項權力。但是，這種擅自保留部分權力的做法，在關乎人權的國際協定之架構下，是毫無效力的。

不！葛蘭漢姆並沒有受到公平審判，因為德州法庭派給他一個極度無能的律師，這位律師根本沒有做出任何可能挽救葛蘭漢姆的努力。這只會讓人覺得，在德州，尤其對沒錢而且黑皮膚的被告來說，只需要這樣一個無用的公設辯護人，就足以讓辯護制度過個水、虛晃一招。

不！德州的司法當局沒有遵守不得施以不人道、無用且落後之刑罰的這項原則。他們將葛蘭漢姆關押在受嚴密監視的死囚牢房，整整十九年。也就是說，葛蘭漢姆的一生，先是在黑人貧民窟裡度過十七年的悲慘童年、青少年階段，接著便是十九年在牢裡漫長等待死刑的日子。

數字擺在眼前，十分駭人：打從一九九五年一月布希先生就任德州州長以來，德州執行了一百三十四次死刑。在其中的四十件案件中，法院僅依據證詞便判處死刑。而在三分之一的案件中，被告的辯護律師都是那些曾受過懲處、停權，甚至曾因重大過錯被律師公會除名者。

布希先生是否將成為下屆美國總統、世界上權力最大的人，我們還不曉得。不過，就算我們不講全人類的歷史演進，而僅就布希先生的個人史而言，至少到了現在這個階段，我們已經可以恰如其分地封他一個綽號：*Bush the butcher*[1]，「屠夫布希」。

《新觀察家》，二〇〇〇年六月二十九日至七月五日

1 譯註：原文即英文。

劊子手的美國

二〇〇〇年美國總統大選期間，媒體挑起了死刑這個話題。兩位候選人都贊成維持死刑，但民主黨候選人高爾（Al Gore）強調，必須以不會「濫殺無辜」為前提。

一些美國人迫不及待地想知道，歐洲人，尤其是法國人，會如何在美國是否廢除死刑的問題上選邊站。

他們覺得這是對美國內政的干預，無法認同，甚至覺得這背後隱藏的，是一種反美的情緒。這樣的反應，在我看來，實在是莫大的謬誤。捍衛人權的非政治組織和社運人士一直以來所進行的，都是全球性的運動；他們反對酷刑、反對任意羈押，也反對未經審判便執行的死刑。反抗死刑的運動也是如此。廢死理念一直都帶著普世的視野，這是廢死運動人士設下的終極目標。

而眼下的美國正處於和一九八一年時法國一模一樣的情況。當時的法國是西歐國家裡面，唯一仍施行死刑的國家。那個時候，所有歐洲共同體、歐洲委員會內的盟國皆曾嚴正地，有時甚至措辭十分犀利地，要求我們法國將斷頭台移至珍藏舊時酷刑器械的博物館裡收好。當時，這些國家表示，法國身為一個自詡為人權大國的國家，怎麼還在使用死刑這種殘忍又落伍的刑罰呢？

今天，美國的情形也是一樣的。身為近代史上的第一個共和國，美國一直都自認為表率。真希望我們的美國朋友們能夠體認到，今天這個錯誤的決定，致使野蠻的死刑仍存在於美國，這使得你們這個偉大的國家淪落到與中國、伊朗、剛果民主共和國及沙烏地阿拉伯這些殺人國家並列，但這些國家可是和美國的民主一點也沾不上邊啊！也希望美國的朋友們可以自問，為何世界上幾乎所有民主國家皆已廢除死刑。

然而，以目前世界的情勢看來，如果美國一天不廢除死刑，那麼死刑在全球銷聲匿跡的這一天就永遠不會來臨。美國無疑是世界超級霸權，也是極具影響力的文化範式，這就是為什麼，在全球廢死倡議人士的心中，在美國進行以廢死為追求的抗爭行動顯得特別地重要。

關於死刑在美國的現狀，怎能不叫人憂心忡忡？總計三千七百名的犯人被關押在全美監獄中的死囚專區。一九九九年，將近一百名死刑犯遭到處決。而從今年初到現在，已有六十九人遭執行死刑。單單在德州，自從小布希出任州長以來，五年間，將近一百五十名死囚遭執行。這比法國從二次世界大戰至廢除死刑的這段期間內，依據普通法而執行死刑的次數還多。

死刑一直以來在世界各地散播的毒害，還有它對司法所造成的損傷，現在都在美國上演著。首先是社會不平等的問題。幾乎所有的死刑犯都是出身於黑人、拉丁裔貧民窟的小孩，也就是美國社會最弱勢的底層。大部分的這類被告根本沒有財力延請正常一點的律師，以享有一場像樣的辯護。他們只能仰賴公設辯護人的協助，但公設辯護人酬勞十分微薄，常常又嚴重缺乏經驗。這一切導致的結果，數字說得很清楚：根據哥倫比亞大學最近進行的一項研究，在一九七七年至一九九五年間共五千七百六十件死刑判決中，有四千五百七十八件最後都被撤銷。撤銷的理由不外乎審理程序中有違法情事，律師嚴重失職，或者更糟的是，湮滅對被告有利的證據或證詞。這些可怕的出軌行為導致多起冤案：在被證明無罪後，八十七名死刑犯獲得釋放。

第二個問題是種族主義。非裔美人佔全國總人口的百分之十二，但在已決死囚人數中，便佔了百分之三十四。在德州，百分之三十四的死刑犯，其所犯下的罪行皆為殺害白人女性。然而，在遇害死者為黑人男性的案子當中，僅有百分之〇．四的比例，兇手被判處死刑。

最後，是不人道的問題。美國處決作案時仍未成年之死刑犯，在這方面，成績斐然，一直是紀錄保持者，完全不顧國際公約的明文禁令。更遑論智能障礙者遭到處決的情事，在德州尤是為甚！

以上這些事實都可以在非政府組織的報告，以及許多大學與研究機構的研究成果中找到。美國的廢死倡議人士譴責這些問題，我們必須向他們奮戰的決心與勇氣致意。歐洲，尤其是法國的廢死主義者必須在這場艱難的抗爭中伸出援手。

《新觀察家》，二〇〇〇年十月二十四日至十一月一日

公開處死

二○○一年六月，發動炸彈攻擊、奪去多人性命的恐怖主義份子提摩西．麥克維（Timothy McVeigh）遭到執行死刑。他的行刑過程在電視上公開直播。因此我們看到，古老時代的酷刑公開展演挾著現代科技的優勢光榮地歸來了！

提摩西．麥克維在印第安納州的高地聯邦監獄裡遭執行死刑。這件事引發全美媒體出動大陣仗，嚴正以待，準備大幅報導。一千四百多名記者有如駐紮在一個特設的記者「村」裡，像極了一座死亡的媒體營。八家全國電視頻道報導了此一事件。由抽籤選出的十位記者，甚至還獲得親眼觀賞毒藥注射進麥克維體內的禮遇。而此時的麥克維像極了一條待宰的犬隻。至於被害者的家屬，當地政府為他們準備了電視機。如果他們之中有任何人想親眼目睹麥克維死去的過程的話，便可以透過對內系統的即時轉播觀看。一些家屬拒絕去收看。一個在炸彈攻擊中失去女兒的父親表示：「看又有什麼用呢？我們家的餐桌上永遠多一個空位。不管麥克維是死是活，都改變不了這個事實。」

那麼，為什麼死刑執行這件頻繁發生、以致於甚至變得有些稀鬆平常的事會引起媒體那麼強烈的關注呢？一九九九年，全美總計有近百件死刑執行。二〇〇〇年看起來也不會有減少的跡象；從今年初至今，已有三十三次死刑執行，都是在無人聞問的情況下執行完畢的。如此看來，麥克維案勢必有其特別之處、蘊含特殊意義，才使他的死刑執行成為全國矚目的焦點。

如果罪行之重大是由被害者人數來衡量，那麼麥克維犯下的案子令人感到可怕：在他所炸毀的那棟大樓裡，共一百六十八條人命罹難。按照犯罪的類型學，麥克維不屬於連續殺人犯，*serial killers*[1] 這個類別，而是屬於另一個範疇，亦即恐怖分子的範疇。恐怖分子無差別地對人群發動攻擊，出發點是為了一個被他們視為神聖的崇高訴求。他們認為既然這個理念是神聖的，那麼，以人類作為犧牲品，如同遠古時代那樣，是再合理不過的。麥克維便屬於如此殘暴血腥的這群人。

恐怖主義犯罪在世界各地頻傳，沒有甚麼會比恐怖主義更加不容於美國社會，且與它的普遍價值牴觸。然而，在麥克維的案例中，當我們看著這位恐怖分子由法警左右戒護時，我們會發現，他，至少就外表上而言，其實是個土生土長、最典型的那種美國人。麥克維並非來自任何一個少數族裔。他非常愛國、曾經從軍，而且打過波斯灣戰爭。一直到他最後犯下大罪之前，麥克維的身上，無一處與那些在想法和行為上，皆對美國社會造成威脅的邊緣人相似。麥克維的犯案動機與對聯邦政權的敵意有關，這在美國十分普遍。他先是在電視上看到大批FBI警力圍剿一個邪教組織基地的畫面，這激起他內心一股瘋狂的執念，想要發動一場攻擊，作為對華盛頓的報復與挑釁。炸掉一棟聯邦大樓，同時奪去多名無辜受害者的性命，就為了替另一群受害者報仇，這對聯邦政權和FBI來說，是多麼地充滿挑戰意味，而且無比地血腥。這樣的犯罪只能用兇手之死作為回應。而且兇手的死，在美國社會裡，必須帶有集體驅魔儀式的涵義，因此，麥克維的行刑過程才會引發如此強烈的媒體效應。

不過，也正是像這樣的極端犯罪，更能讓我們體認到支持死刑的論點其實站不住腳。死刑有嚇阻作用嗎？死刑的存在並沒有阻止麥克維犯下他的罪行，或者應該說，從來沒有任何一個恐怖主義份子會因為死刑的緣故而有所退縮。那麼，死刑是用來贖

1 譯註：原文即英文。

罪的嗎?但是麥克維殷切地企盼著被判死刑,就像當年克勞德·布菲也希望被送上斷頭台一樣。和許許多多的恐怖主義份子一樣,麥克維明顯對死亡有著狂熱的渴望。反而,真正會讓麥克維感到可怕、無法承受的,是當他想到自己在高壓監視的監牢裡度過餘生的模樣。他絕對希望能夠逃過這種刑罰,而死刑正好提供了一條解脫之道。

最後一項用來支持死刑的理由,則與這場藉由電視轉播、呈現給被害者家屬的獻祭儀式有關。當美國政府選擇這麼做的同時,意味著,現今世上最現代的社會竟然象徵性地退回到人類最遠古的時代。遠古時代,罪犯任由受害者家屬,或者被害者所屬部落處置。麥克維處刑結束後,美國總統小布希大言不慚地宣講,說這次執刑是一個司法行為,而非報復行為。這樣的司法明明帶有復仇的本質。而且,透過媒體的大肆報導,過去曾經一度輝煌的酷刑再次恢復榮景,真是個奇怪的司法啊!

《新觀察家》,二〇〇一年六月十四至二十日

於首屆世界反對死刑大會上的演説

二〇〇一年六月，第一屆世界反對死刑大會於史特拉斯堡召開。我在該場演講中的重點在於一一說明，我們為了使死刑在世界上完全廢除，至今已達成的各項進展。

法國廢除死刑已有二十年了。在像今天這樣的聚會裡，怎能不談談，我們為了廢死理念奮鬥，至今已達到的成果呢？一九四八年，聯合國在巴黎發布《世界人權宣言》。當時，有十九個國家已廢除死刑。一九八一年，法國成為第三十五個廢除死刑的國家。在那之後，一九八三年，歐洲委員會在史特拉斯堡通過《歐洲人權公約》附帶的第六號議定書。這份議定書禁止簽署國在承平之時使用死刑。而一國國會是否批准該份議定書，也成為申請加入歐洲委員會，甚至加入歐盟的條件之一。於是，在歐洲，奠基於人權的民主體制與死刑不能相容的這項原則便正式確立了。幾乎所有歐洲國家皆批准了第六號議定書，除了土耳其、俄羅斯和斯拉夫共和國以外，但無疑地，這三個國家很快便會加入我們的行列：土耳其已連續七年放棄執行死刑、俄羅斯則已簽署第六號議定書，只是其國會尚未給予批准。因此我們希望，此次大會能夠投票通過，以大會之名義籲請俄羅斯盡速完成將該議定書國內法化的程序。

在《歐洲人權公約》這張大旗的覆蓋下，歐洲已成為一個完全擺脫死刑的大陸。這一個區域經歷了一世紀的戰爭摧殘、長期籠罩在最殘忍野蠻暴行的陰影之下。終於，在戰爭結束後，歐洲人的良知被道德喚醒、戰勝了死亡暴力，並向全世界展示，在一個自由人的國度裡，任何一個人的生命權都是無條件、至高無上的。讓我們向所有曾為《歐洲人權公約》第六號議定書的出現與實行而努力的人表達感激之意。因為他們奮力不懈，雨果這麼一位偉大的歐洲人、偉大的廢死倡議者，他的願望才得以實現；「讓死刑永遠消失，不帶任何條件」，這已成了歐洲的法律。《歐洲聯盟基本權利憲章》是歐盟的道德基石。它明文規定：「所有人皆擁有生命權。無論如何，任何人皆不得被判處死刑，亦不得執行」（第二條）。

我們朝死刑全面廢止邁進的路不僅限於歐洲大陸。時至今日，聯合國的一百八十九個會員國當中，一百零八個已廢死。廢死已經成為世界上的多數。禁止使用死刑的國際公約與宣言也愈來愈多。在此，我只舉幾個比較主要的作為例子：聯合國《公政公約》附加第二號議定書（1989）、《美洲廢除死刑人權公約》（1990）、聯合國人權委員會第一九九八／八號議決。

三十年前，即使是我們之中意志最堅定的同志，誰能想像，廢死運動能夠達到像今天如此斐然的成績？這些進展讓我們更加確信，死刑的全面消失勢在必得、一定會成功。現在我們心中唯一的問題，而且也是最關鍵的問題是，這個可怕的死刑，它在世界上消失的那一天，到底何時會到來？面對著前方未盡的道路，我們之中的每個人都指向那些在世界地圖上面，點跡斑斑的大黑塊；這些是世界上現存仍使用死刑、特別是執行死刑案件佔了全球十分之九的國家，亦即，中國、沙烏地阿拉伯、伊朗和美國。

關於這些判決，國際特赦組織強調，這當中的「許多死刑定讞，其所根據的都是有爭議的證據，甚至是刑求下的『自白』」。而且，一方面，司法審理的過程常常是秘密進行，但另一方面，等到要執刑的時候，卻總是在光天化日之下，有時甚至在大批群眾面前完成，宛如舊時代的公開酷刑。當今中國政府不斷宣稱亟欲成為公認的人權國家。他們這樣表示，有可能是為了發展對外的經濟或文化交流，又或者是企圖獲得二〇〇八奧運的主辦權。無論如何，我們都應該時時大聲地向中國政府重申，人權是普遍且無法分割的價值，而且，人權當中的首要者，就是對每個人生命權的尊重。我們對這一點的堅持，不會因為遇到中國，便有所例外；總之，任何一種例外都不會存在。目前在世界上，中國的司法是最血腥的。只有在尚未能廢除死刑之前，即刻暫緩死刑執行，並且隨後進一步暫緩判處死刑，才足以顯示中國確實有決心，讓它的司法實踐和它打著的保障人權之口號完全一致。

伊斯蘭教國家：伊朗和沙烏地阿拉伯也頻繁使用死刑，而且總是搬出伊斯蘭教法，也就是沙里亞（charia）當作合理化死刑的藉口。這兩個政權利用宗教，企圖掩蓋死刑的殘忍與野蠻，昭然若揭。關於伊斯蘭教法的問題，我曾詢問過有幸生活在尊重宗教自由之民主國家的伊斯蘭精神領袖們。他們的回答非常直接、毫不閃避，皆強調，和世界其他主要宗教經典一樣，可蘭經是一部傳頌和平、博愛訊息的經書，它並不將死刑視作正義的職責。將這些宗教傳遞的訊息轉化為神下的一道死亡旨令，這完全是對宗教教義的歪曲、偏頗的詮釋。神的本質應為愛與寬恕，但這些曲解神意的人毫不猶豫地假借神的聖名，用來合理化他們殺戮的鮮血。因此，這些死刑基本教義派份子其實一點也不敬崇宗教，反而是最褻瀆神聖的一群人。事實上，這些人在他們國家施行獨裁、將單一的官方政治及宗教意識形態強加在人民身上。然而，獨裁和死刑之間，存在著千絲萬縷難解的羈絆。所有的獨裁政權都使用死刑，因為死刑就是國家主子對臣民擁有至高無上權力的極致表現。獨裁政權像是一道蒼白的光，照射出死刑真正的輪廓、真正的本質，那就是極權。

基於以上種種事實，死刑在美國的問題越發顯得關鍵。美國是個歷史悠久、偉大的民主國家、世界第一強國，並且期許自己成為世界文化的主流。目前，美國有十二個州已廢除死刑。而且，這些廢死州內的血腥暴力犯罪之成長率，並沒有如那些密集使用死刑的州來得令人擔憂，特別是德州、維吉尼亞州和佛羅里達州。

如果說廢死原則是任何尊重人權之民主國家特有的精神，那麼該如何解釋，美國竟然躋身全球最密集使用死刑國家的前幾名呢？而當我們看到美國詭異地與中國、伊拉克、伊朗或沙烏地阿拉伯等國並列，怎能不產生困惑：到底，美國和這些極權、極端狂熱且血腥的國家，會有何共同之處呢？答案是，一點也沒有，除了死刑之外。那麼，為何死刑仍存在於美國？為何美國會是唯一仍使用死刑的西方民主大國呢？

提出這樣的質問並沒有不友善的意思。呼籲美國從死刑中完全掙脫出來絕非干預他國內政。這讓我想起，一九七〇年代，當法國還是歐洲共同體成員國中，唯一繼續執行死刑之國家的那個年代。無論是在歐洲委員會、歐洲議會，還是各種人道團體的大會上，我們的歐洲盟友皆十分驚訝於，法國這個人權的國度，竟然仍無法擺脫斷頭台的魔咒。這些盟友們當時也大聲疾呼，希望我們能夠盡快廢除這個殘忍又落後的酷刑。他們的言論中，盡是友善的提醒，提醒著我們，作為一個民主國家，尤其當這個國家選擇在捍衛人權的抗爭中扮演重要角色時，那麼它便應該承擔起所有應盡的道德義務。

到目前為止，高達三千七百名囚犯在全美監獄的死囚專區內等待處決，已經過了好多年。這是《歐洲人權公約》所極力撻伐的不人道對待。自一九七六年以來，已有超過七百起執行案件。光是一九九九年度，便執行了將近一百個人次。二〇〇〇年，遭執刑人數亦未有減少的跡象：從年初到現在，已有三十七名人犯被處決。基於以上事實，以及當我們聽到美國主要政治人物的公開發言，或者檢視他們在歷來職位任內所做的作為，我們不免感到，死刑已在美國根深蒂固，而且將會持續成為全球廢死運動最難以跨越的障礙。

但我的信念剛好相反。這並不是因為我堅定的廢死立場使我盲目，而是因為，與所有民主國家一樣，司法實務上所施行的死刑，無論如何，就是與美國所高聲宣揚的正義觀互相牴觸。

確實，正在殘害當代社會，尤其美國社會的各種禍端，無一不展現在死刑的司法實踐中。首先是社會的不平等。除了成長於社會最底層的弱勢孩子們、那些在美國貧民窟長大的人以外，還有什麼樣的人會佔滿所有監獄中的死囚區呢？此外，還有面對司法所遭受的不平等。司法程序中，公平審判的原則、辯控雙方必須在資源上對等的原則，在實務上，又是如何呢？一方面，檢察官是民選的，因此他有強烈實現政治承諾的動機。此外，他握有龐大警力，並且挾著先進科學技術的優勢。另一方面，被告通常身無分文，只請得起公設辯護人幫他辯護。但公設辯護人不僅酬勞微薄，而且無力承擔在重案庭上會遇到的技術難題，甚至有些根本沒有辯護的動力。我不曉得辛普森是無罪還是有罪，但我知道，陪審團宣告他無罪，而且他的夢幻律師團隊（*dream team*[1]）要價超過三百萬美元。但如果我們去看哥倫比亞大學針對美國近二十年內、共五千七百六十件死刑判決所做的詳盡研究，我們便會發現，其中極大比例的案件，無論其審理過程，還是死刑判決本身，皆有發生過嚴重損害辯護權的弊端，或者程序上

1 譯註：原文即英文。

的重大瑕疵，以及辯護律師的嚴重失職。

此外，美國公然違反一九六六年聯合國《公政公約》（第六條）以及《美洲人權公約》（第五條）中的規範，處決案發時仍未成年之死刑犯，並且執刑人數居世界之冠。當我們得知此事，怎能不感到震驚，而高聲抗議呢？當我們知道，世界上最大的民主國家竟然藐視最單純的人性，膽敢處決智能障礙者，我們又怎能不憤怒呢？

除了社會不平等、司法程序亂象，以及未成年者與心智障礙者遭處決等爭議以外，我們也別忘了那難以避免的種族歧視所造成的問題。無論司法制度設計了什麼樣的預防機制、無論陪審員的選取方式受到什麼樣嚴密的條件規範，這些都沒有辦法百分之百預防司法功能的變質。各種由種族情結引起的情緒、各式各樣的種族偏見、所有平時必須壓抑的種族仇恨，都彷佛因為被告所犯之罪行太過可怕，所以一時找到可以發洩的理由、全數傾瀉、反映在死刑判決之中。只要稍微注意關於死刑犯所屬族裔的統計數字，我們不禁質問：這些人被判死刑，是因為他們的犯罪情節特別重大，還是因為他們是黑人，或者拉丁美洲裔？光是這個質問便足以證明，所有民主國家都必須禁止死刑，如同南非所做的那樣。

最後，不免必須談談冤假錯案。自一九七六年以來，八十八名死刑犯在經歷了黑牢中的多年等待，甚至在成為冤魂後不久，被證明其實是無罪的。伊利諾州州長萊恩（George Ryan），他是共和黨員，也是布希總統的好友；他下令暫緩執行死刑。這是因為一些深入的案件調查發現，共計十二名死刑犯其實是無罪的。但自一九七八年以來，已經處死了多少人？不會有人替他們要求重啟調查。今天，有某些政治領袖聲稱支持死刑，但必須以不濫殺無辜為條件。這無疑是緣木求魚啊！當然，鑑識科學的進步，例如DNA檢測，讓我們可以更容易地證明被告的清白，甚至挽回一條死刑犯的性命。但並不是所有犯罪都會留下可供作DNA檢測的線索。我們大可修改司法審理流程、增加被告的救濟管道，這些都無法改變一個事實，那就是，既然司法制度是人為創設的，那麼它在本質上，終究是個會犯錯的制度，制度設計得再完善，都無法排除這個本質，因此冤案仍會繼續發生。然而，擅殺無辜，乃極惡之大罪；這樣的罪，以司法之名而行之，是極度的不公不義。

在這個我們齊聚一堂的時刻，大家來自不同的領域，卻都有著相同的信念。我們必須鄭重地發下誓言：讓我們跨越國界、洲際，一同為了全球廢除死刑而戰！每一個人的生命須得到尊重，這是所有人的基本權利當中，最首要者。這個絕對、絲毫不得侵害的生命權是刑罰的基礎，同時也是廢除死刑的基礎。我們當中，無一人不對被害者及其家屬的不幸與痛苦，感同身受。在我的生命當中，有太多感受、理解這份痛苦的機會。但我們深知，懲罰殺人犯不必然須與死刑畫上等號，司法也不應該與復仇混為一談。

和所有人權一樣，每個人生命應受到尊重，這個權利是普世而且無法分割的。不到世界上最後一個使用死刑的國家終於廢死的那一天，我們的共同抗爭不會結束。只有到那時，我們才能說，自己已盡了所有義務；才能說，我們的努力終於讓我們所支持的正義訴求戰勝了一切不義。世界上不應有會殺人的司法。這就是我們的最高指導原則。如果有一個司法是會殺人的，那肯定是一個自我否定的司法。這就是為何廢死理念一定會不停地拓展，直到獲得全面勝利的那一天；因為，它的勝利就是人類與司法的勝利。

史特拉斯堡，會議中心

二〇〇一年六月二十一日

法國廢除死刑二十周年演講

這場紀念法國廢死二十周年的演講，是在二〇〇一年美國九一一攻擊事件的幾周後舉行，因此，在場的所有人皆不自覺地想著這起事件。

今晚，我們在此齊聚一堂，一起紀念法國廢除死刑二十周年。我特別注意到，在場各位之中，有這麼多的年輕女性、青年朋友。你們從未經歷過那個斷頭台仍在法國各監獄中服役、那個令全體國人蒙羞的年代。二十年過去了，今天仍有那麼多年輕朋友到場，這代表了，廢除死刑理念的道德影響力尚在。這也代表著，廢死運動的奮鬥，對我們而言，尚未結束。我們必須持續努力，直到達成終極目標，那就是，全球廢除死刑。

此時此刻，我無意像個老兵一樣重提舊事，細數過往抗爭經過的種種艱辛，尤其是廢死倡議者總是遭受的不理解，甚至敵視的眼光。法國作為一個人權大國、第一個禁止酷刑的歐陸國家，卻是最後一個廢除死刑的西歐國家，彷彿法國人民註定無法擺脫這項酷刑一樣。這一點，我一直感到非常吃驚。如今，新的世代已臻成熟。廢除死刑的精神不僅已在法國的法律中站穩根基，更重要的是，它已根植於人心。簡言之，死刑的廢除已屬不可逆。因此，我想這是一個適當的時機，來檢視我們一路走來已達到的成果，也談談接下來該走的路，並且重申我們如此努力的意義為何？這是我們永遠不可以忘記的。

首先，和酷刑一樣，過去兩個世紀，廢死提倡者所致力於打擊的，是一種殘忍、不人道且落後的刑罰。不過，在譴責死刑的同時，我們也是在捍衛人權最重要的內涵，那就是，人的生命必須得到尊重；這項權利是連國家都必須尊重的。那麼，既然生命權是首要的人權，它便必須在整個世界的地表上，無論哪個角落，皆受到認可與保護。

我們同時也是在捍衛一種人性觀。我們認為，一個人，即便是罪犯，他都無法被完全化約、與他的行為畫上等號，無論這個行為多麼地可怕。我們認為，只要是人，就算是罪犯，都可以改變、成為另一個樣子，並且透過無論是刑罰還是別種方式，都有機會能夠重新回到人類社會。作為死刑的反對者，我們認為，司法既然是人為創立的制度，那麼就一定會出錯。因此，我們不認為司法可以擁有斷人生死的權力。如此超出人類能力範圍的權力，一旦由人類操持，便難免受到情緒的影響，並且在實務上，讓毒害人類社會的許多禍根，諸如偏見、社會、文化的不平等，以及種族歧視等等，影響到死刑的判決。我們拒絕給予司法這樣的權力。我們也不願看到無辜的人，因為人們平常壓抑的種族仇恨或偏見，便蒙受不白之冤。目前美國的監牢裡，尤其是在德州、佛羅里達和維吉尼亞州的監獄中，好幾千名黑人及拉丁裔人幾乎占滿了死囚專區。他們之中，有多少人是程序瑕疵或草率判決的犧牲品？冤獄是不公不義的最純粹狀態，而死刑則將司法冤錯進一步轉化成司法謀殺。

不要以為，在仍使用斷頭台的那個年代，法國的司法能夠免於犯下這些罪孽。今天，沒有人能夠斬釘截鐵地告訴我們：對，拉努其確實有罪。我個人相信他是無辜的。然而，這個當年才二十二歲的男孩，一輩子沒上過法院，卻在一九七七年遭重罪法庭判處死刑，並在共和國總統的意旨下，遭到處決。這就是當年我國的死亡司法：黎明破曉時分，在黑幕籠罩之下，一台器械將人一分為二。當時我們將這種暗夜裡、在法國監獄中秘密進行的死亡血祭稱為司法。各位要知道，我們仔細調查過法國在整個二十世紀中、於普通法架構下所執行的死刑案件。我們發現，就相同罪行而言，被處決的北非裔或黑人的占比，遠遠超過此二族群在全國人口中的占比。這是因為他們的罪比較嚴重？還是因為他們是北非裔及黑人？這個問題，沒有人知道確切的答案。不過，光是這個問題的出現便足以證明廢除死刑的必要性，正如南非在廢除種族隔離後所做的選擇一樣。

無庸置疑，一九八一年以來，廢死運動的進展十分可觀。當時，法國是世界上第三十六個廢死的國家，不過可嘆的是，我們在西歐列居最後一名。二十年後，死刑幾乎在所有歐洲國家中消失。雖然土耳其[1]和俄羅斯尚未廢死，但至少暫緩實施，已有數年的時間。只剩下白俄羅斯仍持續使用死刑。我們這塊歐洲大陸，在過去好幾個世紀當中，蒙受著種種殘虐、野蠻罪行之苦，現在終於擺脫了死刑，真是莫大的勝利！《歐洲人權公約》附帶的第六號議定書禁止其四十一個已簽署的歐洲國家使用死刑。二〇〇〇年通過的《歐洲聯盟基本權利憲章》訂定歐洲聯盟的道德基礎。其中第二條規定：「無論如何，任何人不得被判處死刑，亦不得執行。」

廢死運動的範圍並不侷限在歐洲。目前聯合國的一百八十九個會員國中，有一百個國家已廢除死刑。廢死在全球已成為多數。國際間締結了種種公約，禁止使用死刑。其中，最引人矚目的，便是一九九八年的《羅馬規約》。這份規約通過一百二十個國家的投票表決，創設了國際刑事法院，專門審理情重案件，包括種族屠殺的發動者、觸犯危害人類罪者以及罪大惡極的恐怖攻擊分子。但是，即便面對如此極度殘暴的罪犯，《羅馬規約》依然秉持禁止使用死刑的原則。因此，《羅馬規約》通過的那天，在這個城市裡，國際社群中的一大部分再度彰顯了一個真理：如果相信司法正義、相信人性價值，那麼就應該永遠地揚棄這個被雨果稱之為「野蠻行為特有且永恆的標幟」的酷刑——死刑。

然而，死刑並未完全銷聲匿跡。中國持續地執行死刑，甚至在體育場裡槍決人犯；許多伊斯蘭國家亦如是，甚至按照過往最殘酷的方式執行死刑。此外，某些重要的民主國家也還在使用死刑，例如美國及日本。這些事實非但不會使我們灰心，反而激起我們更多的義憤和決心。當所有廢死國家的研究皆指出，死刑從未在世上的任何一個地方成功遏阻或解決暴力犯罪問題，卻依舊有些國家堅信死刑具有所謂的嚇阻作用，這叫人如何接受？更具體言之，當我們知道恐怖分子無論在自殺還是殺人時，皆對死亡懷抱著一種怪物式的渴望與狂熱，卻仍一味地相信，死刑對恐怖份子有嚇阻作用，這叫人如何接受？我們都知道，自殺炸彈客在行兇的同時，自己也隨即死去。打擊恐

1 土耳其於二〇〇二年正式廢除死刑。

怖主義，和打擊任何一種形式的組織型犯罪一樣，都絕對不能手軟。可是，死刑絕對不會是個解方，因為一旦我們使用死刑，便無異於捨棄民主國家的最高價值原則，那就是對人身生命的絕對尊重。而恐怖分子正因為排斥此一生命價值，才會對無數無辜的受害者冷血地大開殺戒。至於受害者，在廢死倡議者的眼裡，面對所有犯罪的受害者，我們都應該肩負起團結、友愛的責任，用實質的行動和他們站在一起。這是絕對必要的，也是我們不斷呼籲且落實的。但是，對我們而言，千萬不可以把司法正義和復仇混為一談。我們永遠都不可能接受，「血債血還」的原則進入我們的法典和意識之中。

其實，廢除死刑的崇高理念就是爭取司法正義，以及爭取生命。

今天藉這個周年紀念的小機會，大家聚在一起，是因為我們的戰鬥尚未完成。一直要到世上的最後一次處決後，這個戰鬥才會告終。因此，我們和世界上仍然受到野蠻死刑威脅，甚至因而犧牲的人，站在一起。是的，我們和世界上所有慘受酷刑者站在一起：無論是遭亂石處死的阿富汗女性、在中國體育場內遭槍決的人、在伊拉克因叛國罪遭斬首的人、在沙烏地阿拉伯因同志身分而遭絞死的人、在美國遭處刑、責任年齡未達成年或者有智能障礙的死刑犯（無論他們被注射毒藥、遭毒氣毒死，或者坐電椅而殞命），還是那些像在美國、日本監獄中關押多年的死刑犯（有些人甚至非得要等到臨刑前，其冤屈才被洗刷），這些人，我們都與他們站在同一陣線。我們認為司法不應殺人。只有從死刑自世界上完全消失的那一天起，我們才會停止戰鬥。我想毫無疑問，我是看不到這光榮的一天。但無所謂，我知道您們會繼續奮鬥，直到終點，直到雨果說的「讓死刑永遠消失，不帶任何條件」，而我會強調「讓死刑永遠『在地球上』消失」。

文森（Vincennes）城堡廣場

二〇〇一年十月五日

論死刑

二〇〇二年，我替《司法字典》（Dictionnaire de la Justice）撰寫這篇文章，講述廢除死刑運動在全球的進展。

法國的廢死歷程

本文中，我選擇談論死刑的逐步廢除，而非討論死刑本身。其箇中原因，我想讀者們最後會理解的。「死刑是人類野蠻行為特有且永恆的標幟」[1]，一八四八年，十九世紀最重要的廢死倡議者——雨果——如此厲聲疾呼。而所有譴責死刑的國際宣言與公約，認為死刑不僅無用，而且是殘忍、不人道的刑罰，也表達了同樣堅決反對死刑的立場。一個民主國家的司法絕不容許使用死刑，因為任何人的生命都應受到尊重，這項權利是每個人所擁有的基本權利當中，最為首要者。人權的宣揚與廢死的理念，兩者之間無法分割的關聯，猶如一條貫穿死刑廢除歷史的金絲線。

隨著啟蒙思想的開展，廢除死刑的理論也逐漸成形。貝卡利亞在其著《論犯罪與刑罰》（1764）的第二十八章中，精闢論證反對死刑的理由，是對死刑做出批判的第一人。貝卡利亞自陳延續百科全書派思想家的路線，他說：「達倫貝爾（D'Alembert）、狄德羅（Diderot）、赫羅維修斯（Helvétius）、布馮（Buffon）、休姆（Hume），光是念出這些偉人思想家的名字，便足以讓人激動不已。您們的不朽著作一直是我的固定讀物。」[2]當時，伏爾泰剛出版了他的《論寬容》，時值卡拉斯（Calas）案發生之際。卡拉斯是一名新教商人，他蒙受不白之冤，遭土魯斯議會判處死刑，活活被巨輪輾斃。貝卡利亞也是盧梭的仰慕者，但不同意這位「日內瓦公民」[3]對死刑的看法。盧梭的

---

1 雨果於一八四八年九月十五日在國民制憲議會中的演講，收錄在《雨果論死刑文集》（Ecrits de Victor Hugo sur la peine de mort），Raymond Jean 編，Actes Sud 出版社出版，亞爾勒（Arles），一九七九，頁七五。

2 貝卡利亞寫給莫赫雷（Morellet）修院院長的信，收錄於《論犯罪與刑罰》，Cassamayor 作序，Flammarion 出版社出版，巴黎，一九七九，頁一八六。

3 譯註：盧梭常署名「日內瓦公民」。

觀點從社會契約論出發，認為一旦罪犯違背契約，社會即有權將其處死。[4] 但是，貝卡利亞認為，「沒有人會同意將殺了自己的權利讓渡給別人」[5]。此外，貝氏也從社會用途的觀點剖析死刑的問題。他寫道：「如果我能證明死刑既無用也非必要，這將是人性訴求的最大勝利。」關於死刑的用途，貝氏舉過往經驗為證：「過去數個世紀以來的經驗告訴我們，極刑從來不曾成功阻止過那些決心要傷害人的人。」[6] 至於死刑的非必要性，他這麼說道：「如果以永久勞役代替死刑，這對於即便是意志最堅定的人來說，都更加地嚴峻」[7]，也就是說，這樣的刑罰「剝奪一個人的自由，並使他淪為馱獸」[8]。死刑既無嚇阻作用，又無法懲罰罪犯，更何況落後的司法很有可能誤殺像卡拉斯這樣的無辜者，那麼，何必保留死刑呢？當貝卡利亞的大作傳到巴黎時，伏爾泰正在潛心研究德拉巴爾（de La Barre）騎士的冤案。德拉巴爾因褻瀆神明而遭判處死刑，時年十九歲，並於一七六六年七月一日行刑。同年九月，受到貝卡利亞著作之啟發，伏爾泰發表了其對於《論犯罪與刑罰》一書的評論。貝卡利亞針對刑事司法的分析與建言從此開始與歐洲啟蒙思潮合流。一七八六年，托斯卡尼的利奧波（Leopold）大公頒布一部刑法典，正式向酷刑及死刑告別。一七八七年奧地利皇帝約瑟夫二世（Joseph II）的刑法典也追隨了這個腳步。甚至在法國，根據羅德赫[9]在一七九八年寫下的文字，

「在大革命發生前的十年，法官便已開始在法庭上不依照當時的法律判案，而是按照《論犯罪與刑罰》一書所提倡的原則進行判決。這點我可以作證，因為當時我本身就是名法官」[10]。

因此，我們可以理解，為什麼在法國大革命的初始，是否廢除死刑的問題便已在制憲議會中提出。當時負責起草刑法條文的刑事立法委員會深受杜波爾（Duport）和勒培勒提爾．德．聖法爾久的影響。他們兩位都是舊時巴黎議會的成員，也都贊同貝卡利亞的立論。一七九一年五月二十三日，勒培勒提爾在他的刑法草案審查意見書中，主張應廢除死刑。除了重新論述貝卡利亞提出的理據以外，他也力陳死刑冤案無

4 盧梭，《社會契約論》，Éditions sociales出版社出版，巴黎，一九六三，頁六〇。

5 《論犯罪與刑罰》，巴丹岱爾作序，Flammarion出版社出版，巴黎，一九九一。

6 同上，頁一二七。

7 同上，頁一二九。

8 同上，頁一三二。

9 譯註：羅德赫（Pierre-Louis Roederer，1754-1835），法國政治人物、律師、文學家。

10 Franco Ventori著，*Cesare Beccaria, «Dei deletti et delle pene»*, Einaudi出版社出版，杜林，一九六五，頁四一五。

法逆轉、挽回的弊病。至於死刑的替代方案，刑事立法委員會提出一種刑期長達十二至二十四年的刑罰，其具體的施刑方式亦相當嚴峻。[11]不過，為因應當時的政治情勢，該委員會允許在唯一的例外情況下，得使用死刑，亦即，「特定政黨一旦經立法機關正式宣告為叛亂政黨，其領導人得處死刑」[12]。此一例外原本便存在於貝卡利亞的理論之中。因此，普通法架構下被廢止的死刑，在特殊的政治條件下，得以倖存。

從一七九一年五月三十日至六月一日之間，連續三天進行的議事辯論中，包括羅伯斯比、貝提庸（Pétion），以及代表立法委員會的勒培勒提爾、杜波爾等的廢死派人士，不約而同地、不間斷地引用貝卡利亞，並且重申他的論點[13]。然而，這些努力並沒有達到目的。最後，死刑還是被保留了，不過，其適用範圍受到限縮，而且條文明示規範，死刑只能是「單純以剝奪他人生命為目的」的行為。[14]

一直要到一七九五年，有鑑於恐怖時期無止盡的殺戮，國民公會才在該會解散前夕，於共和四年霧月四日（一七九五年十月二十六日）作了以下決定：「自全面恢復和平之日起，法國即全面廢除死刑」。當然，此項決定沒有設定具體的生效日期，但至少就廢死的立場而言，該決議沒有附加限制，也沒有給予特殊情形可例外處置的餘地。然而，歷史的舵手決定朝反方向行進。當大家引頸企盼的和平之日終於到來，督政府旋即於共和十年雪月八日（一八〇一年十二月二十九日）宣告：「死刑將繼續按照現有法律規定施行。」這條督政府令理應語畢於此，便足矣。但偏偏又加上了這段補充：「直到新的不同規定頒布為止」，從而隱約透露出撰寫該命令的人，身為親身經歷過大革命和目睹無數斷頭台的人，內心深藏著的終極想望。而法國人在盼望了整整兩個世紀後，終於盼來了國會通過這項所謂「新的不同規定」。

在所有廢死的倡議言論中，法國堪稱為產出最多的國家。但法國同時也是廢死在歐洲民主國家中的最後一個戰場。這項事實，真是弔詭地令人感到殘酷。從波旁復辟時期開始，廢死運動春風吹又生。一八二二年，吉佐（Guizot）出版了一本書，專論「政治案件中的死刑」。吉佐後來成功進入七月王朝[15]的權力核心，但卻遲遲不肯將其著作中倡導的理念付諸實現。於是，一時之間，法界人士、記者紛紛起身，強烈要

11 國會檔案，第二十六冊，頁三二八。
12 同上。
13 同上，頁六四一—六四二。
14 一七九一年刑法典，第二條。
15 譯註：七月王朝（Monarchie de juillet）指的是法國於一八三〇至一八四八年間的君王統治時期。

求，無論普通法或政治犯罪，應一律廢除死刑。這些人當中包括薩拉維勒（Salaville）、羅西（Rossi）、歐爾托蘭（Ortolan）、佛斯當（Faustin）、埃里（Héli）。當然，肯定也少不了盧卡[16]。盧卡在當時是年輕的巴黎律師，出版了《論刑事體系……尤其針對死刑》（1827）一書，聲名大噪。法國的文學家們也不落人後。一八二九年，雨果發表《死刑犯的最後一日》，引發廣大讀者的熱烈反應。一八三二年此書再版時，雨果作了新序。在序中，他「承認《死刑犯的最後一日》是一本直接或間接宣揚廢死理念的書，是替現在與未來的所有死刑犯發聲的著作」。兩年後，雨果又出版了《克勞德．古鄂》（*Claude Gueux*）。這是一部改編自真實事件的小說。克勞德．古鄂原本是名工人。他被羅織入獄，遭判處無期徒刑。後來在克萊爾佛監獄裡，他因不堪受到典獄長的虐待迫害，遂將典獄長活活砍死。古鄂因此被判了死刑，最後在特華遭到處決。古鄂的故事讓雨果看到了再度譴責死刑的理由：「底層人民的頭殼，需要的是培育、啟蒙、使之得到教化。做得到這點的話，你們就不需要砍下他們的腦袋了。」從此開始，無論在什麼場合，雨果總是不放過任何打擊死刑的機會。和雨果一樣，拉瑪提涅也是廢死運動中一個永不懈怠的戰將。他曾在國會講台上高呼著：「斷頭台非但不是，而且千萬不能成為司法的最終原則。」由於他的呼籲，政治案件中的死刑於一八四八年二月二十八日正式公告廢除，這是在第二共和宣告成立的兩天後。而正當審議第二共和新憲法之際，國會中亦有正式的修法提案，要求全面廢除死刑，無論案件屬於何種類型。此時，雨果在他的即興演說中激動地說：「我將投下同意票，讓死刑永遠消失，不帶任何條件。」可惜詩人雨果的立場與多數人相左，修正案遭到否決。

一直要等到第三共和時期，國會裡才重新又有人拋出死刑議題。共和黨議員分別於一八七二、一八七六、一八七八、一八八六、一八九八、一九〇〇及一九〇二年提出廢死議案。一九〇六年，預算委員會刪除用以補貼劊子手以及支應行刑一切開銷的預算。隨後，經國會連續四次提案廢死，政府終於起草了修正草案，送交國會審議。依照此修正案，除了戰爭時期適用軍法的規定以外，一律廢除死刑。全面廢死的時刻一度即將來臨。然而，就在此時，突然發生一樁慘絕人寰的殺人命案，牽動著輿論的激動情緒。《小巴黎人報》發起類似「公投」的徵文活動，鼓勵讀者來信表達意見，而多數來信者皆表示贊成死刑。

一九〇八年十一月，國會總算迎來了第一場死刑存廢辯論。這一場激烈的言詞交

16 譯註：盧卡（Charles Lucas，1803-1889），法國刑事法專家、法律顧問、官員。

鋒在國會辯論史上締造了最驚心動魄的時刻。法務部長布里昂、議員德尚內勒[17]、克萊蒙梭及饒勒斯為贊成廢死的正方。巴雷斯則為反方，他替死刑辯護的論證也是擲地有聲。最後，國會投票以三百三十票反對票對二百零一票贊成票，否決了廢除死刑的修正案。這是一九八一年以前，國會裡的最後一次偉大辯論。之所以如此，並非因為從此以後便無人提出廢死的請求了：其實在接下來的每一屆國會中，都有議員拋出這個議題；也不是因為廢死運動的力道強度從此減弱了：在雨果之後，卡謬接過了廢死運動的火炬、繼續抗爭的道路。一九〇八年之後，國會不再出現關於死刑的大辯論，其主要原因在於，兩次世界大戰以及殖民地解殖運動帶來的考驗讓法國的執政者不願跟隨歐洲廢死國家的腳步，反而選擇在這條道路上裹足不前。

在全法國社會上下經歷了一九六八年文化革命的洗禮後，死刑的廢除有如弓上的箭、蓄勢待發。就在此時，克萊爾佛重犯監獄裡發生的一起挾持人質事件造成一名護理師與獄警被割喉身亡。兩名作案兇手——布菲與邦頓隨後遭判處死刑，並於一九七二年十一月執行。自此開始，死刑執行像是死灰復燃一樣，一個接著一個發生。但是到了一九七七年一月，犯下綁架幼童撕票案、招致法國全國一時義憤難平的派翠克・亨利竟然沒有受到特華重罪法庭處以死刑。這件事彷彿預先敲響了死刑的喪鐘。儘管如此，一九七七年內，我們又看到了兩次執行。最後，在一九八一年的總統大選中，死刑存廢問題成為政治辯論的焦點。時為候選人的密特朗不諱言公開表明自己對死刑充滿敵意。在他當選以及左派在國會大獲全勝之後，廢除死刑的計畫被納入議程，且從種種跡象看來勢在必得。一九八一年九月十七日，國會舉行了一次激烈的辯論。辯論後逕付投票，最終以三百六十三票贊成票對一百一十七票反對票，表決通過。右派議員佔多數的上議院也在同月的三十日進行表決，結果以一百六十票贊成票對一百一十五票反對票，通過廢死的決定。而確保法國恪守廢死原則的最後關鍵一步，就是一九八三年，歐洲委員會通過的《歐洲保障人權和基本自由公約》之第六號附帶議定書。該議定書禁止簽署國家於承平時期使用死刑。法國簽署此議定書的日期為一九八三年四月二十八日，並於一九八六年二月十七日獲得國會正式認可。從此之後，除非某位法國總統決定譴責此議定書之內容、除非法國象徵性地宣布脫離人權的歐洲——這兩者聽起來都是不太可能發生的——，否則，當年雨果的遺願——「讓死刑永遠消失，不帶任何條件」——於今可說是終於圓滿達成。

17 譯註：德尚內勒（Paul Deschanel，1855-1922），法國政治人物、作家。於一九二〇年曾擔任共和國總統。

廢死運動的全球發展

法國的廢除死刑與廢死運動的全球發展密不可分。一九四八年，聯合國通過《世界人權宣言》時，全世界共有十九個已廢死國家。一九八一年，法國是世界上第三十六個廢除死刑的國家。二〇〇二年一月，全球已有七十四個國家全面廢除死刑，不論案件類型為何。同時，另有十五個國家廢止普通法架構下的死刑，另外則有二十二個國家實質廢死。因此，無論法理上還是實務上廢死，全球總共有一百一十一個國家向死刑永別，而剩餘的八十四個國家仍持續使用死刑。由此看來，廢死在今天已成為世界上多數國家的潮流。

此外，目前國際上主要有四個條約，禁止其簽署國使用死刑。其中一份條約的影響力遍及全球，亦即聯合國大會於一九八九年通過的《公政公約》附加《第二號任擇議定書》。該議定書准許簽署國保留於戰爭時期重新施行死刑的權利。截至今日，共四十六個國家已將該議定書國內法化，不過，其中未包含法國。

除此之外，還有三項區域性的國際公約已生效。針對美洲大陸，一九九〇年，美洲國家組織大會通過《美洲人權公約議定書》，禁止於承平時期使用死刑；目前共有八個中南美洲國家的國會予以批准。歐洲大陸上則有《歐洲人權公約》第六號附帶議定書。該議定書確認了歐洲國家廢除死刑的基本原則，但同時也允許其簽署國保有於戰事發生或一觸即發之時，重啟死刑的權利。目前已有三十九個國家完成該議定書國內法化的程序，而另外有三個國家（俄羅斯、阿爾美尼亞與亞塞拜然）已經簽署。實際上，死刑已從今日的歐洲徹底消失。二〇〇二年歐洲委員會通過《歐洲人權公約》第十三號附帶議定書，取消了各國原本可保有、於戰爭時使用死刑的權利。

然而，以全球廢除死刑為終極目標的奮戰仍未告終。世界上仍存在著許多區塊，依舊籠罩在死刑的陰影之下。二〇〇一年，全球共執行了至少三千零四十八人次的死刑[18]。其中百分之九十集中在中國、伊朗、沙烏地阿拉伯及美國。美國的例子是最令人糾結的：這個古老的共和國、世界第一強權，卻是唯一一個仍保有死刑的民主大國，即便它的十二個州已經廢除死刑。美國的司法單位甚至處決案發時仍未成年，或者有智能障礙的人，完全違背國際公約的規範。二〇〇一年當中，總執行件數高達六十六件。自一九七七年美國重啟死刑執行起算，已決人數至今已累積至七百四十九人。在

18 此乃根據國際特赦組織的統計調查，真實的數字應該更高。

二〇〇二年一月一日的這個當下，全美監牢中一共關押三千七百名死刑犯。基於它的民主體制與其在世界上的影響力，美國將會是接下來幾年內，全球廢死運動的最重要戰場。

〈死刑〉，《司法字典》，二〇〇二年五月三十一日

廢死鬥士——雨果

正當法國廢除死刑的第二十周年紀念，我殷切地希望在這個時刻向偉大的廢死鬥士——雨果——致敬，於是有了這場在法國密特朗國家圖書館的演講。

有些人終其一生投身於價值理念的抗爭。雨果反對死刑的一生便是如此。從覺醒的那一刻起，直到嚥下最後一口氣，他抨擊、譴責死刑，不曾懈怠。在雨果參與公共事務的一生當中，只有他心中熾熱的廢死信念橫跨了一世紀，從一而終、不曾改變。在整個十九世紀裡，雨果多次轉換政治立場，從擁護波旁（Bourbon）正統的保王派轉而支持拿破崙，又從支持奧爾良王朝的君主立憲派[1]轉為贊成共和體制。唯一不變的，是他堅決反對死刑的立場。他曾是復辟時期持續受法王查理十世資助的文學創作者、

1 譯註：意指擁戴奧爾良（Orléans）家族成員登上王位，而非波旁家族的政治立場。

於路易－菲利普[2]在位期間出任貴族院議員、在第二共和時期仍為國會議員，而後於第二帝國時期因批評時政而不見容於當局。最後於一八七一年，第三共和成立時，當選為上議院議員。無論雨果在不同的政權替換間經歷過什麼樣的待遇，他透過文章和演說譴責死刑，總是不遺餘力，也從不罷休。雨果在法國，甚至在全世界，被視為廢死運動中最具號召力的領袖、先知和鬥士，長達六十年之久。十九世紀最偉大的文學家，同時也是最勇往直前的廢死戰將，雨果為廢死的奮鬥道路帶來一股生氣，生生不息，超越了時間的隔閡。如果說，曾經，爭取人民自由的道路上有米拉伯[3]做代言人、社會主義有饒勒斯，那麼，廢死的代言人絕對非雨果莫屬。即便到了今天，我們成功實現雨果的預言與遺志已經二十年了，他的話語仍在我們的心中迴盪。我們對他的感念就如同他的成就一樣，廣袤無垠。

雨果堅定的廢死信念不僅僅基於理性思辨。眼睜睜看著人犯在自己面前遭到處決、近距離地站在犯人與劊子手面前、目睹整場酷刑的進行，這種難以承受的可怕經驗讓雨果的內心和靈魂湧出一股對死刑的強烈敵意與憤怒。這股油然而生的憤怒，只有死刑的廢止才能平息。「三十五年來，我一直試圖阻止這種公然謀殺再度出現」[4]，雨果在一八六二年一封寫給日內瓦牧師博斯特（Bost）的信中如此說道。當時，日內瓦共和國正在準備修憲，伯斯特希望雨果能夠出面促使新憲法草案得以列入廢除死刑這項改革。雨果信中提到三十五年前的回憶，指的是一八二七年，更確切地說，是一八二七年九月十一日。前一日，一個名為尤勒巴赫（Ulbach）的二十歲男孩死在斷頭台的斧鍘下，因為他在失戀的絕望下，用利刃將一名年輕的十八歲女孩刺死。處刑的隔天，雨果著手撰寫《死刑犯的最後一日》。「這本書的創作靈感來自河灘廣場。本書作者某天從那邊路過，從那一攤血水、從那堆腥紅色的斷頭台殘片遺骸下，撿起這個被死亡所包圍的寫作意念」[5]。

當時雨果二十五歲。不過更早，在他的孩提及青少年時期，詩人雨果便已數次親眼目睹處決人犯的場景。一八一二年初，時任馬德里總督的雨果將軍——也就是詩人

2 譯註：路易．菲利普（Louis-Philippe, 1773-1850），七月王朝時期的法國國王，出身於奧爾良家族。

3 譯註：米拉伯（Honoré-Gabriel Riqueti de Mirabeau, 1749-1791），法國政治家。出身貴族，但支持大革命、抨擊絕對君權，是大革命的代表人物之一。

4 〈給日內瓦牧師博斯特的一封信〉，一八六二年十一月十七日，收錄於 *Actes et Paroles II*,《雨果論死刑文集》（Ecrits de Victor Hugo sur la peine de mort），Raymond Jean編，Actes Sud出版社出版，亞爾勒（Arles），一九七九，頁一七三。

5 《死刑犯的最後一日》，一八三二年序，收錄於《雨果論死刑文集》，頁二六。

雨果的父親——看到西班牙民變越演越烈，為謹慎起見，決定派人先將妻子及兩名稚子——尤金和維克多[6]——護送回巴黎。途經布爾戈斯（Burgos）市時，這兩個年幼的男孩見到廣場上聚集著許多群眾，他們將行刑台團團包圍，等著觀看即將在台上上演的一場絞刑。「在男孩一行人穿出廣場時，他們與護送死刑犯的隊伍碰個正著。隊伍中的人穿著灰黑色的衣服，手裡拿著同樣灰黑色的長竿，長竿的頂端各有一個發亮的燈籠。這些人的頭上戴著黑色長面罩，只露出雙眼……在這些如幽靈般的人群中央，一個男子被綁在一頭驢子身上，背對著驢頭而坐，看上去十分驚慌失措。這時，修士們將十字架遞給他。他頭也不抬，便親吻這個十字架」[7]。

這些景象在幼小的心靈裡留下不可磨滅的印象。在雨果更大一些時，命運的偶然讓他再次鮮明地想起這些記憶。雨果自己便曾敘述，當他是個青少年時，偶然在巴黎司法大廈（Palais de Justice）前的廣場，親眼看到劊子手用燒紅的鐵片，在一個年輕女竊犯的肩上留下烙印：「即便過了四十年，女孩那淒厲的哭喊聲仍在我耳邊響起。我想，這個哀號會永遠地留在我的心裡。當時對我來說，她是名竊盜，但也是個殉道者。我當時十六歲，而當我走出廣場時，心裡已經做了決定，我將終其一生致力於打擊司法之不義」[8]。司法的不義和野蠻、殘忍又無用的司法制裁手段，這些種種惡行，在雨果的一生當中不會少見;這其中包括在被押送至海外苦役營路上、脖戴枷號、被鎖鏈綑綁的流犯隊伍;雨果先是在《死刑犯的最後一日》中描述這種場面。三十年後,同樣的景象再度出現在《悲慘世界》裡面。另外還有因參與巴黎公社運動而遭逮捕、遣送的政治犯。此外,當然還有各種形式的死刑,無論是參與武裝起義的平民遭到政府官兵就地格殺,還是使用不同方法所執行的死刑,例如絞刑、吊刑和斷頭台。行刑台在雨果的作品中頻繁出現,正如在每次行刑的前一晚,巴黎街頭四處有人宣布著行刑的消息時,行刑台的身影糾纏著雨果,讓他無法成眠一樣。

此時的雨果彷彿能夠感同身受死囚的不安與激動。而就是這些難熬的夜晚,造就了一部偉大的作品:《死刑犯的最後一日》。在這本書之前,雖然貝卡利亞,還有國民制憲議會上的孔多賽、勒培勒提爾與羅伯斯比,以及復辟時期的盧卡,皆已針對死刑

---

6 譯註:維克多即文豪雨果。

7 《雨果一生見證人筆下的雨果》(Victor Hugo raconté par un témoin de sa vie),第二十一章,〈歸途〉(« Le retour »),收錄於《雨果全集》(Œuvres complètes),Jean Massis編,巴黎Club français du livre出版社出版,第五冊,頁一三七一。

8 〈給日內瓦牧師博斯特的一封信〉,頁一七一。

雨果，之無用大加抨擊，但這些人的論點之主要目的在於說之以理，而非動之以情。雨果，他則是向讀者的情感喊話。復辟時期，他是第一個引導人們開始將焦點擺在死刑犯身上的作者。受刑前一晚，那種等待的煎熬，程度不亞於隔天即將進行的酷刑。這些不安的可怕感受，雨果在《死刑犯的最後一日》中都有精準的描寫。讀者讀來，彷彿也置身在這黑暗的小牢房裡。因此文學家的力量大過哲學家或法學家。如果只是憑藉著理性論證，是沒有辦法推倒行刑台的，而是必須仰賴文字，還有文字所產生的意象與情感之力量。身為小說家及詩人，雨果成功地將讀者帶到死刑犯面前，一同感受在那種極端的情況下，人會有的情緒起伏。雨果自己也如此解釋：「每一次當本書作者聽見窗前傳來陣陣破鑼嗓叫喊的聲音，吆喝著河灘廣場隔天將有人犯處決、鼓動群眾前去圍觀時，他便又開始有了那痛苦的念頭。這個念頭侵襲著他的身子，在他的腦海裡塞滿了衛兵、劊子手和人潮的身影。隨著時間一小時一小時地流逝，那腦中的念頭一步一步地向他介紹牢裡那個將死之人最後經歷的每個痛苦過程：『現在他正在告解……現在他們剪去他的頭髮……現在他們把他的雙手捆綁起來……』。每一次當我們這位可憐的詩人腦中出現這種念頭，他就只想告訴全世界所有人：正當你們為生活疲於奔命、汲汲營營時，卻有這麼樣的滔天惡行正在上演著」[9]。

此書最早是以匿名的形式發表，一出版便大獲青睞，同時也招致不少批評。二版時，雨果不僅署名，還在書的開頭做了一篇新序。這篇新序的內容，無疑是一份廢死的運動宣言：「《死刑犯的最後一日》就是一本直接或間接宣揚廢死理念的書。作者的目的就是寫一篇永久且適用於所有人的辯護辭，替現在與未來的所有死刑犯發聲」[10]。這份辯護辭，雨果從不間斷地讓它的內容與精神被所有人聽到、接受。我相信，當時許多法院判決最後讓被告逃過一死，都是拜這篇辯護辭之賜。只要陪審團中有一個人舉手反對判死，被告便能保住性命。如此看來，不知道有多少顆人頭，就因為陪審員讀過《死刑犯的最後一日》，才得以被保全啊？

廢除死刑的訴求本質上便是一個跨越國界的價值抗爭。因此，雨果的一生中，對世界各國廢死倡議者的支持，可說是不遺餘力。只要他們有需要，雨果絕對會全力相挺。一八六二年，正當雨果自我放逐於海外的時候，他寫了兩封信給在日內瓦的博斯特牧師，呼籲瑞士新憲法的起草者能夠提出廢死的要求：「在十九世紀，無論一部憲

9《死刑犯的最後一日》序，前引書，頁二七。
10 同上，頁二五。

法提到死刑的次數是多是寡，只要死刑還存在其中，它便不配為一個共和體制國家的憲法」[11]。一八六三年，雨果告訴那些先後在列日（Liège）和芒斯（Mons）召開大會的比利時廢死運動人士：「廢除死刑的這個目標，在當前的所有文明國家中，已是確定的事。我鼓勵你們在這崇高的抗爭中繼續勇往直前。比利時的朋友們，我打從內心深處地與你們並肩作戰」[12]。

雨果也支持義大利廢死委員會的行動。他這麼說道：「義大利是無數偉人的母親，孕育出許多典範。我一點都不懷疑，義大利即將實現廢死的理想」[13]。從他的往來書簡中，我們可以發現，雨果替死刑犯發聲的辯護辭在海外引起比在法國更大的迴響。例如，一八六三年，在一封寫給哥倫比亞某位部長的信中，他寫道：「您以哥倫比亞這個自由共和國的名義，致贈我一部貴國的憲法法典，因為這部憲法廢除了死刑，而您認為我在這豐碩的成果中，貢獻了一點功勞。對此，我懷著內心激動的情緒，向哥倫比亞合眾國表達我最深的謝意……」[14]。一八六七年，雨果寫信向甫廢除死刑的葡萄牙致意：「實現此一進步的價值就是往文明跨出了一大步。從今天起，葡萄牙居歐洲各國之首」[15]。他還在《見聞錄》（*Choses vues*）裡，紀錄廢死運動的每個進程：「一八六八年：瑞典的專門立法委員會投票通過正式要求政府修法廢除死刑、墨西哥廢除死刑；

一八六八年五月：德國薩克森（Saxe）邦著手準備廢死」[16]。

但無論如何，在死刑全面徹底廢除之前，這世上總是有人，無論是面臨遭判處死刑之風險，還是已死刑定讞，他們仍隨時生活在行刑台的威脅之下，在它那虎視眈眈的銳利目光下，惶惶不可終日。因此，只要有人希望雨果能夠聲援某個被告或某個死刑犯，他從不推卻。他藉由寫作、呼籲、請願和動員，試圖挽救犯人的生命。例如，他曾為一名弒君犯向路易—菲利普請求免他一死、為了根西（Guernsey）島上的一名死刑犯，向帕摩斯頓爵士（Lord Palmerston）請命、為了遭囚禁的遜帝馬西米里安（Maximilien）向墨西哥總統胡亞雷斯（Juárez）請求饒他一命、呼籲「美國人民」不要對一八五九年在維吉尼亞州發動解放黑奴起義的約翰布朗（John Brown）趕盡殺絕、向

11《雨果論死刑文集》，前引書，頁一八六。
12 同上，頁一九二。
13 同上，頁一九六。
14 同上，頁一九五。
15 同上，頁二〇八。
16 同上，頁二〇九。

沙皇替俄羅斯革命人士求情，也向英國請求寬待愛爾蘭的起義人民。除此之外，還有無數不知名的死刑犯，雨果也為他們疲於奔命，只為了能夠趕在行刑台或刑場之前，將他們的性命搶救下來。這些無止盡的奔走耗盡了雨果大可用來花在寫作、從政、實現其他目標，或者陪伴他所愛的人、孩子與朋友們身上的時間與精力。

揭發死刑的殘忍與不人道、宣揚死刑應在全世界無條件地廢除，這些為使共同信念付諸實現而做的努力從不曾澆熄雨果的熱情。死刑對他而言，正如他於一八四八年九月十五日，在一場關於廢除政治案件死刑的辯論中所揭示的，是「野蠻行為特有且永恆的標幟」[17]。為了終結死刑，雨果的論述比任何人都更徹底，從思想家的層次躍升至先知、神祕詩人的境界。一八六二年，他這麼寫道：「處決人犯是什麼呢？就是我們這個社會有如一隻手，拎著一個人，把他押到一個不見底的深淵邊，然後手一鬆，讓他跌落這個萬丈深坑。雖然那洞內的世界深不可測，但思想家那般敏銳的知覺仍能感受到，在那極度幽冥之中，突然掠過一震顫慄。天吶，人類呀！你們幹了什麼好事？你們之中又有誰能理解那暗黑陰影的哆嗦究竟意味著什麼？」[18]對於作為教徒的雨果來說，死刑等於是對上帝的侮辱。對於身為共和國捍衛者的雨果而言，死刑則是對人類的一大蔑視：「人類生命的不可侵犯性是所有權利中的重中之重……行刑台是對人類尊嚴、人類文明及進步最輕慢的褻瀆。每一次當我們築起行刑台，每個人的臉上都有如挨了一記恥辱的耳光，因為這樣的罪行竟是以我們的名義而行」[19]。

該說的其實就是這些，但是雨果清楚地知道，必須再三向世人反覆提醒這些事情，才能夠動搖人們的偏見、在人們的心中鑄造廢死的信念，才能成功搶救一些人的性命。因此，身為作家的雨果，用盡所有他能夠掌握的藝術形式；而身為政治家、記者的雨果，則不放過任何一個演說的舞台，或任何一個時機，就為了揭發死刑之惡。在他的小說世界中，行刑台象徵著不公不義、野蠻殘暴的制度。

一八五四年，流放於根西島上的雨果傾盡全力試圖挽救一名殺人縱火犯——約翰·查爾斯·塔普納（John Charles Tapner），希望他能夠免於絞刑台的酷刑。雨果為此寫了一封致根西島全島居民的公開請願書：「這是一封由流放犯寫給你們、為了替一

17 同上，頁七五。
18〈給日內瓦牧師博斯特的一封信〉，前引書，頁一八二。
19〈致義大利中央廢死委員會諸公〉（À messieurs les membres du Comité central italien pour l'abolition de la peine de mort），前引書，頁一九六。

名死刑犯請命的信。身處放逐的人向那深陷墓穴的人伸出援手……」[20]，雨果的聲音沒有被聽見。塔普納最後還是難逃絞死的命運。於是，有點像是報仇一樣，雨果寫信給當時的內務大臣，也就是擁有特赦權的人——帕摩斯頓爵士。做為一個流放犯，雨果能不能安穩地過上他的放逐歲月，完全取決於內務大臣的一念之間。但雨果仍然無所畏懼，在信中毫不保留他對內務大臣的鄙意與怨恨，甚至到了羞辱的地步。信裡，雨果忠實還原塔普納受吊刑的過程，讀來令人感到驚心動魄。本來捆住犯人雙手的繩子，在犯人吊墜的剎那間突然鬆開了。於是犯人開始揮動著雙手死命掙扎，還摘掉了自己臉上的頭套。最後，「這樣下去也不是辦法，劊子手便和此時已半人半鬼的犯人開始互相拉扯。一會後，這名可憐的、同為罪犯的劊子手似乎占了上風。於是他便跑到塔普納那正吊晃著的身子下，一躍攫住塔普納的雙膝，將自己的身子掛在塔普納的腳後。絞繩這時震動了一下。同時掛著犯人與劊子手的絞繩像是同時懸吊著犯罪與法律一樣……」[21]。

斷頭台的意象，打從雨果少年時第一次在河灘廣場看到它時，便一直在他的腦海中縈繞不去；他始終能記起所有細節，包括劊子手如何立起台架、給器械的槽溝上油、檢查釜鍘是否功能正常等等。對雨果來說，斷頭台就是死刑的化身，在他的文學創作裡，猶如一種怪物般的存在。「當斷頭台聳立在那裡的時候，總是有種說不上來的東西，令人眩惑」[22]。關於斷頭台的描述，沒有比《九三年》裡更鮮明的了。「前一晚，斷頭台被擺放好在那裡。它並不是被建造起來的，而是臨時搭起的。遠遠望去，在地平線上只看到些直挺挺的線條，像極了希伯來文字母或埃及象形文字這類的謎樣古老字型……它全身被漆滿紅色，除了三角形的釜鍘是鐵製的以外，其餘都是木造的。因為它是這麼地醜陋、猥瑣又矮小，所以一看就能感覺是人造的。然而，這傢伙的功能是如此地無以倫比。如果說是匯集了人類天才的智慧，才得以將它放置在這裡，應該也說得過去吧」[23]。任何人看到斷頭台被架起，整備齊全，準備要上場了，都會有這種不寒而慄的感覺，深透進骨子裡。人犯處決完畢，詩人雨果仍駐足在斷頭台前，面對著它，自忖：

20〈致根西島居民〉（《Aux habitants de Guernesey》），收錄於*Actes et Paroles II*，前引書，頁一〇四。
21〈致英國內務大臣帕摩斯頓爵士的一封信〉（《Lettre à Lord Palmerston, secrétaire de l'État à l'Intérieur, en Angleterre》），同上引書，頁一三一。
22《悲慘世界》，I，I，IV。
23《九三年》，III，VII：「然而，太陽升起」。

已經完結。斷送性命的鍘刀吊起。
它寒光耀眼，高傲威嚴，洋洋得意，
好似青草上的鐮刀懸在城市上空（……）
它所幹的一切僅僅有
一滴難以看出的紅斑點存留（……）
這鋼刀難道要砍殺天宇？
我在思索。狂暴的人類要把什麼打擊？
啊，鋼刀，什麼是你的神祕？
我游目四望，目光從血點
轉向星光，穿過夜幕，再一無所見[24]。

此時的雨果用詩歌表達其廢死的理念。廢死此一崇高的理想讓雨果這個其實經常有點憋腳的演說者、讓他那總是太過書寫、比較接近文學創作而非演說詞的講稿仍然能夠讓人為之動容。相較於他在貴族院替刺殺路易—菲利普未遂的弒君犯—勒孔德

（Lecomte）辯護，並且投票反對處以死刑的那次演講，一八四八年九月十五日，國民制憲議會針對廢止政治案件死刑進行辯論時，雨果的發言可說是國會廢死演說史上的絕倫佳作：「我站上講台，只是為了告訴你們一句簡單的話，一句對我來說極為關鍵的話。自二月革命以來，法國人民只有一個想法：在我們燒掉了國王寶位的隔天，我們就要把行刑台也燒掉。可惜情勢並未允許他們實現這個極致的理想。那麼，各位，既然你們剛才已藉由投票通過憲法第一條，認可了人民的第一個願望，也就是說，你們終於徹底實現了王權的傾覆，現在，請你們也認可人民的另一個願望，把行刑台也推翻掉吧！**我將投下同意票，讓死刑永遠消失，不帶任何條件**」[25]。這句話永遠刻在我的心上，道盡了廢死倡議者的心聲。

數世紀以來，法庭裡不斷上演著被告的生死拉鋸戰。而雨果也曾在這樣的司法空間裡控訴死刑。一八五以年，雨果的兒子查爾勒（Charles）遭到法辦，起因是他在父

24 譯註：此段譯文引自柳鳴九主編、張秋紅等譯，《雨果文集》，河北教育出版社，一九九八，第三卷，頁四三〇—四三二。

25 《雨果論死刑文集》，前引書，頁七六。粗體字係作者為強調而加。

親所創辦的《事件》（*L'Événement*）晚報上發表了一篇文章，描述普瓦捷（Poitiers）一名違法獵人遭處決時的可怕景象。當局於是指控查爾勒「藐視法律」。案件由當時仍有權對媒體違法行為作出判決的重罪法庭審理。按照當時法律所允許的，查爾勒選擇由自己的父親與阿多夫·克雷彌鄂（Adolphe Crémieux）共同出任辯護人。克雷彌鄂是個偉大的共和派律師，於一八四八年臨時政府期間擔任過法務部長一職。查爾勒案審理時，在這不知目睹過多少人被判死刑的重罪法庭裡，聽審的民眾將旁聽席擠得水洩不通，等待一睹大文豪的辯護風采。雨果並沒有讓這些群眾失望。他強烈譴責死刑，「這個用沾染人血的手寫下的戒律：『不可殺人』；這個逆天而行的刑罰，當它施加於罪人身上時，這使人不禁懷疑起人性；而當它施加於無辜者時，使人不禁懷疑起上帝」[26]。接著，雨果自我控訴，承認是自己的廢死理念「帶壞」了兒子。他激昂地說：「是的，這個古老野蠻刑罰的餘孽、這個血債血還的法則，我花了一輩子在打擊它。一輩子！各位陪審員先生，而且只要在我胸中尚有一口氣在，我就會用盡我身為作家能做的所有努力、用盡我立法者的所有權限、透過實際的行為和投票，持續地與它對戰。我在這位死刑受害者（雨果伸出手臂，指著掛在法庭最深處、法官席位上方牆面上的耶穌像）的面前做出這個宣示；祂正看著我們，也聽得見我們！我對著這座十字架發誓；

這個十字架給了我們一個永恆的教訓，因為，兩千年前，就在這死刑架上，人類的司法釘死了神的律法！（一陣深沉又難以言喻的悸動）」[27]。多麼悲壯、多麼才氣縱橫的一番話啊！最後，查爾勒還是被陪審團判了六個月的監禁，可見擁戴斷頭台的人依然存在。

雨果最令人讚賞的，就是他不曾違背這篇在法庭上的宣誓，一直到人生的盡頭為止。身為正義與自由道路上的老戰友、作為終獲勝利之共和體制的最佳代言人，將屆八旬之齡、飽嚐人生苦難與不幸的雨果仍然提筆、在上議院寫下他最後的提案：「『死刑已告廢除』。讓我們先確立這個原則，然後法律就會跟進。只要法律乃根據此一原則制定，它必然會是一條好的法律；讓這樣的法律納入國家法典，這將會是一種最神聖的解脫」。文章的結尾，雨果表達這樣的願望：「對寫下這篇提案的人來說，如果有一天，當人們提到他時，說：這個人死的時候，也帶走了死刑，那麼他將感到心滿意

26 〈《事件》晚報大審〉，收錄於《雨果論死刑文集》，前引書，頁九六。
27 同上，頁九七。

足」[28]。可惜他無法如願享有這樣的墓誌銘。但即便如此，所有為廢死理念奮鬥的人，他們對雨果的景仰與感激永遠都不夠。維克多．雨果，謝謝！

國家圖書館，

二〇〇一年九月二十一日

28〈上議院（《所見集》）〉，收錄於《雨果論死刑文集》，同上，頁二四一。

2021年10月9日，法國廢除死刑四十周年，巴丹岱爾於紀念活動中，在先賢祠前演說。

給臺灣讀者——寫在臺灣版後

翻譯／陳詠薇
審訂／謝歆哲

自法國投票廢除死刑以來，已過了四十年。從那時起，我們便不斷朝著全球廢除死刑的道路前進。在一九八一年，我們是第三十六個廢除死刑的國家。

現今，一百九十八個國家中（包含非聯合國會員國的觀察員國），一百零九個國家已在法律上廢除了對所有罪行的死刑，一百四十四個國家已在法律上或實際上廢除了死刑。在世界各國中，大多數的國家都已廢除了死刑。

在歐洲，我們這個被謀殺罪蹂躪數個世紀的大陸，死刑已完全消逝，除了白俄羅斯，這最後一個史達林主義國家。廢死已成為歐洲文明的支柱之一。

歐洲人權法院，即法律上的歐洲良知，於二〇〇五年五月十二日譴責死刑是「不可被接受的懲罰形式，永不再被《歐洲保障人權和基本自由公約》允許」。

在國際中，屏除死刑的公約和宣言已成倍增長。我不在此列出這極長的清單。我只談一九九八年創建國際刑事法院的《羅馬規約》，因為它富含意義。它的使命是審判世界上最凶惡的罪犯，即危害人類罪的罪犯，而其法規排除了死刑。

因此，人類向前邁進，儘管某些國家，尤其是中國、伊朗、埃及、伊拉克和沙烏地阿拉伯，但也包括美國，這偉大的共和友國，不幸地，還在繼續判決，甚至執行死刑。

◆

故此，善人義士們應獻身在前線對抗死刑。僅暫緩執行死刑是不夠的，必須停止判刑。因為我們不願看到，世界上與日俱增的死刑犯中，有無數無辜者被囚禁在死牢裡數年，甚至數十年。

在這世上，只要人們還在執行絞刑、毒氣死刑、斬刑、石刑、槍決，那麼所有把生命看作是道德絕對權利的人都必須繼續奮鬥。

死刑注定要從這個世界上消失，因為這是人類的恥辱。死刑，從未在任何地方，減少過謀殺罪的數量。甚至更糟，一旦涉及到我們這個時代的禍患，恐怖主義時，死刑可能會把恐怖主義者從他們的擁護者眼中轉化成殉道者或是英雄。而每次處決後，狂熱份子突擊隊便會以新的恐怖攻擊進行報復。事實是，死刑並不能捍衛人類的社會，反倒是對這個社會的侮辱！因此，我們應該一貫否決以正義為藉口，死亡即法律的說法。

這是否意味廢除死刑後，我們的任務就結束了？廢死闔上了正義的血腥篇章。但也引向新的章節：因為那些被定罪者活下來了，正義和整個社會都必須讓他們行使維克多．雨果所說的，任何人都不應被剝奪的權利：「變得更好的權利」！

死刑的擁護者說，這是盲目人文主義不切實際的夢。廢死支持者回應道，我們堅定且清醒，那些被判處長期徒刑之人，因隨著時間的推移而減緩的監獄制度，並不會在獲釋後再次犯下殺人的罪行。

然而，我們絕不能忘記受害者。我們必須持續關注他們的權利及狀況。犯罪是人類苦難的軌跡。我們的社會必須長久意識到這一點。

◆

我們所宣揚的，是在一個尊重人權的文明中，明確證明人類的生命是神聖的。世上每個國家都必須意識到，廢除死刑是一條普世良知的法律。該輪到臺灣來點亮人道的火炬了。

這是我對這個偉大的民主國家所發的願。

Beyond

43

世界的啟迪

反對死刑：前法國法務部長與死刑的直球對決

Contre la peine de mort

作者	侯貝・巴丹岱爾（Robert Badinter）
譯者	謝歆哲
執行長	陳蕙慧
總編輯	張惠菁
責任編輯	張惠菁
行銷總監	陳雅雯
行銷	余一霞、林芳如
封面設計	盧卡斯工作室
內頁排版	宸遠彩藝
社長	郭重興
發行人兼出版總監	曾大福
出版	衛城出版／遠足文化事業股份有限公司
發行	遠足文化事業股份有限公司
地址	23141 新北市新店區民權路 108-2 號九樓
電話	02-22181417
傳真	02-22180727
客服專線	0800-221029
法律顧問	華洋法律事務所 蘇文生律師
印刷	呈靖彩藝有限公司
初版	2022 年 12 月
定價	460 元
ISBN	978-626-7052-49-5（紙本） 9786267052518（PDF） 9786267052525（EPUB）

本書獲法國在台協會《胡品清出版補助計劃》支持出版。/ Cet ouvrage, publié dans le cadre du Programme d'Aide à la Publication《Hu Pinching》, bénéficie du soutien du Bureau Français de Taipei.

國家圖書館出版品預行編目（CIP）資料

反對死刑：前法國法務部長與死刑的直球對決/侯貝.巴丹岱爾(Robert Badinter)著；謝歆哲譯. – 初版. – 新北市：衛城出版：遠足文化事業股份有限公司發行, 2022.12
面； 公分. – (Beyond；41)
譯自：Contre la peine de mort.
ISBN 978-626-7052-49-5(平裝)

1.CST: 死刑 2.CST: 人權 3.CST: 法國

585.51 111015619

ACRO POLIS
衛城出版

Email acropolismde@gmail.com
Facebook www.facebook.com/acrolispublish

ACRO
POLIS
衛城
出版

ACRO
POLIS
衛城
出版

ACRO
POLIS
衛城
出版

ACRO
POLIS
衛城
出版